나의 스승 설리번

TEACHER : ANNE SULLIVAN MACY
by Helen Keller
Copyright ⓒ 1955, by Helen Keller
All rights reserved.

This Korean edition was published by Moonye Publishing Comapany in 2009
by arrangement with Doubleday,
an imprint of The Knopf Doubleday Publishing Group,
a division of Random House, Inc., New York
through KCC(Korea Copyright Center Inc.), Seoul.

이 책은 (주)한국저작권센터(KCC)를 통한 저작권자와의 독점계약으로
(주)문예출판사에서 출간되었습니다. 저작권법에 의하여
한국 내에서 보호받는 저작물이므로 무단전재와 복제를 금합니다.

나의 스승 설리번

헬렌 켈러 지음 | 김명신 옮김

문예출판사

서문

오래전 헬렌 켈러는 언제나 사람들은 그녀 자신에 관한 이야기를 듣고 싶어 한다는 것을 알게 되었다. 그러나 헬렌은 이런 이야기가 별로 흥미롭지 않았으므로 곧 넌더리가 났다. 하지만 헬렌은 예의 바르고 참을성이 많았기 때문에 책과 기사, 인터뷰, 대담, 영화, 연극, 설교단, 연단 등에서 자신의 이야기를 수없이 되풀이해왔다. 그래서 이 책을 쓰기 시작할 때에는 그 지루한 노정을 반복하는 대신 여태껏 아무도 쓴 적 없고 자기가 아니면 어느 누구도 쓸 수 없는 이야기를 써보리라 결심했다. 다시 말해 헬렌은 배경 상황에 대한 순차적인 설명은 되도록이면 줄이고, 자신과 자신의 스승인 앤 설리번 메이시의 관계에 대한 내밀하고도 개인적인 이야기를 써보기로 했다.

헬렌 켈러가 젊을 때, 그러니까 그녀의 이름이 세상에 널리 회자될 때 성장한 사람은 이미 그녀에 대해 잘 알 테지만, 대공황기에 태어나 전쟁을 겪은 세대는 세월이 흐르고 전설이 덧입혀짐에 따라 기억이 희미해졌을 터이므로 부연 설명이 필요할 것이다.

그럼 이제부터 개괄적인 배경을 살펴보도록 하자. 헬렌 켈러는 1880년 6월 27일 앨라배마 주 터스컴비아에서 태어났다. 태어날 때만 해도 정상이었으나 생후 19개월이 되었을 때 원인을 알 수 없는 병에 걸려 시각과 청각을 잃었고, 들을 수 없었기 때문에 말도 할 수 없게 되었다. 그 외에 손상을 입은 신체 부위는 없었으나, 두뇌와 정신은 어떤지 알 수 없었다. 천치가 되었다고 말하는 사람도 있었다. 헬렌의 부모님은 그렇게 생각하지 않았지만, 설령 헬렌에게 생각할 수 있는 지능이 있더라도 그 사실을 확인할 방법이 없었으므로 헬렌의 정신이 멀쩡하다는 것을 입증할 수 없었다. 헬렌은 그렇게 세상에 차단된 채, 그녀의 표현에 따르면, 허깨비 세계에 사는 유령이 되었다.

헬렌의 어머니가 찰스 디킨스의 《미국 여행기(American Notes)》를 읽다가 보스턴에 있는 퍼킨스 맹아학교의 새뮤얼 그리들리 하우 박사가 헬렌처럼 시각과 청각을 잃은 아이 로라 브리지먼에게 읽고 쓰는 법은 물론 지문자(指文字)로 정상인들과 의사소통하는 법을 가르쳤다는 사실을 우연히 알게 될 때까지 헬렌은 5년 동안 이런 상태로 아무런 희망 없이 지내야 했다. 그러나 그건 50년 전의 일이었고 보스턴은 터스컴비아에서 멀리 떨어져 있었다. 켈러 부부는 당장은 아무런 조치를 하지 않았으나, 헬렌이 여섯 살이 되자 헬렌을 데리고 볼티모어에 가서 유명한 안과의사에게 진찰을 받게 했다. 그 의사는 다른 의사들처럼 헬렌의 시각과 청각은 영영 회복될 수 없다고 진단했으나, 워싱턴에 가서 알렉산더 그레이엄 벨 박사를 만나 헬렌을 교육할 방법에 관해 의논해보라고 조언해주었다.

벨 박사의 자문에 따라 켈러 씨는 퍼킨스 맹아학교에 편지를 보냈다. 하우 박사는 돌아가시고 안 계셨지만 그의 후임인 마이클 애나그노스 교장이 아이를 위해 무엇을 할 수 있는지 알아보려고 절차에 따라 졸업생 가운데 한 명을 보내주었다.

대단한 일이 있을 거라고는 아무도 기대하지 않았다. 하우 박사가 로라 브리지먼을 가르친 이래 50년 동안 능숙한 교사들이 하우 박사의 교육 방식을 다른 시청각 장애아들에게 시도해보았지만 아무도 성공을 거두지 못했다. 더욱이 애니〔'앤'의 애칭〕설리번은 다른 교사와 견줘볼 때 그다지 준비된 편이 아니었고 스스로도 다른 교사보다 더 잘할 수 있다는 희망을 갖지 못한 상태였다. 그러나 켈러 씨가 애니 설리번에게 일자리를 제안했을 때 다른 선택의 여지가 없었던 그녀로선 그 제안을 받아들일 수밖에 없었다.

애니 설리번은 당시 미국 동북부에서 가장 천대받는 사회 계급이었던 아일랜드 이민자의 딸로 1866년 4월 4일 매사추세츠 주 피딩 힐스에서 태어났다. 언제부터인지는 모르지만 그녀 역시 눈에 문제가 있었다. 어머니는 앤이 여덟 살 때 세 아이를 남겨놓고 세상을 떠났다. 2년 뒤 아버지는 세 아이를 두고 집을 나가버렸고 그 후로 앤은 아버지 소식을 듣지 못했다. 앤의 여동생 매리는 친척집에 보내졌고 애니와 일곱 살 난 남동생 지미는 튜크스버리에 있는 병약자를 위한 구빈원으로 보내졌다. 애니는 눈이 멀어서 집안일을 돌볼 수도, 쓸모 있는 일을 할 수도 없었고, 지미는 결핵성 고관절염에 걸려 거동이 몹시 불편했기 때문이다.

이들은 1876년 2월 구빈원에 들어갔는데, 5월이 되자 지미가 사망했다. 애니는 4년 동안 거기서 지냈다. 구빈원 밖에서는 그녀에게 관심을 갖는 사람이 아무도 없었고 극빈자들 외에는 친구가 없었다. 어느 날 설리번은 시각장애인을 위한 특별한 학교가 있다는 이야기를 들었고, 그 후 시간이 지나면서 교육에 대한 열망이 점점 커졌다. 그러나 쇠락과 질병의 구덩이에서 벗어나는 것은 불가능해 보였다. 그러던 어느 날 구빈원의 부정부패가 물의를 일으켜 주 복지시설관리국에서 조사단을 파견했다. 조사단에서 먼저 앤을 발견한 것은 아니었다. 구빈원 원생들은 이 조사단의 단장 이름을 알고 있었는데, 사람들이 도착했을 때 앤은 누가 단장인지도 모른 채 무작정 그들 쪽으로 달려가며 외쳤다. "샌본 씨, 샌본 씨, 저를 학교에 보내주세요!"

 1880년 10월 퍼킨스 학교에 도착한 앤은 열네 살의 나이에 처음으로 손끝 촉각으로 글 읽는 법을 배우기 시작했다. 방학 동안에는 학교에서 돌봐주지 않았으므로 여름이 오면 보스턴에 있는 하숙집에서 일을 하며 지냈다. 하숙생한테 들은 정보를 토대로 매사추세츠 안이과 병원(Massachusetts Eye and Ear Infirmary)을 찾아간 앤은 8월에 브래드퍼드 박사한테서 왼쪽 눈을 수술받았다. 이듬해 8월에 오른쪽 눈도 수술을 받자 앤은 제한된 시간 동안 눈으로 책을 읽을 수 있을 만큼 시각을 되찾았다. 그러나 정상인들이 다니는 학교로 전학을 할 수 있을 만큼은 아니었다. 6년 동안 퍼킨스 학교에서 공부한 뒤 1886년에 졸업할 때 애니 설리번은 졸업생 대표로 고별연설을 했다. 이제 학교에서 할 수 있는 것은 다 해준 셈이었으므로 나머지는 그녀 자신에게 달려 있었다.

앤은 자신의 불리한 조건(교육받은 기간도 얼마 되지 않았고 우아한 생활을 접해본 경험도 전혀 없었지만 무엇보다도 가장 큰 문제는 불확실하고 믿을 수 없는 눈이었다)을 잘 알았으나, 시청각 장애아를 돌보는 것보다 더 흥미진진한 일을 할 수 있기를 바랐다. 하지만 켈러 씨의 제안은 앤이 받을 수 있는 최고의 제안이었다. 앤은 켈러 씨의 제안을 수락한 후 몇 달 동안 하우 박사의 브리지먼에 관한 보고서를 꼼꼼히 읽었는데, 시력이 좋지 않은 탓에 각고의 노력을 기울여야 했다. 앤은 퍼킨스 학교의 학생들이 선망하던 로라 브리지먼과 대화하려고 다른 교우들처럼 지문자를 배웠기 때문에 이미 지문자를 알고 있었다. 로라 브리지먼은 다른 생활에 적응할 수 없어 아직 퍼킨스 학교에 머물러 있었다. 당시 시청각 장애인으로서 로라가 도달한 지점까지 올라간 사람은 없었다.

애니 설리번은 또 한 차례 눈 수술을 받은 데다 향수병으로 눈물바람을 한 탓에 붉게 충혈된 눈으로 1887년 3월 3일 터스컴비아에 도착했다. 헬렌은 이날을 자신의 '영혼이 태어난 날'로 늘 가슴에 간직했다. 앤은 헬렌을 만나자마자 헬렌의 손바닥에 알파벳을 쓴 뒤 그 뜻에 맞는 행동을 해 보이고, 행동을 한 뒤 손바닥에 그 낱말을 쓰는 일을 되풀이했다. 아이는 영리하고 호기심 많은 동물처럼 똑같이 따라했다. 이런 식으로 인간의 정신에 도달하기까지 한 달이 걸렸다.

3월 3일 못지않게 중요한 날인 4월 5일에, 유령 헬렌은 마침내 실재하는 세계와 접촉하는 첫 경험을 하게 된다. 애니 설리번이 펌프 아래에 헬렌의 손을 갖다 대고 물을 끌어올리자 그 순간 아이는 물은 그것이 어디에 있든 물이라는 것을 깨달았고, 손바닥에 선생님이 써주신 단어가 다름 아닌 물을 뜻한다는 것을 알게 되었다. 그 환희의 순간에 헬렌은 자신의 왕국으로 들어가는 문의 열쇠를 발견했던 것이다. 이제 헬렌은 모든 것에는 이름이 있다는 사실과 그 이름을 배우는 방법을 알게 되었다. 헬렌이 애니 설리번을 가리키며 물으면, 애니는 "선생님"이라고 손바닥에 써주었다.

이날부터 헬렌이 어찌나 빠르게 향상되었던지 교육자들은 곧 하우 박사보다 훨씬 훌륭한 교육자가 노력하고 있다는 것을 알아보았다. 열 살이 되자 헬렌은 농아들처럼 지문자를 쓰는 대신 다른 사람들처럼 입으로 말하는 법을 배우겠다고 선언하고는, 열한 차례 발화 레슨을 받은 뒤 비록 더듬거리는 발음이지만 "나는 이제 벙어리가 아닙니다"라고 말할 수 있게 되었다. 헬렌이 성취할 수 있는 것에는 한계가 없는 듯 보였다. 그러나 사람들의 의견이 분열되기 시작했다. 한편에서는 선생의 노력은 간과하고 헬렌을 기적적인 아이라고 칭찬했고, 다른 한편에서는 선생에게 모든 공로를 돌리고 헬렌은 자동인형에 불과하다며 폄훼했다. 그 후 1892년에 열두 살의 헬렌이 〈얼음나라 왕(The Frost King)〉에서 미스 마거릿 캔비의 단편소설을 무의식적으로 표절했을 때 세 번째 주장이 등장했다. 이 모든 것이 기만이고, 헬렌 켈러는 가짜고, 그녀의 선생 역시 사기꾼이라는 것이었다.

이 주장은 헬렌의 마음에 상처를 남겼다. 하지만 벨 박사를 비롯한 몇몇 저명한 인물은 직관력이 풍부하고 재능 있는 스승과 총명하고 열정적인 제자가 함께 노력한 덕분에 놀라운 결과를 내고 있는 것임을 알았다. 헬렌과 그녀의 선생은 누가 뭐라고 하든 해오던 대로 늘 함께했고, 그 덕분에 헬렌은 1900년에 20세의 나이로 래드클리프 대학에 입학하고 그 후 4년 뒤 볼 수 있고 들을 수 있는 학생들과 동등하게 경쟁하여 당당히 우등생으로 졸업할 수 있었다. 그러나 이들을 둘러싼 소문은 여기서 끝나지 않았다. 애니 설리번이 살아 있는 내내, 다시 말해 1936년에 애니가 사망할 때까지, 헬렌 켈러라는 존재의 상당 부분이 실상은 애니 설리번일 거라는 의혹이 끊이지 않았다. 이 문제는 대답하기가 간단하지 않다. 창작 활동을 하던 시기에 이들은 상대가 없었다면 아무것도 쓸 수 없었을 테니까 말이다.

졸업을 하고 난 뒤 행복한 시절이 이어졌다. 짧았기에 더욱 행복하게 느껴졌으리라. 그들만의 보금자리인 매사추세츠 주 렌섬 마을로 이주하여, 오랜 긴장에서 벗어나 느긋하게 휴식을 취했다. 일 년 뒤 애니 설리번이 존 메이시와 결혼하면서 완벽한 가족이 꾸려졌다. 유명한 문학 비평가였던 메이시 씨는 재치 있는 입담으로 함께 지내는 사람을 즐겁게 했다. 화기애애한 분위기 속에서 그와 헬렌은 협력하여 책을 집필하고 기사를 썼다.

래드클리프 대학에서 찰스 타운센드 코플런드 교수의 권유를 받은 헬렌은 다른 사람들처럼 글을 쓰려는 노력을 중단하고 자신만의 경험에 대해 쓰기 시작했다. 헬렌이 쓴 작문들은 대학 외부에서 관심을 끌어, 작문을 묶어서 출판하자는 의뢰가 들어왔다. 메이시 씨는 헬렌을 도와 그녀가 쓴 편지 가운데 대표적인 것들을 추려주었고, 설리번 선생이 앨라배마 주에서 헬렌을 가르치던 처음 몇 달 동안 쓴 편지 중에 뛰어난 것들을 함께 실을 것을 조언했다. 이렇게 하여 1904년에 출판된《내가 살아온 이야기(The Story of My Life)》는 50년이 넘는 기간 동안 계속 쇄를 거듭하면서 고전으로 자리매김했다.

헬렌이 대학에 있는 동안 출간한 또 한 권의 책《나의 낙관주의(Optimism)》는 그녀를 향해 파도처럼 밀려드는 동정에 대한 저항의 외침이다. 이제 렌섬에서 헬렌은 볼 수 없고 들을 수 없는 것을 마치 보고 들은 것처럼 색깔과 소리와 연관된 단어를 써서 묘사했다고 비난하는 비평가들을 비웃기라도 하듯《내가 사는 세상(The World I Live In)》을 즐겁게 쓰기 시작했다. 헬렌은 자신의 세계가 일부는 연상과 상상으로 구축되었음을 설명해야 하는 게 이번이 마지막이기를 바랐다. 헬렌은 "영혼으로 모든 것을 볼 수 있다"는 것을 보여주었다.

헬렌은 자신의 말을 타고 있을 때면 말의 등에 환상의 날개가 돋아 아폴로의 준마를 타고 있는 것처럼 느꼈다. 나풀거리는 양초의 불빛, 벽난로의 따뜻한 온기, 햇볕의 열기 등으로 빛의 강도가 다양하다는 것을 감지했다. 헬렌은 두 볼이 화끈 달아오르면 볼의 색이 붉어졌다는 것을 알았고 봄이 되어 나뭇잎이 돋아나면 그 색이 연둣빛이라는 것을 알았다. 그리고 헬렌은 한 가지 과일(이를테면 사과)도 품종에 따라 맛이 다양하다는 것과 한 가지 꽃(이를테면 장미)도 종류에 따라 향기가 다르다는 것을 감지할 수 있었기 때문에 한 가지 색도 다양한 색조로 나타날 수 있다는 것을 추론할 수 있었다. 헬렌이 손으로 진동을 느끼면서 음악을 '들을' 때 무엇이 '들리는

지' 우리는 알 수 없다. 그러나 헬렌이 그것을 표현하기 위해 단어를 새로 창안했다면 그 뜻을 분명하게 전달할 수 없었을 것이다. 헬렌은 자신이 아는 단어를 사용하여 느낀 대로 표현했고, '보인다' 와 '들린다' 같은 말이 자신의 느낌을 표현하는 가장 쉬우면서도 명료한 단어인데도 왜 그런 말을 사용해서는 안 되는지 도무지 알 수 없었다.

《내가 사는 세상》은 1908년에 출간되었다. 뒤이어 1910년에는 이전에 썼던 어떤 작품보다 저자 자신에게 창작의 기쁨을 주었던 시 《돌담의 노래(The Song of the Stone Wall)》가 출간되었다.

이때까지 헬렌 켈러의 이미지는 모든 가능한 세계 가운데 최상의 장소에서 행복하게 지내는 더없이 밝은 인물로 확립되는 듯했으나, 헬렌은 몇 년 사이에 그 이미지를 완전히 허물어뜨렸다. 다음번 책(잡지에 게재되었던 그때그때 쓴 글들을 묶은)이 화약통에 불을 붙인 격이었다. 이 책의 제목은 《암흑에서 벗어나(Out of the Dark)》였는데, 여기서 암흑이란 육체적으로 눈먼 상태를 의미하지 않았다. 책에 수록된 기사들 중에는 〈나는 어떻게 사회주의자가 되었는가〉라는 것도 있었고, 서부광부연맹(Western Federation of Miners)을 옹호하는 글도 있었고, 여성의 참정권을 주장하는 글도 있었다. 모체의 성병 감염으로 인해 실명하는 것을 방지하기 위해 신생아의 눈에 질산은을 투여할 것을 맹렬히 주장하는 글이 세 편 실렸는데, 특히 이 글들이 사람들에게 충격을 주었다. 사람들은 헬렌이 고통에 대해 말할 때 체념한 듯 온화한 태도일 거라고 믿어왔기 때문이다.

헬렌 역시 경악했다. 헬렌은 친구들이 이 새로운 사태에 몹시 당혹스러워하는 것을 알고도 놀라지 않았으나, 비평가들이 그 글들은 헬렌 스스로 쓴 게 아니라고 추정하고는 헬렌이 메이시 부부를 비롯한 몇몇 사람들에게 음험하고 사악한 목적으로 이용당하고 있다고 냉담하게 단언하자 몹시 분개했다.

이 사건은, 글을 써서 스스로를 부양할 수 있으리라는 희망을 포기해야 한다는 것을 의미했으므로 헬렌에게 큰 충격이었다. 이제 그녀 자신에 대한 주제로는 더는 쓸 말이 없었고, 그 외의 주제에 대해서는 그녀의 말을 들을 청중이 없었다. 또 다른 일로도 어려운 시기가 닥쳐왔다. 선생님의 시력이 점점 나빠져서 이제 더는 낯선 곳을 자유로이 다닐 수 없게 되었다. 헬렌의 사회적·정치적 견해와는 관계없이 설리번 선생의 결혼은 파경을 맞았다. 설리번 선생의 건강은 악화되었고 가진 돈도 부족했다.

설리번 선생과 헬렌은 이 모든 곤경을 예견하고 조처를 취했다. 1913년 초 그들은 헬렌의 어눌한 발음 때문에 조심스럽게 연단에 나갔다. 헬렌이 "이제 나는 벙어리가 아닙니다"라는 역사적인 문장을 소리 내어 말한 이래로 스물세 해가 지났지만, 그리고 열심히 지속적으로 노력을 했건만, 다른 사람들처럼 말하고 싶다는 그녀의 꿈은 이루어지지 않았다. 일생에 걸친 연습을 한 뒤인 오늘날에도 후두에서 나오는 그녀의 음성은 그 소리에 익숙해지기 전까지는 이해하기가 쉽지 않다. 처음으로 사람들 앞에서 말할 때 헬렌은, 그때껏 들을 수 없고 볼 수 없는 것을 창피하게 생각한 적이 한 번도 없었던 것과는 달리, 자신의 어눌한 말소리에 창피함을 느꼈다. 하지만 연설하는 내내 선생님이 옆에서 설명하고 통역해준 덕분에 이내 긴장이 풀렸고 청중들은 아주 따뜻한 태도로 공감해주었으므로, 선생님의 시력과 건강이 더 나빠져서 함께할 수 없게 되지만 않는다면 새로운 일에서도 성공이 예감되었다.

그러나 3개월도 채 되기 전에 그들은 다른 이의 도움 없이는 이 일을 계속할 수 없음을 인정해야 했다. 이 쓰라린 인식은 메인 주 배스의 낯선 호텔에서 보낸 공포의 밤에 찾아왔다. 선생님이 지독하게 아팠지만 헬렌 말고는 아무도 돌봐줄 사람이 없었고 헬렌을 돌봐줄 사람 역시 아무도 없었다. 선생님은 간신히 호텔 직원을 불렀고 며칠 뒤 그들은 더듬거리며 렌섬으로 돌아왔다. 헬렌은 어려운 상황에 항복하고, 앤드류 카네기에게 보조금(형편이 좋을 때에는 거절했던)을 받겠다는 내용의 편지를 써 보냈다. 그 보조금은 정상인 한 명분으로는 넉넉했겠지만, 장애인 두 명과 유급 도우미 한 명이 쓰기에는 충분하지 않았다. 선생님이 회복되자 그들은 다시 길을 떠났다.

1914년 첫 번째 대륙 횡단 여행에 나섰을 때는 헬렌의 어머니가 동반했으나, 이는 단 한 번에 그쳤으므로 문제가 해결되지 않았다. 이들은 여행에서 돌아오고 난 뒤 보스턴 인근에 사는 친척집에 와 있던 스코틀랜드 글래스고 출신의 폴리 톰슨 양을 우연히 만나게 되었다. 드디어 해결의 실마리가 보였다. 선생님은 시각과 청각이 정상인 사람이 해줘야 하는 일을 톰슨 양에게 맡겼다. 폴리의 명목상 직책은 비서였으나 그 특이한 가구(家口)에서 그녀의 독특한 역할을 설명할 수 있는 단어는 없으리라. 폴리가 한 가지 일을 해낼 수 있다는 것이 입증되면 또 다른 책무가 추가되었다. 22년 뒤 설리번 선생이 운명할 때쯤에 폴리 톰슨은 그녀 앞에 놓인 과업을 잘 해 낼 준비가 되어 있었다. 그래서 설리번 선생은 안심하고 저세상으로 떠날 수 있었다.

헬렌이 유럽에서 발발한 세계대전과 미국의 동요를 너무 걱정한 나머지 평화 이외의 다른 주제에 관해서는 말할 수 없게 되었던 1916년까지 그들은 강연을 계속했다. 헬렌의 목소리는 군중의 외침에 묻혀 들리지 않았고 그들은 낙심한 채 녹초가 되어 집에 돌아오곤 했다. 벌이가 시원찮았기 때문에 렌섬에 있는 집에서 계속 살 수 있는 형편이 아니었으나 사실 이보다 더 큰 근심거리가 많았다. 헬렌은 깨어 있을 때는 전쟁을 걱정하고 잠이 들었을 때에도 전쟁에 대한 꿈을 꾸었다. 설리번 선생은 심하게 기침을 했고 늑막염까지 걸려 정밀검사를 받아야 했다. 뒤이어 결핵에 걸렸다는 진단을 받고 병을 치료하려고 레이크플래시드[미국 뉴욕 주 애디론댁 산맥의 화이트 페이스 산기슭, 호숫가에 위치한 마을]로 급히 떠났다. 폴리 양이 설리번 선생과 동반했고, 헬렌은 걱정으로 애를 태우며 어머니와 앨라배마에서 기다리기로 했다. 얼마 후 헬렌이 연락을 해보니 설리번 선생과 폴리 양은 어느새 푸에르토리코로 가는 중이었다. 그 후 설리번 선생의 검진 결과가 다른 사람의 것과 뒤바뀌었고 선생은 결핵에 걸리지 않았다는 사실을 알게 되었으나, 푸에르토리코는 설리번 선생에게 그동안 누리지 못했던 휴식과 아름다움과 평화를 선사해주었다.

그들은 다시 만나자마자 뉴욕 시에서 멀지 않은 곳에 있는 롱 아일랜드 포리스트 힐스의 철로 뒤쪽에 있는 초라한 벽돌집을 구입했다. 살림의 규모를 줄인 덕분에 경제적인 걱정은 덜었으나 이 여성들은 기질적으로 그저 빈둥대며 하루하루를 보낼 수 있는 사람들이 아니었다. 이들이 다음에 무슨 일을 할까 의논하고 있을 때 익명을 요구한 한 자선가가 멋진 계획을 내놓았다. 그 자선가는 헬렌의 일생을 영화로 기록하면 전쟁 중인 세계에 무척 가치 있는 일이 될 뿐 아니라 동시에 거액을 벌어들일 수도 있을 거라고 말했다. 당시 헬렌에게 돈벌이가 될 것이라는 말은 거역할 수 없는 유혹이었다. 헬렌은 자신이 죽으면 카네기 보조금도 끊길 터이므로, 만일 선생님이 더 오래사시게 된다면 건강도 안 좋고 눈도 거의 멀다시피 한 선생님이 돈 한 푼 없는 신세로 어떻게 살아갈지 걱정이 되었다.

희망에 부풀어 그들은 할리우드로 가는 기차에 몸을 실었다. 영화는 사실적으로 만들 예정이었으나 상징이 너무 많이 가미된 탓에 상징의 화려한 쇼로 끝나버렸고, 가능한 제목은 '해방(Deliverance)' 밖에 없을 것 같았다. '해방'은 흥행에 실패했고 영화 수익금으로 독립을 이루려던 헬렌의 꿈도 물거품이 되었으나, 이 노력이 완전히 헛된 것은 아니었다. 1954년 낸시 해밀턴[1908~1985. 다큐멘터리 영화 감독. 〈굴복하지 않는 자, 헬렌 켈러의 이야기〉로 1955년에 아카데미상을 받았다〕이 이 영화의 역사적인 장면 중 가장 잘된 것만을 추려 헬렌의 일생에 관한 걸출한 다큐멘터리 〈굴복하지 않는 자(The Unconquered)〉를 만들어냈으니까 말이다.

돈이 바닥나자 초조해진 헬렌은 이번에는 연극무대에 운명을 걸었다. 20분 동안의 단막극에 그녀와 설리번 선생님이 등장하여 헬렌이 어떻게 교육을 받기 시작했으며 어떻게 세상에 적응해왔는지 보여주었다. 만일 그 단막극이 학교와 강연장에서 무료로 상연되었다면 찬사만 받았을 테지만, 곡예사와 훈련받은 동물들 사이에 끼여서 상연되었기 때문에 헬렌 켈러는 돈을 벌기 위해 자신을 전시한다는 비웃음을 받아야만 했다. 그것은 부인할 수 없는 사실이기도 했으나, 헬렌은 자신이 무슨 일을 하고 있는지 자각하고 있었고 그 일을 자랑스럽게 여겼다. 헬렌은 난생처음으로 스스로 생활비를 벌고 있었고, 다른 두 여성 또한 부양하고 있었던 것이다. 그리고 그것뿐이 아니었다. 헬렌은 선생님의 노후를 위해서 조금씩 돈을 모으기 시작했다.

헬렌이 그때껏 벌여왔던 다른 모든 일과 마찬가지로 이 희가극 공연 역시 한시적인 일이었다. 그 일은 4년 동안 단속적으로 이어졌다. 헬렌은 마흔세 살이 되어서야 스스로 평생의 일이라고 부르는 일에 착수했다. 어느 면에서 보면 어려서부터 부단히 이 일을 준비해온 셈이었다. 어떤 다른 일을 할 때에도 시간을 내어 암흑과 침묵 속에서 여행하는 다른 이들을 도와주었으니까 말이다. 체계 없이 이루어지던 이런 노력은 1923년 미국시각장애인재단에 합류하면서 범위와 목표가 분명해졌다.

그러나 이 일에 전념하기까지는 마무리지어야 할 일들이 남아 있었다. 약속된 희극 공연에 두어 차례 출연해야 했고 집필해야 할 책도 두 권 있었다. 하나는 새교회〔New church ; 18세기 스웨덴의 과학자·신학자·철학자인 에마누엘 스베덴보리의 신학사상을 따르는 사람들로 '스베덴보리주의자' 또는 '새 예루살렘 교회'라고도 함〕의 요청으로 집필하게 된 에마누엘 스베덴보리에 대한 글 《나의 종교(My religion)》였고, 《나의 중년

(Midstream : My Later Life)》원고는 출판사에서 강제로 가져갔다. 하지만 헬렌은 곧 뉴욕 시 근교에서 연설을 시작했다. 훌륭한 조언자인 설리번 선생과 함께 준비한 뒤, 안내자이자 통역자인 폴리 양의 도움을 받아가며 연설했다. 미국시각장애인재단을 위해 모금 운동을 벌이던 이 초기 몇 년 동안 슬픔과 불안이 가시지 않았으나 헬렌은 근심을 걷어내고 강연장으로 나갔다.

설리번 선생은 노쇠하여 차츰 활력을 잃어갔고 앞을 조금도 볼 수 없게 되었다. 1936년 10월 20일 설리번 선생은 회한 없이 세상을 떠났다. 임종이 있기 몇 주 전 헬렌이 설리번 선생을 위로하려고 "선생님, 꼭 나으셔야 해요. 선생님이 안 계시면 헬렌은 아무 일도 할 수 없을 거예요"라고 말했을 때 설리번 선생은 슬퍼하며 이렇게 대답했다. "정말 그렇다면 나는 실패한 삶을 산 거야." 설리번 선생이 언제나 가장 중요하게 여긴 목표는 헬렌을 자유롭고 독립적인 인간으로 자라게 하는 것이었기 때문이다. 설리번 선생의 슬픔은 이내 사라졌다. 설리번 선생은 자신의 노력이 헛되지 않았음을 알고 있었다.

헬렌은 헬렌 자신이 '나의 스승(Teacher book)'이라고 제목을 붙인 책을 한 권만 더 쓸 작정이었으나, 11월 4일 여전히 슬픔으로 정신을 가눌 수 없었기 때문에 생각을 정리하려고 일기를 쓰기 시작했다. 일기 쓰기는 이듬해 4월까지 계속되었고, 그해 후반에 《헬렌 켈러의 일기(Helen Keller's Journal)》로 출간되었다. 선생님과 약속한 일이었으므로 취소할 수 없는 신성한 의무였던 시각장애인을 위한 순회 연설을 하러 일본으로 가는 배에서 이 책의 집필을 마쳤다. 그후 미국을 비롯한 여러 나라 정부에서 자국에 와서 연설을 해달라는 요청이 들어왔고, 미국시각장애인재단과 미국해외맹인원호재단을 비롯한 여러 특별 단체의 후원을 받아 세계 각지를 돌아다니며 시각장애인을 비롯한 여러 다른 장애인(여기에는 미국과 유럽 각지의 병원에 입원 중인 상이군인도 포함됨)의 재활 프로그램 지도자들에게 실질적인 조언을 하고 굳건한 의지와 영감을 불어넣는 일을 했다.

헬렌은 강연 여행을 하지 않을 때에는 코네티컷 주 웨스트포트 근처에 있는 아름다운 집(G. A. 파이퍼 씨의 도움으로 얻은)에서 폴리와, 1950년에 사망하기까지 허드렛일을 도맡아 해주던 허버트 하스와 함께 살면서 설리번 선생에 관한 글을 썼다. 무엇보다 헬렌에게는 브라유 점자로 기록해둔 메모(이 중에는 30여 년 묵은 것도 있었다)가 있었고, 설리번 선생이 헬렌에게 써 보낸 편지와 헬렌의 어머니와 여동생과 양아버지 존 히츠 씨(벨 박사의 비서)를 비롯한 여러 친구한테서 온 친밀한 편지들도 있었다. 그런데 1946년에 집에 화재가 나는 바람에 이 모든 것을 잃었다. 복구할 기력을 낼 수 없을 만큼 큰 화재였으나 친구들이 집을 수리해주고 집 안도 다시 꾸며주었다. 얼마 후에 헬렌은 다시 집필을 시작했다. 어느 때보다 외로웠다. 책은 그녀의 마음 안에 있었다. 마음에서 한 장 한 장 뜯어내야 했다.

그 책의 일부는 내 집에서 내 타자기(일반적인 스미스코로나 휴대용 타자기)로 작성되었다. 헬렌은 가끔 마침표 키가 어디에 있느냐고 물었으나 마치 오래전부터 그 타자기를 사용해온 사람처럼 능숙하게 타자기를 다뤘다. 헬렌은 자기 식대로 종이를 정리해두었으므로 아무도 원고에 손을 대서는 안 되었다. 헬렌은 한 치의 흐트러

짐 없이 순서대로 원고를 보관했고, 어디쯤에 손을 뻗으면 새 종이를 집을 수 있는지, 이미 작성한 원고는 어디에 내려놓아야 하는지를 정확히 알고 있었다. 브라유 점자로 기록한 메모 외에는 쓰레기통에 버려지는 게 거의 없었다. 이미 쓰레기통에 버린 메모가 필요해지면 헬렌은 직접 쓰레기통을 뒤져 종이 쪼가리를 서랍장 위에 늘어놓고 손가락으로 더듬어가며 원하는 내용을 찾아냈다. 그러므로 쓰레기통 또한 아무도 손대지 못했다.

그녀는 보통 하루에 6~7시간을 일했고, 다른 사람의 방해로 중단되는 일은 거의 없었다. 스스로 중단한 일이 있었는지 없었는지는 모르지만 여하간 그녀는 단 한 번의 예외를 제외하곤 이전에 작성한 원고의 마지막 단어를 잊어버린 일이 없었다. 그 예외적인 일은 어느 날 아침, 집 근처 소나무 아래에서 곰 발자국이 발견되었을 때 일어났다. 내가 헬렌을 급히 데리고 나와 곰 발자국을 만져보게 했기 때문이다.

타자기로 원고를 작성할 때 헬렌은 어김없이 앞으로만 나아가야 한다. 다시 말해 그녀는 이미 작성한 것을 다시 검토하거나 수정할 수 없다. 그러므로 고치고 싶은 게 있는 경우에는 생각난 내용을 편집자에게 이런 식으로 메모한다. "멕시코에 간 선생님을 언급한 부분 다음에", "데번 주가 나오는 대목에 삽입해주세요", "진동에 대해 쓴 부분 대신 넣어주세요". 그러나 이런 메모는 결코 성가실 정도로 많지 않다.

설리번 선생 생전에는 제3자가 완성된 원고를 큰 소리로 읽으면 설리번 선생이 그것을 헬렌의 손바닥에 지문자로 적어주었다. 그러나 이번에는 편집자가 지문자로 질문해가며 편집했기 때문에 조용한 가운데 편집 작업이 진행되었다. 헬렌의 지시 사항은 분명하고 명확했다. 편집이 끝나자 타자 원고는 헬렌이 여가 시간에 읽을 수 있도록 브라유 점자로 복제되었다. 헬렌의 뒤를 따라 브라유 점자로 작성된 책이 비행기에 실려 배달되자, 순회 연설을 하러 인도 남부의 고원 피서지에 가 있던 헬렌은 연설 사이사이에 숨을 돌리는 동안 자신이 쓴 책을 처음으로 읽을 수 있었다.

헬렌이 이 책의 독자들에게 바라는 단 한 가지 요구 사항은 그녀가 이때껏 정상인들에게 주문해온 것처럼 그녀를 눈과 귀가 먼 사람이 아니라 평범한 여성으로 봐달라는 것이다. 이는 쉬운 일이 아니다. 언젠가 우리가 군중 속에 있을 때 한 번도 본 적 없는 한 남자가 나타나서는 길을 터주며 헬렌을 엘리베이터까지 호위해주었다. 그러고 나서 그는 자신과 자신의 아내가 헬렌을 성자로 여기고 있다는 말을 전해달라고 내게 부탁했다. 그러나 나는 헬렌은 성자로 불리는 것을 좋아하지 않는다고 그 남자에게 말해주었다. "스스로 살아가기도 버거우실 텐데 참 많은 일을 하고 계세요" 하고 그는 말했다. "그게 우리 생각이죠."

헬렌은 자신은 하느님의 뜻을 이루기 위한 보잘것없는 도구에 지나지 않으며 자신이 성취한 일은 모두 선생님 덕분이라고 말한다. 헬렌이 지금껏 받은 상과 훈장을 나열하면 긴 목록이 될 것이다. 헬렌은 상이 고맙지 않은 것은 아니나 상을 받을 때마다 마음 한 켠이 시리다고 한다. 상패나 메달에 함께 새겨져야 할 선생님의 이름인 애니 설리번 메이시가 명시된 상은 몇 안 되기 때문이다. 둘 중 어느 한 사람이 없었다면 이룰 수 없는 일이었고, 그 일은 지금도 계속되고 있다. 헬렌은 말한다. "사람들은 설리번 선생님이 저를 두고 먼저 세상을 떠나셨다고 생각하지만, 설리번 선생님은 늘 제 곁에 계십니다."

넬라 브래디 헤니

*옮긴이주는 [ ]로 표시했으며, 원서의 긴 문장을 행갈이를 하여 편하게 읽을 수 있도록 했습니다.

1

 1946년 11월 어느 날 오후 폴리 톰슨과 나는 며칠간 묵은 호텔 앞 아크로폴리스에 있었다. 며칠 전 우리는 전쟁으로 실명한 사람들의 참상을 조사하려고 미국 군용기를 타고 나폴리에서 그리스 아테네로 날아왔다. 우리는 이미 영국과 프랑스, 이탈리아 등지를 돌아다니며 전쟁으로 인해 시각장애인이 된 상이군인을 방문했던 터라 마음이 몹시 아팠고 기진맥진해 있었지만 차마 파르테논 신전을 보지 않고 아테네를 떠날 수 없었다. 그래서 우리는 둘이서만 살그머니 밖으로 빠져나왔다.

 거칠게 깎은 계단과 발아래에서 곧 무너져내릴 것 같은 돌을 딛고 오래도록 올라가야 하는 어려운 길이었는데, 우리는 거기에 오르기 전에 잔해가 있는 곳을 둘러보았다. 쓰러진 기둥을 이쪽 끝에서 저쪽 끝까지 더듬어보니 열주들이 하늘을 향해 어떤 모습으로 세워져 있었을지 상상이 갔다. 마침내 정상에 당도했을 때 파르테논 신전이 실제로 내 앞에 그 장려한 모습을 드러냈다. 오랜 세월 풍상에 시달렸어도 손상되지 않은 채 멋진 모습을 간직한 기둥들은 아직 밝혀지지 않은 지상과 천상의 예측 불가능한 힘을 상징하는 듯했다.

아테네 시가 내려다보이는 높이에서 그리스 건축가들과 기술자들의 뛰어난 업적을 손으로 더듬어보고 있자니 이루 말할 수 없는 기쁨이 밀려왔다. 팔라스 아테나 여신[고대 아테네의 수호신이자 전쟁 및 지혜의 여신]이 이주해왔던 곳이자 인간의 영웅적 행동을 보상하고 범죄를 징벌하는 신들이 방문했던 곳이라 차분하고 평온한 분위기가 느껴졌다. 비록 눈에는 보이지 않았지만 선생님은 늘 내 곁에 계셨다. 어릴 적 선생님께서 되풀이해 들려주셨던 그리스 신화와 시들이 마치 실제로 일어났던 일처럼 머릿속에서 되살아났다. 선생님과 내가 각각 그리스인과 이방인 역을 맡아서 게임을 하던 일도 생생하게 떠올랐다. 번개를 거느리고 다니는 제우스와, 날개 달린 마법의 샌들을 신은 헤르메스[그리스 신화에 나오는 전령신]가 내 상상력에 다시금 불을 지폈다. 상상 속에서, 포세이돈이 바다에서 삼지창을 휘두르는 모습과, 플루토[저승의 신. 하데스라고도 함]가 소리를 지르는 페르세포네를 지하에 있는 자신의 왕국으로 데리고 가는 장면을 보는 듯했다. 선생님이 들려주셨던 트로이 전쟁 이야기 또한 마치 전혀 예기치 못한 재난에 대한 경고처럼 내 머리를 획 스치고 지나갔다.

폴리와 나는 아크로폴리스의 풍경으로 눈을 돌렸다. 아크로폴리스는 데모스테네스[고대 그리스의 웅변가·정치가(BC 384~BC 322)]가 자신의 더듬거리는 말버릇을 고치려고 날마다 조약돌을 입에 문 채 뛰어오르던 언덕이었을 뿐 아니라, 아테네 시민들이 페리클레스[BC 5세기 후반 아테네 민주주의와 아테네 제국을 발전시켜 그리스의 정치적·문화적 중심지로 만들었던 아테네 정치가]의 조언을 들으려고 모였던 시민 광장이었고,

발빠른 전령들이 마라톤에서 승전보를 갖고 왔던 곳이다. 여기서 에우리피데스(아이스킬로스, 소포클레스와 함께 고대 그리스의 3대 비극시인 가운데 한 사람)는 조금도 두려워하지 않고 소리 높여 노예제를 비난하고 인간에 대한 연민을 노래했다. 여기서 소크라테스는 아테네 청년들을 가르쳤고, 여기서 플라톤이 후세에 남긴 철학은 지금도 보려 하고 들으려 하는 사람들의 눈과 귀를 소생시키고 있다.

아크로폴리스에 오르는 일이 선생님과 내가 함께 극복해온 어려움을 상징한다고 생각하니, 시각장애인을 위한 내 일의 은유적 아크로폴리스 또한 잘 오를 수 있으리라는 자신감이 생겼다. 전쟁 중에 실명하여 살아갈 의욕을 잃은 상이군인들의 캠프를 돌 때 나는 극심한 고통을 느꼈다. 이들이 자립하여 쓸모 있는 일을 할 수 있게 되기까지 얼마나 오랫동안 끝없는 노력을 해야 하는지 너무나도 잘 알고 있었기 때문이다. 나는 내가 마주한 비극이 얼마나 독특하고 지독한 것인지 감지했으나, 설리번 선생님의 인내와 불굴의 정신을 떠올리며 힘을 냈다.

유럽의 시각장애인들이 절망적인 상황에서 구조되기 시작한 것은 불과 150년 전의 일이었다. 이들은 인간의 삶으로 되돌아가기 위한 힘겨운 노정에서 얻은 몇 가지 혜택(학교와 헌신적인 교사들, 차츰 늘어가는 브라유 점자책 등)을 소중히 여겼다. 그런데 급작스럽게 2차 세계대전이 할퀴고 지나가며 그것들을 앗아갔다. 시각장애인들 상당수가 집과 가족을 잃었고, 어렵게 얻어낸 학교와 일터는 나치가 파괴하거나 약탈했다. 이들의 브라유 점자판을 군수물자를 만들기 위해 녹였고, 이들의 책을 땔감으로 사용했고, 일할 수 있는 시각장애인들에게 일자리를 제공해주던 에이전시는 문을 닫았다. 고통과 궁핍이 도처에 널려 있었으나, 이 복잡하고 불안한 상황에서도 시각장애인들은 스스로를 부양할 수 있는 능력을 기르려면 특별한 교육을 받아야 했으므로 어느 누구보다 교육을 필요로 했다. 세계의 불행한 이들을 돕는 데 후하다는 미국인들에게조차, 폭격에 손상된 유럽의 수많은 학교들을 수리하고 새 학교를 짓고, 값비싼 브라운 점자 인쇄기와 시각장애인들(민간인과 군인 공히)에게 필요한 교육 기자재와 장비를 공급하여 시각장애인들의 좌절한 삶을 일으켜 세우는 일은 어마어마한 과업으로 여겨질 터였다. 로마에서 영국행 비행기를 기다리는 동안 머리를 쥐어짜며 이 문제를 고민했다.

엑셀시어 호텔에 있을 때 우리는 코네티컷 주 아칸 리지에 있는 우리 집(목재 가옥)에 화재가 났다는 전보를 받았다. 최악의 상황을 떠올린 폴리와 나는 너무 놀란 나머지 서로의 품에 쓰러졌다. 한순간에 모든 것, 우리가 우리의 충직한 프라이데이[다니엘 디포의 《로빈슨 크루소》에 나오는 주요 인물로, 충직하고 유능한 하인을 비유적으로 일컬을 때 흔히 사용됨] 허버트와 남은 나날을 보낼 수 있을 거라 여겼던 집이며, 폴리와 내가 일본에서 사온 진기한 물건들, 친구들이 우정의 징표로 준 선물들, 서재와 그 안에 있던 책들, 원고들, 그리고 내가 지금껏 소중히 간직해온 어머니와 선생님과 세계 곳곳의 사람들에게서 받은 편지들이 사라져버렸다는 사실이 믿기지 않았다. 나는 비통한 심정으로, 지난 20년 동안 틈틈이 써온, 이미 4분의 3을 완성한 '선생님'에 대한 원고를 떠올렸다. 그 원고를 잃은 것은 내게 팔다리를 잃은 것이나 같다고 나는 폴리에게 말했다. 그 말을 하는 순간 내 안에

앤 설리번.(1881년경)

서 불꽃이 일었다. 모든 것을 검게 태워버리는 불꽃이라기보다 내 마음을 환히 비추고 목표를 제시하는 불빛이었다. 눈이 먼 데다 팔다리까지 잃은 아이들을 생각하자 가슴이 미어지는 듯했다. "마음을 다잡아야지. 이번 일은 선생님과 이별한 일(영혼의 거처를 잃은 것이나 다름없었던)에 비하면 아무것도 아니야."

폴리가 말을 받았다. "그래요, 마음을 굳게 먹어야 해요. 우리는 다른 사람들을 위해 일해야 하니까요. 수많은 사람들이 우리를 철석같이 믿고 있는데 이들을 실망시켜선 안 되죠."

내가 말했다. "그리고 우리에겐 훌륭한 친구들도 있고 돈도 조금 있어. 셀 수 없이 많은 사람들이 이보다 더한 고통 속에서도 잘 견뎌내고 있잖아."

"그럼요!" 용기를 얻은 폴리의 손가락이 힘차게 움직였다. "그 사람들을 돕는 일을 계속하도록 해요. 어렵지만 도전해볼 만한 일이죠."

허버트는 파리에 체류하고 있었다. 우리는 유럽에 올 때, 허버트가 12년 전에 우리에게 온 이래 처음으로 휴가다운 휴가를 보내기를 바라는 마음에서 그를 데리고 왔다. 허버트는 네덜란드에 사는 친구들을 방문한 뒤 파리에서 우리를 기다리고 있었다. 허버트를 만났을 때 그는 우리가 우려했던 사실을 확인시켜주었다. 아칸 리지의 집이 모조리 타서 잿더미가 되었다고 했다. 허버트는 눈물을 흘리며 탄식했다. "저는 집에 남았어야 했어요! 설리번 선생님이 두 분을 잘 돌봐달라고 그토록 당부하셨는데……. 제가 집에 있었다면 얼마나 좋았을까요!" 우리는 우리가 할 수 있는 온갖 말로 그의 기분을 풀어주려고 애썼지만 그는 계속 우울해했다. 그러나 우리에게 닥친 재난을 완전히 파악한 순간, 내면에서 육체의 한계를 뛰어넘는 생명력이 솟아오르는 것(영혼으로 보고 들을 수 있는 힘과 활력이 솟아오르는 것)을 경험했다. 이 내적 생명력이 내 내면에서 솟아올라 온몸으로 퍼져나갔다. 비록 폴리와 내가 우리 집이라 부를 수 있는 물질적인 거처를 잃었지만 영혼의 거처 안에 있는 듯 안전한 느낌이 드는 것이 놀라웠다.

마음 한 켠에서는 이 난국을 어떻게 헤쳐나가야 할지 방법을 모색하면서도, 나는 내가 최근에 겪은 화재와 같은 재난을 겪는 모든 사람들에 대한 생각을 멈추지 않았다. 공습의 화염에 휩싸여 수많은 사람들이 죽어가는 가운데 남자와 여자, 아이들까지도 지옥 같은 고통 속에서 분투하며 파멸을 피하려고 갖은 애를 쓰고 있었다. 무수한 유대인들이 나치의 가스실에서 죽어갈 때 '죽음의 연기'가 피어올랐다. 그리고 2차 세계대전 중 도쿄의 집들이 화염에 휩싸여 마치 종이로 만든 집처럼 풀썩풀썩 무너져내리는 모습을 떠올리니 가슴이 먹먹해왔다. 정말 이 작은 화재를 겪고 나니 언제 죽음과 약탈을 당할지 모르는 공포 속에서 하루하루를 보내고 있을 다른 이들의 아픔이 더욱 생생하게 다가왔다. 억누를 수 없는 분노가 속에서 불타올랐다. 나는 가능한 모든 방법을 동원해, 인간 세계 곳곳에 잠복해 있는 사악한 충동과, 날아다니는 불뱀처럼 위험한 자기만족과, 자유와 인류애와 인격과 행복을 부인하는 잔인한 철학에 맞서 싸우리라 다짐했다.

내가 직접 화재를 겪게 되자 미국과 유럽의 육군과 해군병원에 입원 중인 상이군인들을 위문할 때 목격했던 화재의 참상들이 빠르게 머리를 스쳐갔다. 팔다리가 잘리거나 하지가 마비되거나 치료 불가능한 부상, 한순간에 시각과 청각을 잃은 사람들의 절망, 격리 병동, 이런저런 이유로 일그러진 모습 때문에 평생 세상에 나갈 수 없으리라는 두려움, 겉으로 드러나지는 않지만 인간의 정신을 맑고 온전하게 유지하려면 반드시 처치해야 하는 정체불명의 질병들! 이런 음울한 기억들이 떠오르는 가운데 나는 인간의 삶을 구제하고 고양시켜줄 선의의 등대를 향해 꿋꿋이 나아가겠다고 어느 때보다 더 굳게 결심했다.

내게 닥친 이 재난으로 얻은 또 다른 '좋은 점'은 크건 작건, 인간이건 동물이건 수많은 생을 교란시키는 공통적 상실에 대해 추호의 교만함 없이 이야기할 수 있다는 것이었다. 그리고 그 생각을 할 때마다 폴리와 허버트가 아무 사고 없이 내 곁에 있다는 것만으로도 다행이다 싶었다.

12월 20일 웨스트포트로 돌아왔을 때 우리는 G. A. 파이퍼 씨(우리가 구스 삼촌이라 불렀던)가 우리에게 빌려준 집에 정착했다. 선생님이 돌아가시기 전부터 진실한 친구 파이퍼 씨가 우리에게 베풀어준 우정과 친절은 우리가 가는 길을 비춰주는 빛과도 같았다. 크리스마스 아침에 폴리와 허버트와 나는 걸어서 우리의 소중한 집의 무덤으로 가보았다. 지난 7년간 열심히 일하고 갖가지 사건을 겪으면서 서로의 행복을 기뻐하며 안락하게 지냈던 공간이 깊은 블랙홀이 되어 있었다. 우리는 아무것도 남지 않은 그 모습에 망연자실했다. 나는 마치 중세의 피고인이 자신의 무죄를 입증하려고 불길 속을 통과해 걸어가는 것 같다고 느꼈다. 허버트의 방과 차고 일부만이 남아 있었다.

선생님과 나는 렌섬에 있던 우리 집을 떠날 때 몹시 슬펐지만 적어도 우리는 책과 소지품을 갖고 올 수 있었고, 이 친숙한 물건들이 옆에 있어서 낯선 상황에 더 쉽게 적응할 수 있었다. 하지만 이번에는 모든 걸 잃었다. 사춘기 이후 내 정신의 양식이 되어주었고 여행할 때 갖고 다니며 읽었던 책들이 모두 사라지고 말았다. 그중에는 어머니와 선생님, 양아버지 존 히츠 씨한테서 선물로 받은 뒤로 소중하게 간직해온 책들도 있었다. 성경책(볼록한 점들이 내 손가락 아래서 그 형체가 어렴풋해진)과, 어린 시절 이후 성경책 다음으로 내 정신을 충만하게 해준 셰익스피어의 작품들, 적막 속에서 메아리로 울리고 되울리던 시인들의 조화로운 언어들이 모두 사라져버렸다. 그 후 나는 다행히 이 책들 중 몇 권을 새로 얻을 수 있었다. 하지만 오, 따스한 애정이 담뿍 담긴 편지들과 정신적인 가르침을 주는 명석한 편지들이 완전히 사라져버려 이제는 되돌릴 방법이 없다고 생각할 때마다 쓰라린 허전함에 마음이 아플 것이다! 오, 폴리와 나는 우리가 여행하며 모은 진기한 물건들과 소중히 간직해온 선생님의 유품 또한 그 잿더미 속으로 사라져버린 것을 알았을 때 손을 맞잡고 얼마나 슬퍼했던지! 그 견딜 수 없는 순간에 하느님의 손길이 내 영혼을 치유해주었고, 나는 신앙으로 강해졌다.

    육체와 감각은 알 수 없다네.
    생명은 죽음의 주인이고
    사랑은 결코 사라지지 않는다는 것을.

우리는 천천히 집터를 둘러보았다. 폴리는 선생님의 이상이던 우아한 아름다움을 표상하고 있다고 해서 우리가 '선생님의 나무'라고 부르던 아름다운 핀참나무를 발견했다. 한쪽이 너무 심하게 타서 혹독한 추위와 세찬 겨울바람을 이겨낼 수 있을지 걱정이 되었으나, 이듬해 봄이 되자 가지마다 깃털 모양의 연둣빛 잎이 돋아났고, 계속 자라서 고운 그늘이 여름 열기를 식혀줄 수 있을 만큼 무성해졌다.

며칠 뒤 폴리와 나는 우리의 사랑하는 친구이자 나의 저술 카운슬러이고, 《앤 설리번 메이시》의 저자이기도 한 넬라 브래디 헤니와 오랫동안 이야기를 나눴다. 그녀와 함께 앉아 있을 때 우리는 우리의 슬픔이 그녀의 다정한 마음에 전해졌다는 것을 느꼈고, 그녀의 말에서 방울져 떨어지는 '마음을 위로해주는 천상의 이슬'이 슬퍼하지 않으리라는 나의 결심을 더 확고하게 해주었다. 그녀는 마치 그리스인처럼 말했다. "역경에 굴복하지 말고 더 용감히 맞서도록 하세요." 넬라는 내 앞에 펼쳐진 바다에서 내 인생의 배를 안내해줄 폴리와 허버트가 건재하다는 사실에 기뻐하며, 예전의 책임과 부담스런 결정에 구애됨 없이 자유롭게 내 일을 계속하라고 격려해주었다. 나는 기이하게도 몇 해 전부터 집에 돌아가보면 잿더미만 남아 있을 거라고 귓전에 윙윙대던 경고의 목소리가 이젠 잠잠해졌다고 말했다. 그토록 자주, 특히 밀쳐두고 생각하지 않을 때 불쑥불쑥 왜 그런 불안한 생각이 들었는지 알 수 없었다.

이외에도 나는 넬라에게 소실된 책에 대해 이야기했다. 성경책, 내가 대학에 다닐 무렵 히츠 씨가 점자로 옮겨 적어준 뒤로 이사할 때마다 빠트리지 않고 갖고 다녔던 스베덴보리의 저작들, 하버드의 총명한 학생 칼 아렌스버그한테서 생일선물로 받은 《이상한 나라의 앨리스》, 내가 수많은 대목에 표시해두었던 아주 오래된 책 《풀려난 프로메테우스(Prometheus Unbound)》, 내 동생 밀드레드가 점자로 옮겨 적어준, 빨간색 표지로 장정된 존 B. 탭(John B. Tabb(1845~1909) ; 당대에 명성을 떨쳤던 시인)의 《시집》, 그리고 너무 소중해서 값을 매길 수 없는 그 외의 무수한 보물들.

그런데 이런 이야기를 하다 보니 지금의 나를 형성시켜준 선생님의 열정이 느껴졌고, 이런 관점에서 바라보니 선생님의 존재라는 빛과 선생님의 시각장애(처음에는 부분적인 장애였으나 나중에는 거의 실명에 이른)라는 그림자가 어떻게 50년 동안 내 삶의 주요한 부분을 차지하게 되었는지 새삼 깨닫게 되었다.

넬라는 내게 말했다. "설리번 선생의 전기를 다시 써보도록 하세요. 그러면 선생이 당신 앞에 신성한 불꽃으로 나타날 거예요. 그 작업은 기력을 소진시키는 대신 마음을 따뜻하게 하고 새로운 깨달음을 주는 소중한 경험이 될 겁니다." 선생님에 대한 생생하고 통찰력 있는 이야기를 수많은 이들의 마음에 전해준 이가 내게 보여준 신뢰에 용기를 얻은 나는, 훌륭한 삶에 대한 열망과 '상상을 초월하는 아름다움'에 대한 감식안을 지닌 한 여인(설리번 선생)의 인격이 내뿜는 은은한 오팔의 광채를 독자들에게 전할 수 있으리라는 희망을 갖게 되었다.

2

어린 헬렌의 검댕으로 뒤덮인 허깨비 세계(no-world)에서 좌절된 욕구와 울화의 불길을 격퇴한 것은 설리번 선생님의 영혼에서 나온 밝고 맑은 불꽃이었다. 그 불씨는 '물'이라는 단어였다. 연민이나 동정만으로는 선생님의 노력이 있게 한 동기의 원천을 설명할 수 없다. 헬렌—오직 동물의 충동에 의해 움직이는 이 어린 존재를 나는 '유령'이라 부르려 한다—을 해방시키려는 노력의 밑바탕에는 운명을 인간의 충직한 친구로 여기지 않는 설리번 선생님의 불신이 깔려 있다. 선생님은 어려서부터 자신의 시각장애를 극복하려고 분투해 왔고 보스턴에 있는 퍼킨스 맹아학교에 다닐 때 시력을 부분적으로 회복한 후에도 운명을 넘어서려는 노력을 멈추지 않았다. 이런 투쟁은 그녀가 이 세상을 떠날 때까지 계속되었다.

선생님은 자신의 시각을 손상시키고 전 세계 수많은 이들의 건강과 행복, 온전한 정신을 황폐화시킨 무차별적 불운에 대해 늘 분개했다. 당시 선생님은 자신의 어린 제자가 볼 수도 들을 수도 말할 수도 없는 좌절된 본능의 3중 감옥에 갇혀 있는 상태에 맞서 참으로 가혹한 투쟁을 벌였다. 대담하게도 선생님은 아이에게 덮친 비정하고 가혹한 운명의 자리에 사랑과 창조적 생각을 불어넣음으로써 헬렌을 지배하던 무분별한 운명을 밀어내야겠다고 결심했다.

선생님의 일생 가운데 이 시기를 떠올리면 마음이 아프다. 선생님이 눈 수술을 받고 나서 자신의 눈으로 책을 읽을 수 있는 무한한 기쁨을 느낀 뒤 선생님의 애정 어린 보살핌에 잘 감응하는 아이를 만나셨다면 얼마나 좋으셨을까. 그런데 가엾게도 유령 같은 이 아이는 인간과 유대감을 느낄 수 없었다. 아이의 귀엽고 사랑스러운 면은 상냥한 목소리와 환하게 웃는 얼굴에 의해 발현되는 법이지만, 어린 헬렌은 들을 수도 볼 수도 없었으므로 그런 특성이 내부에 그냥 묻혀 있을 뿐이었다. 어린 헬렌은 명령에 따라야 한다는 것을 이해하지 못했고 친절한 행동에 고마워할 줄도 몰랐다. 내 기억 속의 그 아이는 통통하고 힘이 셌고 무모하고 겁이 없었다. 선생님이 인도하는 곳으로 가지 않으려고 버텼기 때문에 첫 수업을 받을 때 강제로 둘러업혀 2층으로 끌려간 기억이 난다.

또 선생님은 그 아이의 식탁 예절 또한 바로잡아야 했다. 그 '유령'은 자신의 접시에 있는 음식은 물론 다른 사람의 접시에 있는 음식마저도 내키는 대로 손가락으로 집어먹는 버릇이 있었다. 이런 행동을 보고만 있을 수 없었던 애니 설리번은 가족들을 식당에서 나가게 하고는 아이와 한바탕 전쟁을 치렀다. 그 '유령'은 악마처럼 소리를 질러대며 장차 자신을 해방시켜줄 사람에게 발길질을 해대고 꼬집으며 반항했고, 그 바람에 애니는 의자에서 떨어질 뻔하기도 했으나 끝내 아이로 하여금 숟가락으로 음식을 먹게 했다. 그러나 뒤이어 '유령'은 냅킨을 바닥에 내동댕이쳤다. 그래서 또 한 시간여 전쟁을 벌인 끝에 애니는 아이에게 냅킨을 집어 식탁에 올려놓게 했다. 어느 날 아침 '유령'은 무슨 뜻인지도 모르는 단어들을 배우느라 가만히 앉아 있고 싶지 않았으므로 탁자를 발로 차서 엎어버렸다. 애니가 탁자를 제자리에 세워놓고 계속 공부를 시키려 하자 '유령'은 번개처럼 주먹을 날려 애니의 치아 두 개를 부러뜨렸다.

이런 유감스런 상황에도 고귀한 목표를 지닌 이 열정적인 젊은 여성의 의지는 꺾이지 않았다. '유령'의 부모는 애니가 아이의 버릇을 바로잡으려는 시도를 할 때마다 간섭을 했다. 그래서 애니는 부모의 동의를 얻어 아이를 조용한 곳으로 데리고 가서 교육해보기로 했다. 부모의 제안에 따라 본채(초록녕쿨집이라 불렀음) 부근에 있는 포도녕쿨로 뒤덮인 별채에 아이를 데리고 갔다. 집이 바뀐 탓에 '유령'은 집 안의 가구를 알아보지 못했고(집 안에서 나는 냄새도 달랐던 기억이 난다) 가족들은 매일 건너와서 헬렌을 봐도 되었으나 자신들의 방문을 헬렌이 알지 못하도록 해야 했다. 나는 나중에 선생님의 말을 듣고서야 우리가 이른바 새장에 갇힌 새들처럼 별채에 갇혀 지냈다는 것을 알게 되었다. 신변의 안전을 위협받는 그런 상황에서 '유령' 같은 아이와 단둘이 지내기로 한 선생님의 용기가 경탄스럽다.

애니 선생님이 '유령'과 벌인 여러 번의 전쟁을 언급한 것은 내가 그 일들을 일관되고 상세하게 기억하고 있어서라기보다 선생님이 떠맡은 일이 얼마나 고되고 어려웠는지 보여주기 위해서다. 내가 행복하고 긍정적이고 경솔한 젊은 여성이었을 때 쓴 《내가 살아온 이야기》에서 나는 선생님이 마주쳤을 장애물과 곤경을 충분히 다루지 못했다. 그 외에도 이 책에는 나이가 들어 성숙해진 분별력으로 선생님의 희생을 바라볼 때 바로잡지 않을 수 없는 몇 가지 결함이 있다.

별채에서의 일을 기억해보면, '유령'은 새로운 환경이라 여겨지는 곳에서 어리둥절했다. 갑작스런 밀침과 당김과 타격의 느낌이 몸에 남아 있는데, 그것은 애니 선생님이 가한 것이 아니라 '유령'이 자신을 제지하는 팔에서 벗어나려 몸부림칠 때 저절로 야기된 것이었다. 유령은 제멋대로 날뛰며 발길질하는 망아지 같았다. 그 힘센 아이는 적이라 여겨지는 상대를 공격했다. 아마 침대였던 것 같은데 여하튼 어떤 물체 주위를 돌고 돌며 드잡이를 벌이던 일이며, 애니 선생님이 나를 잠자리에 눕히거나 일으키거나 옷을 입히던 굳센 손아귀 힘이 내 촉각적 기억에 남아 있다.

'유령'은 시간에 대한 감각이 없었다. 그래서 선생님이 영혼에 손상을 입히지 않고 유령을 통제하려고 그 고되고 힘겨운 시간을 얼마나 오래 견디셨는지 오랜 세월이 지난 후에야 알게 되었다. 두 사람이 본채로 다시 돌아왔을 때에도 그 싸움은 완전히 끝나지 않았다. 그러던 어느 날 '유령'은 '물'과 '컵'의 차이를 가르치려는 애니의 반복된 시도에 분통을 터뜨렸다. 어머니가 종종걸음으로 다가와 '유령'을 붙잡고 끌어내서는 볼기를 흠씬 때려주었던 기억이 난다. 그 일 이후 '유령'은 개선되기 시작했으나 정상적인 아이가 칭찬을 좋아하는 수준에는 미치지 못했다. 그녀는 자신이 옳고 그름을 구분하지 못하기 때문에 벌을 받는다는 것을 알지 못했다. 그녀의 몸은 점점 커졌으나 정신은 (라이터) 쇠붙이 안의 불처럼 어둠 속에 갇혀 있었다.

그러나 1887년 4월 5일, 그러니까 애니가 터스컴비아에 도착한 지 한 달쯤 지났을 때, 마침내 애니는 '물'이라는 단어로 '유령'의 의식을 건드렸다. 이 일은 샘터에서 일어났다. '유령'은 손에 컵을 들고 펌프 주둥이에 갖다 댄 채 애니가 펌프로 끌어올린 샘물을 받고 있었는데, 물이 세차게 '유령'의 손 위로 쏟아질 때 애니는 다른 쪽 손바닥에 되풀이해서 '물'이라고 썼다. 어느 순간 '유령'은 문득 그 말의 의미를 이해하게 되었고 그녀의 정신은 작은 불꽃처럼 펄럭이기 시작했다. 병을 앓고 난 이래 처음으로 기쁨을 느낀 그 아이는 기쁨에 휩싸인 채 자신의 손에 닿는 모든 것의 이름을 알고 싶어 하며 늘 대기 중인 선생님의 손에 열렬히 손을 뻗었다. 의미의 불꽃들이 하나씩 그녀의 정신으로 날아 들어오자 그녀의 마음에 온기가 돌기 시작하며 애정이 생겨났다. 환희에 젖은 두 사람은 샘터에서부터 서로를 "헬렌"과 "선생님"이라 부르며 걸어 돌아왔다. 물론 이런 기쁨의 순간은 영원히 이어질 것 같던 암흑의 시기보다 더 충만한 생명력을 품고 있다.

《내가 살아온 이야기》에서 헬렌이 언어와 말하기를 배우는 과정에 대해 쓸 때 좀 더 주의를 기울였다면 좋았을걸, 하는 아쉬움이 든다. 과도하게 축약하여 서술한 탓에 일반 독자들은 마치 헬렌이 한순간에 '언어의 모든 신비를 파악한 것'으로 여겼을지 모른다. 비판적이고 성숙했다면 더 균형 있는 관점에서 제시할 수 있었을 이야기였는데 나의 졸렬한 서술로 인해 분명 큰 오해를 불러일으켰을 것이다.

나를 인간으로 발달시키는 것이 선생님이 평생을 건 일이었으므로, 이야기가 중복될 위험이 있더라도 어린 헬렌이 생후 19개월에 시각과 청각을 잃은 뒤 실제로 어떤 상태였는지 자세히 살펴보는 게 좋겠다. 너무나도 갑자기 헬렌은 빛에서 어둠으로 이동하여 허깨비가 되었다. 이제 어린 헬렌의 귀엔 바람 소리도 들리지 않았고 적막함이 그녀의 정신을 엄습하여 움직이는 곳마다 따라다녔다. 그러자 정신적 가뭄이 찾아왔다. 그나마 알고 있던 몇 개의 단어들도 말라서 시들어버렸다. 햇빛도 사라져 방향을 가늠할 길이 없었으므로 예전처럼 신나게 달릴 수 없었다. 웃음을 보고 반짝이던 그녀의 눈에는 이제 한결같은 공백만이 비출 뿐이었다. 봄이 와도 갖가지 과실수에 피는 꽃이며 제비꽃을 볼 수 없었고, 열매가 열린 것도 모른 채 여름은 지나갔고, 가을이 되어 풍성한 수확물이 생겨도 알지 못했다. 기쁨의 메아리를 되울릴 수 없었으므로 마음속의 새들도 노래를 멈췄다. 몸은 건강했으나, 오, 슬프게도 찬란히 빛나는 어린 시절이 사라져버렸다.

그녀의 부모에게도 가슴 아픈 일이었다. 아이는 소리에 반응하지 않았고, 얼굴에서 모두를 기쁘게 하던 웃음을 거두었다. 장차 말을 하고 쾌활하게 장난치며 뛰어놀 것을 예견하게 하는 모든 가능성이 사라져버린 것 같았다. 가족은 '유령'이 손을 뻗어 물건의 형태를 따라 더듬어보아도 그게 무엇이고 자신에게 무슨 의미가 있는지 알지 못한 채 좌절하는 모습을 속수무책으로 지켜보는 수밖에 없었다.

'유령'은 자신이 어떤 상태에 있는 줄 몰랐으므로 혼돈에서 벗어나기 위한 방법을 찾으려 하지 않았고, 죽으려 하지도 않았다. 죽음에 대한 개념도 없었으니까. 경이감이나 기대감, 호기심이나 도의심

없이 손으로 감촉하는 모든 것은 흐릿하게 인식될 뿐이었다. 군중 속에 서 있어도 인간 집단에 대한 생각을 하지 못했다. 무엇에 속한다는 것의 의미를 알지 못했다. 자주 격렬한 분노에 휩싸이곤 했는데, 내가 그것을 기억하는 것은 그때의 감정이 떠올라서가 아니라 분노의 대상을 향해 주먹을 날리거나 발길질하던 촉각적 기억이 남아 있어서다. 이와 마찬가지로 볼을 타고 흘러내리던 눈물의 감촉을 기억하지만 그때 느꼈을 슬픔은 기억나지 않는다. 그 '유령'의 머릿속엔 그런 감정을 표현하는 말이 없었고, 그래서 기록되지 않았던 것 같다. '물질'에 대한 개념이 없었으므로 '그림자'를 알지 못했다. 그 '유령'에게는 아름다움이나 균형, 비례 같은 개념도 없었다. 모든 것이 부족했고, 뭘 채워야 할지 모르는 결핍(인간이 무수한 구체적인 방법으로 채우려고 노력하는 결핍의 씨앗)이었다. 샘터에서의 그 일이 있고 나서야 '유령'은 무언가를 하고 싶다는 구체적인 욕구를 느꼈다. 자신이 알고 싶거나 손에 닿는 물체의 이름을 알고 싶어 했다. 그러나 아직 그 욕구는 초보적인 충동이라고밖에 말하지 못할 수준이었다.

    샘터에서 일어난 일로 '유령'은 무존재의 상태에서는 벗어났으나 아직 실제 세계에 들어오지 못했다. '유령'은 손에 닿는 물체와 거기에 알맞은 말('펌프', '땅', '아기', '선생님' 같은 말들)을 연관 지을 수 있게 되었고, 스스로의 육체적 욕구를 표현하지 못해 답답해하던 상태에서 벗어나는 기쁨을 누릴 수 있게 되었다. '유령'은 선생님 곁을 떠나지 않았다. 의무감에서가 아니라 말에 대한 허기를 채우기 위해 선생님의 손가락 동작을 받아들이려는 본능적 욕구에 의한 것이었다. 마치 아기가 우유를 갈구하며 어머니 젖가슴에 손을 뻗는 것처럼. '유령'은 그저 자신이 배운 단어를 생각하고, 사용할 필요가 있을 때 그 단어들을 기억해냈다. 그러나 아직 스스로 생각하거나 무언가를 설명하려는 시도는 할 수 없었다. '유령'이 이해한 최초의 단어들은 겨울에 쌓인 눈을 녹이기 시작하는 따뜻한 광선이 나타내는 첫 효과와 같았다. 한 조각 한 조각 여기저기서 조금씩 녹아내렸다. 수많은 명사를 익힌 뒤에 형용사를 배우자 속도가 차츰 빨라졌다. 마침내 선생님은 동사를 하나씩 알려주기 시작했고 때론 여러 개를 한꺼번에 가르쳐주기도 했다.

하지만 아직 헬렌은 단어와 단어를 연결하거나 상상하거나 형태를 묘사하거나 작문을 하지는 못했다. 그저 아주 간단한 질문을 하기 시작했다. '무엇', '어디', '어떻게', '왜' 같은 개념을 알지 못했고 단어와 단어를 연결하는 못이나 후크 같은 연결사를 이해하지 못했으나, 유령은 이런 것들을 배우고 머뭇머뭇 서투른 질문을 만들 때마다 다정하게 대답해주는 선생님의 손에 의해 고립 상태에서 벗어나기 시작했다. 선생님은 손에 답을 써주고 난 뒤에 언제나 그 답을 소리 내어 말해주었다.

아, 이렇게 암중모색하듯 단어를 조각조각 이어 붙이던 것에서부터 마법처럼 손에서 손으로 자유로이 의사소통을 할 수 있게 되기까지 얼마나 많은 변화가 있었는지! 두서없는 생각의 조각들이 아이의 머릿속에서 무엇을 표현하려고 하는 것인지 짐작하기 위해 선생님은 틀림없이 자신의 상상력과 창의력을 다 동원해야 했을 것이다. 아이가 점점 더 많은 질문을 하고 5년 전부터 배워야 했을 어휘를

몇 달 만에 익히려 하면서 선생님 눈은 빠르게 움직이는 아이의 손동작을 읽어내느라 몹시 피곤했을 게 분명하다.

하지만 헬렌은 자신이 이해할 수 있는 부족하고 기초적인 정보만으로도 손으로 만지는 모든 대상이 달라졌음을 느꼈다. 창의적인 아이디어로 뜻을 전해주는 선생님의 손가락에 의해 흙과 공기와 물이 되살아났고, 주위 사람들(어머니와 아버지, 아기 밀드레드, 사촌 라일라와 그녀의 어린 딸들, 여러 해 동안 헬렌의 난폭한 행동을 참아주고 헬렌과 함께 어떤 놀이를 할지 생각해내고 늘 헬렌에게 애정을 보여준 흑인 아이들)이 헬렌에게 온전한 의미를 띠게 되자 '유령'은 자취를 감췄다. 고립에서 벗어나 다시 다른 이들과 애정을 주고받을 수 있게 되자 기쁨이 밀려왔다. 이렇듯 헬렌의 생애 초기의 정말 놀라운 사건은 헬렌이 완전한 형태를 갖춘 도구로서 언어를 파악하는 데 '경이적인' 향상을 보였던 것이라기보다 다른 이들과 함께하는 기쁨을 회복하게 된 일이었다.

애니 설리번이 맨 처음 한 일은 헬렌에게 노는 법을 가르친 것이었다. 애니는 공부를 하거나 기술을 익힐 때 꼭 필요한 기본적인 요소를 전수했던 것이다. 헬렌은 귀머거리가 된 뒤로 웃은 적이 없었다. 헬렌이 명령에 따르는 법과 인내하는 법을 익힌 뒤의 어느 날, 선생님은 명랑하게 웃으며 방으로 들어왔다. 선생님에게서 기쁨의 기운이 뿜어져 나왔다. 선생님은 아이에게 자신의 웃는 얼굴을 만져 보게 하고는 손바닥에 '웃다'라고 썼다. 그런 다음 아이를 살살 간질여 웃음을 터뜨리게 했다(아이의 웃음소리를 들은 헬렌의 가족은 몹시 기뻐했다). 선생님은 이 과정을 여러 번 되풀이한 뒤 헬렌과 함께 여러 가지 동작(흔들기, 구르기, 높이 뛰어오르기, 한 발 뛰기, 양발을 번갈아가며 뛰기 등)을 하며 놀았는데, 동작을 할 때마다 그에 맞는 단어를 손바닥에 써주었다. 며칠 만에 헬렌은 '찬란한 기쁨의 기운을 내뿜는' 다른 아이가 되었다. 오, 그때 헬렌과 애니 선생님은 얼마나 즐겁게 뛰어놀았던지! 형언할 수 없는 환희와 넘치는 기쁨, 터져 나오는 즐거움, 새로운 것을 발견할 때의 생기가 마치 빛처럼 헬렌 주위를 감쌌다. 헬렌과 뛰어놀 때 선생님은 자신의 어린 시절에는 미처 알지 못했던 건설적인 놀이의 기쁨을 안겨주는 동화 속 나라에 가 있는 듯했다. 갖가지 동작과 연습과 게임에 자극을 받은 헬렌은 지칠 줄 모르는 선생님의 손가락 문자를 통해 이런 다양한 동작을 지칭하는 말을 질문하고 더 많은 것을 알려고 했다. 그 손가락 문자의 마력은 잊을 수 없는 것이었다. 선생님과 헬렌이 숨바꼭질을 하거나 공놀이를 하거나 고양이, 강아지와 장난을 치며 노는 동안에도 선생님의 손가락은 헬렌의 손바닥에서 경쾌하게 움직였다.

    선생님은 방에다 새장을 들여놓고 비둘기 몇 마리를 길렀다. 그래서 선생님이 새장 밖으로 나온 비둘기를 잡으려고 쫓아다닐 때 헬렌은 공기의 흐름으로 비둘기의 날갯짓을 느끼고 새들이 어떻게 날아다니는지 알게 되었고 날개의 아름다움을 상상했다. 비둘기들은 두려움이 없어지자 헬렌의 머리며 어깨에 내려앉곤 했다. 이렇게 헬렌은 비둘기들에게 어떻게 모이를 주는지, 이들의 부리 맞대는 행동과 구구거리는 소리, 부리로 쪼고 날개를 퍼덕이는 행동 등에 대해 알게 되었다. 이렇게 해서 헬렌은, 비록 볼 수는 없었지만 새를 꿈과 돌 못지않게 자신의 세계에서 늘 소중한 존재로 여기게 되었다.

헬렌의 토끼우리에는 루비 같은 눈이 박힌 귀여운 흰색 토끼들이 있었다. 선생님은 그때껏 토끼를 본 적이 없었으므로 토끼가 연방 코를 실룩대는 모습을 보며 즐거워하셨으나 토끼의 풀 씹어 먹는 방식이 그릇된 것 같다며 고쳐주려고 했다. 어머니와 아버지는 그 광경을 보고 눈물이 날 때까지 웃었다. 이것은 동물학은 물론 그 외의 다른 주제에 대해 선생님이 잘못 알고 계셨던 지식의 한 가지 예였으나(사실 선생님이 학교에서 교육을 받은 기간은 6년뿐이었다), 선생님은 헬렌과 함께 집토끼를 기르며 산토끼에 관한 흥미로운 사실들을 알아냈다. 이런 식으로 즐거운 단어 게임이 날마다 새롭게 펼쳐졌고, 단어 익히기는 헬렌이 손끝으로 승용말 프린스의 울음소리, 소의 음매 소리, 돼지의 꿀꿀대는 소리, 새벽을 알리는 수탉의 활기찬 울음소리 등을 '듣게' 될 때까지 계속되었다. 선생님이 늘 말씀하셨듯이 이즈음 헬렌의 얼굴은 그 어느 때보다 밝게 빛났다.

글이 두서없이 장황해졌다. 마치 붉은색으로 보였다 푸른색으로 보였다 하는 브라우닝의 별[로버트 브라우닝의 시 〈나의 별(My Star)〉 참조] 같다. 설령 그렇더라도, 다시 살아난 헬렌의 어린 시절은 샛별처럼 내 앞에 영롱하게 떠오른다.

맞다. 정말 선생님은 앎에 대한 무한한 욕구를 지닌 그 침착하지 못한 제자에게 자신의 활력과 상상력, 자신이 책에서 얻은 동물, 식물, 광물에 관한 갖가지 지식, 자신 안에 깃든 밝은 면과 아이다운 면 등을 모두 전해주었다. 헬렌이 더없이 행복한 삶에 빠져 있는 동안에도 선생님은 자신의 결심(그 아이에게 지식과 기지, 연상이라는 눈과 귀를 갖게 하여 그 아이의 삶을 이루는 공백을 없애고, 사랑과 창의성과 문학을 통해 맹목적이고 부주의하고 무정한 자연이 한 무력한 아이에게서 앗아가버린 능력을 얼마간 회복시켜주리라는)을 실천해야 한다는 것을 잊지 않으셨다.

당시 선생님이 정말 이런 생각을 하고 계셨다는 것을 나는 오랜 세월이 지난 후에야 알게 되었다. 선생님은 말로 설명할 수 없는 것은 몸짓을 동원해가며 명사와 동사, 전치사를 가르치셨는데 헬렌이 몸을 비비 꼬며 지루한 기색을 보이면 아이의 개성에 새 날개를 달아주는 문장이나 중요한 단어 두어 개를 제시했다. 헬렌이 조금 더 자라자 선생님은 마더구스의 동요[영미권의 언어 교육에 흔히 이용되는 유명한 전래동요로, 반복되는 운율과 시적 리듬감이 특징이다]로 헬렌의 웃음을 끌어냈고 단순하지만 절묘한 아름다움을 지닌 운문으로 헬렌의 흥미를 북돋웠다. 그 과정은 글 읽기를 배우는 일반적인 방식과 같았다. 모든 단어를 설명해주는 대신 헬렌 자신이 이리저리 짐작해보며 그 의미를 알아내도록 했다. 비록 그때 헬렌은 자신이 되찾고 있는 인간의 천부적 능력이 얼마나 대단한 것인지 인식하지 못했으나, 시를 통해 전해 받은 그 황홀한 느낌은 아직도 고스란히 남아 있다.

> 향기로운 그 어떤 존재가
> 시보다 더 향기로울 수 있을까?
> 그 어떤 목소리가 온화한 밤 시간을
> 이처럼 기쁨으로 채울 수 있을까?

헬렌은 선생님과 시를 읽을 때 이런 느낌이었다.

선생님의 유연한 손가락 또한 시의 매력을 더해주었는데, 유려하게 흐르는 음악적 운율 속에서 경쾌하게 움직이며 촉각이 나타낼 수 있는 최대의 기쁨이나 고통으로 헬렌을 사로잡았다. 선생님이 헬렌과 글을 읽는 시간은 차츰 길어지고 더욱 빈번해졌으며, 아이가 배운 새 단어들은 질문을 하는 실마리가 되어 또 다른 단어들을 새로 알게 했다.

　선생님이 헬렌의 손바닥에 써서 읽어준 책들과 헬렌이 직접 읽은 책들은 헬렌의 어휘를 급속도로 늘려주었다. 언어를 습득하면서 헬렌의 정신적 성장은 가속화되었고, 조리정연한 생각과 추론 능력을 지닌 완전한 존재에 가까워졌다. 하지만 앞서도 말했듯 나는《내가 살아온 이야기》에서 아이가 교육받기 전에 어떤 상태였는지, 아이가 어떤 단계를 거쳐 언어를 습득했는지, 선생님이 얼마나 자연스런 방식으로 교육했는지 등을 제대로 기술하지 못했다. 또한 나는 애니 설리번 선생님이 볼 수도 들을 수도 없었던 한 아이를 주어진 상황에서 최대한 정상적인 인간으로 만들기 위해 다각도로 노력한 공로를 제대로 평가하는 데 꼭 필요한 세부사항을 빠트리고 말았다.

3

 예를 들어, 선생님은 어린 헬렌이 얼마나 둔하고 데퉁맞았는지 말씀하시곤 했다. 몇 주가 지나서야, 램프를 비롯한 여러 물건과 부딪칠 때마다 그것들을 다른 곳으로 치워버리는 아이의 버릇을 고칠 수 있었다고 하셨다. 선생님은 끊임없이 헬렌의 즐거움에 찬물을 끼얹는 대신 카나리아와 고양이의 털, 이파리에서 이슬 방울이 똑똑 듣는 줄기 끝에 핀 장미, 그네에 앉아 있는 한 살짜리 여동생 밀드레드를 통해 모든 것들을 다룰 때 조심해야 한다는 것을 깨닫게 하셨다. 헬렌은 자기가 모이를 너무 많이 준 탓에 새끼 비둘기가 죽었을 때(그때 일을 생각하면 지금도 마음이 아프다) 세심하게 주의를 기울이는 일이 얼마나 중요한지 알게 되었다. 그리고 선생님은 헬렌이 잡아온 메뚜기를 밀폐된 상자에 넣은 다음 '노래하게 하려고' 막대기로 찔러대는 장면을 목격했다. (정말로 헬렌은 메뚜기에게는 말랑말랑한 부분이 없으니 느낌도 없을 거라고 생각했다.) 애니 설리번 선생님의 세심한 관찰이 없었다면 작고 연약한 생물들이 아이의 난폭한 면 때문에 다치거나 공포에 떠는 것을 발견하지 못했을 것이다.

선생님은 헬렌이 얌전하게 걸어 다니고 바른 자세로 앉거나 서 있도록 훈련하는 일 외에도, 아이가 귀 뒤까지 깨끗이 씻고, 머리를 빗고, 깨끗한 옷을 입도록 하는, 대개는 부모가 하는 일까지 신경을 곤두세워가며 가르쳐야 했다. 헬렌은 바른 자세나 태도에 대한 개념이 없었을 뿐 아니라 끊임없이 '바로잡아주는' 것을 몹시 싫어했기 때문에 바른 태도를 익히기까지 오랜 기간이 걸렸다.

헬렌은 정말 못 말리는 악동이었다. 마음에 들지 않는다고 할머니를 꼬집는 헬렌을 말리려고 선생님은 진땀을 빼야 했다. 제멋대로인 헬렌의 성미 때문에 많은 힘이 허비되었고, 애니 선생님은 일 년 동안은 참았다. 그러나 아이의 고집은, 다른 이에게 혐오감을 주는 버릇에서 아이를 구제하기 위해 무언가 조치를 취해야 하는 단계에 이르렀다. 헬렌은 계속해서 손톱을 물어뜯었는데, 하루는 선생님이 어찌나 화가 났던지 헬렌의 뺨을 때리고 두 손을 등 뒤에 묶어 모든 의사소통 수단을 차단해버렸다. 헬렌은 두 손이 묶였을 때에만 자신의 생각을 표현하려는 욕구가 자신의 아폴리온〔Apollyon ; 무저갱에 사는 악마〕과 싸울 수 있을 만큼 강력해졌다. 헬렌은 글을 읽을 수 없었고 그 외의 다른 것에도 흥미를 느끼지 못했으나, 고민에 잠겨 방안을 서성이던 애니 선생님보다는 덜 고통스러웠다.

이런 이야기를 하자니 헬렌의 또 다른 나쁜 버릇이 떠오른다. 헬렌은 입으로 말하는 법을 배운 뒤에도 계속해서 지문자를 사용하려 했다. 선생님이 온갖 말로 꾸짖고 애원하고 다른 아이들을 예로 들어가며 설득을 해도 소용이 없었다. 그러던 어느 날 나는 습관이란 좋은 것이든 나쁜 것이든 한 번 두 번 반복되다 보면 가닥가닥 모여서 만들어지는 전선과 같이 나중에는 너무 강해져서 끊을 수 없게 된다는 글을 읽었다. 그래서 나는 끊을 수 없는 버릇이 되기 전에 내 손바닥에 지문자를 쓰는 짓을 하지 않기로 결심하고는 선생님께 내가 종이에서 손을 떼지 못하게 해달라고 부탁했다. 선생님은 그렇게 해주셨으나 나의 장애를 애달파하며 울기까지 하셨다. 나는 다른 이들과 의사를 소통할 수 있게 해주는 말을 익히려고 밤이고 낮이고 무수한 시간을 연습에 매달렸으나 그 시도는 부분적인 성공에 그치고 말았다. 흥분하거나 잠에서 깨어날 때 나는 지금도 가끔 내 손바닥에 손가락으로 글을 쓰고 있는 나 자신을 발견하곤 한다.

다시 선생님이 나를 가르쳤던 처음 2년 동안의 일로 돌아가자. 헬렌이 수업에 집중하지 않거나 물건과 행동을 관찰할 때 주의를 기울이지 않는 시기가 있었다. 헬렌은 반지 끼는 걸 좋아했기 때문에, 선생님은 헬렌한테서 반지를 빼앗고 충분한 벌이 되었다 싶을 때까지 헬렌을 구석에 세워두었다. 헬렌이 옳고 그름을 구분할 수 있을 만큼 단어를 많이 알게 된 뒤에도 나쁜 짓을 하자 애니 선생님은 버릇없는 아이에게 하듯 헬렌을 침대에서 나오지 못하게 했다. 선생님은 번득이는 기지와 유머와 풍자를 이용하여 헬렌의 성격 중에 게으름, 부주의, 어수선함, 미루기 등과 같은 단점을 고치기 위해 부단히 노력했다. 자기합리화 또한 헬렌이 사춘기에 접어들 때까지 애니 선생님이 제거하려고 애썼던 헬렌의 단점이었는데, 이 버릇은 지금도 가끔 슬며시 내게 찾아온다. 내가 이 모든 것을 언급하는 유일한 이유는 나를 위해 선생님이 겪어냈을 고생과 시련을 다른 이들이 제대로 알았으면 하는 바람에서다.

그때 선생님은 스스로를 마치 암흑과 추위 속에서 섬세한 꽃을 피워내려고 안간힘을 쓰는 뿌리 같다고 느끼셨을 것이다. 선생님은 이 시기야말로 자신의 인생에서 기쁨과 만족감으로 가장 충만한 시기였다고 내게 말씀하시곤 했다. 선생님은 자신의 존재를 '전염력 있는 빛과 힘'으로 밝게 빛나게 할 원천을 발견하셨던 것이다. 스스로를 가난하고 외로운 시각장애자로 여겼던 설리번 선생님은 무지와 미개와 제한의 어둠을 뚫고 앞으로 나아갔던 여러 다른 선생님을 목표로 삼고 자신의 영혼을 이끌었다. 설리번 선생님은 타인의 정신을 해방시키기 위해 속세의 풍조에 초연한 삶을 살았던 이 선생님들이 늘 옆에 있다고 느꼈고, 이타적인 이들의 삶에서 힘과 용기를 얻었다.

설리번 선생님은 몇몇 기사에서 묘사된 것처럼 '엄격하고 딱딱한 시골학교 여교사' 같은 분이 아니었다. 선생님은 듣지도 보지도 못하는 한 아이가 쓸모 있는 정상인처럼 충만한 삶을 살도록 하겠다는 숭고한 꿈을 이루려고 자신의 상상력과 창의력을 발휘해가며 헬렌과 함께 노력하는 발랄한 젊은 여성이었다. 선생님은 이 꿈을 향한 열정에 한껏 고무되어 있었고, 그래서 아이의 손바닥을 통해 전해지는 설리번 선생님의 말은 마치 지나간 자리에 찬란한 독창력의 광채를 남기는 작은 유성들 같았다. 이날 이때까지 나는 '내 영혼을 가동'시키거나 내 정신을 움직일 때마다 내 손바닥에 닿는, 전기를 일으킬 듯 격렬한 선생님 손가락의 감촉을 느낀다. 나는 내게 쏟아지는 무분별한 찬사에 넌더리가 나기 때문에, 3중 장애에서 구원한 생명에 형체와 아름다움을 부여하기 위한 애니 설리번의 창의적 노력을 제대로 평가할 줄 아는 사람들을 만나면 기쁘다. 이것은 결코 쉬운 일이 아니었다! 내적 열정으로 두뇌를 소생시키는 타고난 교사의 천재적 재능과 예언자의 선견지명이 없었다면 헬렌의 정신은 해방될 수 없었을 것이다. 감히 나는 이 책에서 우리의 공동 노력과 승리를 그렇고 그런 기적이 아니라, 하느님에 의해 운명 지어지고 하느님의 거룩한 사랑에 의해 성취된 숭고한 인간적 사건으로 바라보고자 한다.

시력은 손상되었으나 선생님의 시각과 청각은 늘 기민하게 열려 있었다. 애니 선생님의 완벽한 영어와 아름다움을 향한 사랑은 헬렌과의 과업을 이루는 데 막대한 영향을 미친 주요 요소였다. 선생님은 문학과 인격, 대화에 뛰어난 사람이 되고 싶은 열정으로 부족한 교육과 사회적 불평등, 금전적 어려움, 격렬한 성미 같은 것들을 이겨냈다. 어린 시절부터 완전히 앞이 보이지 않게 되어 다른 이에게 삶을 의존할 때까지 선생님 앞에 산적해 있던 온갖 적대적인 환경에 맞서 선생님이 얼마나 처절한 싸움을 벌여왔는지 누가 가늠할 수 있을까? 선생님은 자신의 내부와 주위에 존재하는 장애물은 옆으로 밀쳐두고, 굶주린 정신에 언어와 지식을 제공하는 눈과 귀가 되어, 제자의 거만한 질문과 요구에 싫은 기색 없이 일일이 답해주었다. 선생님의 성격에는 변덕스런 면이 있었지만, 아미엘[Henri Frederic Amiel(1821~1881) ; 스위스의 철학교수이자 작가. 예리한 감수성과 높은 지성, 순수한 내면이 돋보이는 《아미엘의 일기》를 쓴 작가로 유명하다]이 경의를 표하면서도 비판했던 '자기 자신을 위해 선행을 베푸는' 여자들과는 달랐다. 선생님의 선행은 선 그 자체를 위한 것이었고 자신이 맡은 제자의 삶을 최대한 풍요롭게 만들 수 있는 방법을 찾는 것이었다. 또 한 명의 에우리디케였던 나를 하데스가 다스리는 지하 세계의 깜깜한 적막의 그늘에서 해방시키려는 선생님의 한결같은 노력과 신앙심은 내게 더없이 깊은 감명을 주었다. 선생님은 다른 분야에서 일했다면 쉽게 두각을 나타냈을 분이었기 때문에 어찌하여 반세기 동안 내 곁에 머물러 계셨는지를 생각하면 아직도 나는 의아해진다.

물론 어린 헬렌은 애니를 지식을 전달하는 데 뛰어난 능력을 지닌 자애로운 선생님이라고만 생각했다. 애니 선생님은 자신이 튜크스버리의 구빈원에서 지냈던 시절의 어두운 그림자를 정상적인 환경에서 자라나는 아이의 즐거운 마음에 단 한 번도 드리운 적이 없었다. 선생님이 64세, 내가 50세가 될 때까지 선생님은 그 시절 이

설리번이 어린 시절을 보낸 튜크스버리 구빈원의 모습.(1854~1858년경)

야기를 한마디도 하지 않았다. 64세가 되어서야 선생님은 자신이 태어난 매사추세츠 주 피딩 힐스의 고향 마을과, 자신의 남동생 지미가 죽었을 때 얼마나 슬펐는지 등 어릴 적 일을 털어놓으셨다. 내가 선생님의 가족에 대해 더 알고 싶어 하자 선생님은 자신의 여동생 매리와, 어릴 적 친구들과, 선생님의 아버지가 들려주셨던 아일랜드 꼬마들에 대해 이야기해주셨다. 이렇게 해서 그 외로운 여인과 그녀의 제자 사이에 또 하나의 아름다운 유대가 엮어졌다.

애니 선생님은 자신의 외로움에 대해 어떤 불평도 하지 않았다. 그 시절을 기억할 때, 나는 가망 없는 질료에서 정상적인 인격을 빚어내려는 창조의 열정으로 당당하게 행동하셨던 선생님의 자신감이 떠오른다. 선생님은 자신의 내면에 이타적인 소망, 모험심, 위대한 성취에 대한 열망 등을 불러일으키는 영역을 탐험하고 계셨다. 들을 수도 볼 수도 없는 아이를 상당한 수준의 정상인으로 만들 수 있다고 생각한 사람은 역사상 아무도 없었지만, 애니 설리번 선생님은 그 꿈을 향해 열정의 날개를 달고 솟아오르고 있었다.

선생님이 어떻게 그런 생각을 하게 되었고 자신의 제자를 '완전한 인간'으로 만들겠다는 목표를 향해 평생을 노력할 수 있었는지 정확히 알 수 없지만 선생님이 손가락으로 써주신 말의 조각을 조합해 보면 선생님의 마음에는 '천사 같은 아이', '우아하고 아름다운 숙녀', '불우한 사람들을 위해 자연스런 목소리로 탄원하는 젊은 여성' 같은 아름다운 비전(찬란하게 빛나다가 희미해지다가 하던)이 있었다는 것을 짐작할 수 있다.

나의 자아실현을 향한 애니 선생님의 갸륵한 열망을 느낄 때마다 나는 산들바람에 레이스처럼 하늘거리는 과실나무 꽃잎을 만질 때처럼 그 아름다움에 매료되었다. 선생님은 요람 속 아기를 들여다볼 때마다 그 아기가 장차 얼마나 멋진 인간으로 성장할지 상상하곤 하셨다.

선생님은 A. E.〔아일랜드의 문예부흥을 이끌었던 시인 George William Russell(1867~1935)의 필명〕의 시를 즐겨 읽으셨는데, 이 시인과 영적으로 비슷한 점이 많았다. 두 사람 모두 꿈의 계단을 올라, 우호적이지 않은 환경도 그들에게서 결코 빼앗을 수 없는 아름다움과 순수와 기쁨에 도달하려 했다. 나는 선생님이 그토록 열렬히 추구했던 그 '덧없는 아름다움'이 늘 선생님과 함께하기를 기도한다. 아름다움을 향한 선생님의 사랑은 선생님의 뛰어난 이상에서 비롯된 것 같다.

애니 설리번 선생님에겐 세련된 환경, 엄격한 생활, 예술적이고 지적인 자기표현을 향한 본능적 욕구가 있었다. 선생님은 인간의 존엄성을 실현하는 일을 하고 있다는 데 자부심을 갖고 있었으므로 이 일이 제대로 되지 않는 걸 참지 못하셨다. 인간이나 장소의 추한 모습을 볼 때마다 고통스러워하셨고, 기형적인 장애를 지닌 사람들을 대할 때면 동정과 연민으로 기꺼이 그들을 도와주려 하면서도 움찔 놀라곤 하셨다. 인간의 품위를 손상시키는 어떤 형태의 가난을 보는 것도 고통스러워하셨고 그런 모습을 목격하고 온 날에는 밤새 잠을 못 이루며 고민하셨다. 아름다운 용모와 장려한 풍경, 훌륭한 예술작품 등에 대한 감수성도 매우 풍부해서 때론 눈물을 흘리기도 하셨다.

어린 시절에 있었던 일 가운데 애니 선생님이 보스턴에 있는 어느 옷가게에 들어갔을 때의 일이 기억난다. 털로 가장자리를 두른 멋진 벨벳 망토가 너무 마음에 든 선생님은 얼마 안 되는 봉급을 몽땅 털어 그것을 사고 말았다. 나도 선생님 생각에 맞장구를 치며 자발적인 공모자가 되었다. 선생님은 당시 우리가 체류하던 퍼킨스 학교에 돌아가는 내내 그 망토를 두르고 계셨다. 선생님의 아름다움에 대한 열망과 자신이 번 돈을 쓸 때의 자부심에서 촉발된, 그 철없는 소녀 같은 과소비로 우리가 얼마나 호되게 혼이 났는지를 생각하면 절로 웃음이 난다.

잠깐 이야기가 빗나갔지만, 이 일화를 소개하는 것은 과업을 추진하는 힘이었던 선생님의 성격이 가진 빛과 그림자를 보여주기 위해서다. 뛰어남에 대한 열렬한 사랑이 없었다면 선생님은 외진 마을에서 그 지루한 시기를 견뎌내지 못했을 것이다. 가끔 선생님은 참지 못하고 모든 게 얼마나 따분한지 내 손바닥에 자신의 심정을 토로하기도 했다. "날마다 아무런 일도 일어나지 않고, 삶은 쏙독새의 노랫소리처럼 무미건조하구나." 이 문장에서 '무미건조(monotonous)'라는 긴 단어가 아이를 즐겁게 했다. 그러나 선생님은 불굴의 의지로, 선생님의 꿈에 깃든 아름다움과 날마다 보는 것에서 느끼는 은은한 광채를 내게 전해주려고 애썼다. 이것이 선생님이 내게 즐겁게 떠올릴 수 있는 어린 시절을 만들어준 비결이었다.

선생님은 내게 오기 전 암흑과 침묵에서 한 영혼을 구원하는 잘 알려지지 않은 일을 준비하기 위해 새뮤얼 로라 브리지먼에 대한 그리들리 하우 박사님의 보고서를 숙독하면서, 새로 정한 목표를 마음에 다졌다. 그때도 선생님은 한 번에 조금씩밖에 읽을 수 없었고 글을 읽은 후에는 오랫동안 눈을 쉬어야 했다. 그런데 우리 집에 와서 나를 교육하기 시작하면서 눈을 써야 하는 일이 급격히 늘어난 탓에 선생님은 눈을 무자비하게 혹사했지만, 어린 헬렌은 오랜 시간이 지나고 나서야 글을 읽어주는 일이 애니 선생님의 눈에 얼마나 부담이 되었는지를 알게 되었다. 헬렌은 이따금 선생님이 오심과 두통 때문에 누워 있곤 한다는 걸 알았지만, 선생님한테서 눈이 아프다는 이야기를 들은 적이 없었다. 통증이 완화되면 애니 선생님은 다시 지문자로 말하기 시작했고, 헬렌에게 그리스 신화를 들려주거나 배역을 정해 연극을 하자고 제안했다. 선생님이 완전히 회복되었을 때 선생님과 헬렌은 페르세포네와 플루토, 또는 아르고나우테스, 페르세우스, 아리아드네, 또는 보아디케아 여왕〔고대 브리튼인 이케니족의 여왕으로 로마군의 폭력적인 지배에 항거하다가 패배하여 음독 자살했다〕과 그녀를 체포한 로마군들을 연기하는 게임을 했다.

　헬렌이 아홉 살이 되었을 때 애니 선생님은 처음으로 자신의 눈이 아주 안 좋다는 사실을 언급하면서 보스턴에 있는 의사에게 진찰을 받기 위해 잠깐 떠나 있어야 한다고 말했다. 그때도 헬렌은 선생님이 하는 말을 완전히 이해하지 못했다. 선생님 눈이 곧 나을 거라고만 생각했지, 애니 선생님이 끊임없이 주의해야 하는데도 눈이 악화되는 것을 막기 위해 조심하지 않았다는 것을 알지 못했다.

　그래서 애니의 눈에 또 문제가 생겼을 때 헬렌은 납득이 될 때까지 계속 질문했다. "선생님은 왜 그렇게 눈이 아픈 거예요?"

　"아, 거기엔 여러 가지 이유가 있단다." 애니 선생님이 대답했다. "붉은 흙을 비추는 햇빛이 눈을 자극했거나 어제 너무 오랫동안 책을 읽었기 때문이지."

하지만 얼마 뒤 헬렌은 선생님이 다른 사람들과는 달리 책을 얼굴에 바싹 갖다 대고 읽는 걸 알아내게 되었다. 그래서 헬렌은 애니에게 물었다. "선생님은 왜 그렇게 책을 눈 가까이에 대고 고개를 움직여가며 읽으시는 거예요?"

그러자 선생님은 자신의 시력이 얼마나 불완전한지 털어놓았다. "하지만 걱정하지 마라, 헬렌." 선생님이 말했다. "글을 읽을 수 있고, 하늘과 땅과 물의 빛깔을 볼 수 있고, 어디든 혼자서 찾아갈 수 있을 정도는 되니까." 그리고 이렇게 덧붙였다. "환한 오전에 더 잘 볼 수 있지." 그때 헬렌은 선생님에게 가장 필요한 것은 무엇보다 눈을 쉬게 하는 것임을 알았고, 앞으로는 오전에만 책을 읽게 하고 오후에는 선생님을 끌고 나가 산책을 하거나 게임을 해야겠다고 결심했다. 그러던 어느 날 헬렌은 애니 선생님이 오후에 글을 읽는 걸 발견하고는 화를 터뜨리며 선생님 팔을 끌어당겼다. 헬렌은 당장 선생님 손에서 책을 떨어뜨리고 싶었지만 책으로 엉뚱한 물건을 치게 될까 봐 참았다. "1인치 앞도 볼 수 없구나." 선생님은 눈이 아픈 것을 시인했고, 헬렌은 저녁 식사 시간이 될 때까지 선생님을 누워 있게 했다.

오랜 시간이 지난 뒤에야 헬렌은 애니 선생님이 자신의 눈을 혹사해가며 교육 방법과 원리에 관한 정보를 얻거나 자기 계발을 하려고, 또 아주 가끔은 재미로 책을 읽는다는 것을 알게 되었다. 선생님은 자신이 원하는 보석을 찾기 위해 책을 읽으면서 자신의 시력을 서서히 꺼트리고 있었다. 그리고 선생님이 책을 읽는 목적은 단순히 지식을 구하기 위한 것이 아니라 자신과 헬렌을 위해 정선된 영어를 익히고, 교양과 고상함의 척도가 되는 예의범절과 우아한 매너를 접하기 위해서였다. 어느 면에서 선생님과 헬렌은 함께 성장하는 어린 아이와 같았으나, 애니 선생님은 자신의 교육에 있는 공백이 드러날 때면 창피하여 얼굴이 붉어진 반면 헬렌은 즐겁게 수업을 받으며 성장해갔고 역할극을 할 때에는 완전히 몰입할 수 있었다.

선생님이 나를 도우려고 무수한 방법으로 시각을 사용했던 것을 생각하면, 선생님의 눈은 마치 너무 연약해서 끊임없이 이어지는 어려운 명령을 이행하지 못하고, 자신의 잘못 없이도 자주 고통에 빠지곤 하던 요정 '여린 에어리얼'〔Ariel ; 셰익스피어의 희곡 〈템페스트〉에 나오는 공기의 요정으로, 나무 안에 갇혀 있던 자신을 꺼내준 프로스페로의 눈과 귀 역할을 한다〕처럼 여겨진다. 선생님 시력은 양쪽이 고르지 못해서, 즉 한쪽이 다른 한쪽보다 훨씬 더 나빠서 초점을 정확히 맞출 수 없었다. 그러나 선생님의 눈은 그렇게 혹사당하면서도 영혼에 활기를 불어넣는 일에 게으름을 피우려 하지 않았다. 선생님의 눈은 고통스러울 정도로 휴식을 강렬히 원하면서도, 선생님이 야외에서 즐거운 시간을 보내는 동안 빛과 인터뷰를 하거나, 인간 마음의 심연에 대해 조금 더 알려주는, 또는 이런 꽃 같은 시가 적힌 인쇄된 종이 위에서 잔뜩 긴장한 채로 일해야 했다.

   향기로운 짜임과 천상의 색조를 지닌
   언제나 영원의 이슬을 머금어 싱그러운

어린 헬렌은 그 일에 대해 오래 고민하지는 않았으나, 성숙해지면서 선생님의 눈에 관한 슬픈 사실을 무겁게 느끼기 시작했다. 헬렌에게 가장 힘들었던 점은 선생님의 눈이 아프다는 것을 알고 난 뒤 눈의 고통을 덜어드리기 위해 되도록 말을 아껴야 한다는 것이었다.

이런 고통 속에서도 선생님은 삶에 대한 명랑하고 활기찬 자세를 잃지 않았고 일과 절망 사이에서 균형을 유지했다. 비록 선생님의 성격은 침착함과는 거리가 멀어서 헬렌이나 다른 누구의 아둔한 모습을 보는 즉시 화를 터뜨리곤 했으나, 늘 정신을 고요하고 맑게 유지하여 소소하지만 꼭 필요한 일들을 잊는 법이 없었고 어쩔 수 없이 헬렌의 발달이 늦은 것도 어느 정도는 허용했다. 선생님은 자신의 제자가 철저히 준비하여, 친절하지만 걸핏하면 그릇된 판단으로 사람을 매도하기도 하는 대중의 변덕에 대처할 수 있게 하기 위해 둘이서만 지내는 기간이 더 오래 지속되기를 바랐던 것 같다.

예컨대, 연필로 글씨를 쓰는 연습을 할 때 이런 일이 있었다. 처음에 헬렌은 시각장애인을 위해 특별히 고안된 글씨쓰기 판에 난 홈에 글자를 적어 넣는 것을 무척 재미있어했으나, 몇 달이 지나자 싫증이 나서 더는 글씨를 쓰고 싶어 하지 않았다. 친구들과 친척들에게 주겠다고 사인을 해달라, 글자를 써달라는 요구가 너무 많았기 때문이다. 그 결과 헬렌의 손은 지쳐갔고 연필을 너무 꽉 쥔 탓에 엄지손가락에는 굳은살까지 박였다. 당시 헬렌의 앞길에 가로놓인 난관이었던 그 글쓰기를 기억하니 피식피식 웃음이 나면서도 안쓰러운 마음에 가슴이 아려온다. 선생님이 어린 헬렌을 어떻게 탁자 앞에 데려다놓고 '생각'해가며 연습하라고 지시했는지를 생각하면 웃음이 나면서도 애처로워지는 것이다. 어린 헬렌의 정신은, 자신의 딱딱한 껍데기 안으로 몸을 숨겨버린 굴처럼 자발적인 생각이나 질문을 표현하기를 거부했고, 헬렌이 종이에 글씨를 쓰는 그 무의미한 짓을 했던 걸 생각하면 부끄러워진다.

하루는 선생님과 어머니가 헬렌 생일을 하루 앞두고 생일잔치를 준비하느라 분주한 동안 헬렌은 옷장 위에 열기를 식히려고 펼쳐둔 코코넛 쿠키가 있는 방에서 글씨쓰기 연습을 하고 있었다. 헬렌의 마음에 저항의 먹구름이 밀려왔다. 과자의 구수한 향이 솔솔 풍겨와 먹지 않고는 견디기 어려운 지경에 이르자 헬렌은 얼른 과자 두어 개를 집어 게걸스레 먹어치웠다. 순간 시무룩했던 기분이 사라졌고, 그래서 헬렌은 다시 글씨쓰기를 연습했다. 그러나 사람들이 자꾸만 글을 써달라고 졸라대면 헬렌은 결국 참지 못하고 울음을 터뜨리며 성을 냈다. "고마움을 모르는 아이로구나." 선생님이 그녀의 손에 두드리듯 세차게 썼다. "그분들은 너한테 친절하게 대해주셨는데 이러면 안 되지." 그러나 속마음은 선생님도 헬렌 편이었다. 그래서 곧 그 사생활 침해에 이를 정도로 빈번했던 요구를 특별한 경우에만 허용하기로 하셨다. 나중에 선생님은 나한테 너무 오랜 시간 동안 글씨쓰기 연습을 시켰던 것을 후회하셨고, 나는 타자기로 글을 작성하는 법을 배우고 난 뒤부터는 글씨쓰기 연습을 하지 않았다.

헬렌의 생각을 자극하기 위해, 애니 선생님은 롱펠로〔미국의 시인(1807~1882)〕의 〈하이어워사(Hiawatha)〉〔아메리카 인디언 오논다가족의 전설적인 추장(1450~?)〕와 〈에반젤린〉의 일부, 브라이언트〔William Cullen Bryant(1794~1878); 미국의 시인·저널리스트〕의 〈물새에게〉 같은 시를 배우게 하셨다. 헬렌은 쌍둥이 자매인 시와 음악이, 명료한 발음을 향해 가는 노정에서 맞닥뜨리게 될 어려움을 해소해줄 거라고 생각했고, 선생님도 그런 희망을 품고 계셨다. 선생님은 자신의 제자에게 자연스런 언어를 손가락에 전해주었듯이 자신의 제자가 자연스럽게 말하도록 가르칠 방법을 찾을 수 있기를 열렬히 바라셨다. 오랜 시간이 흐른 뒤 헬렌은 이때 선생님이 어떤 생각이었는지 표현할 말을 찾을 수 있었다. "언어를 모르면 인간이 아니고, 말을 할 수 없으면 완전한 인간이 아니다."

애니 선생님은 농아 교육에서 말하기가 얼마나 중요한지 직관적으로 알고 계셨고 헬렌은 너무나도 말을 하고 싶었으므로, 두 사람은 이 과업을 이루고 싶은 열망을 억제할 수 없었다. 헬렌이 보스턴의 사라 풀러 선생님한테서 열한 번의 말하기 수업을 마치자, 애니 선생님은 특유의 헌신적인 열정으로 새 과업에 착수하셨는데 선생님의 태도에는 처음에 나에게 손가락 언어를 실험 삼아 가르칠 때의 그 자신감과는 다른 두려움과 떨림이 배어 있었다. 그런데 안타까운 사실은 애니 선생님과 풀러 선생님이 처음에 내 발성법을 개선시키지 않고 곧바로 발화법을 가르치는 실수를 하셨다는 것이다. 여하튼 나는 다른 사람들이 알아들을 수 있도록 말하기 위해 노력하는 동안 무슨 일을 하든 한계에 맞서려면 끊임없는 노력이 필요하다는 것을 알았고, 그 노력은 지금도 계속되고 있다.

비록 헬렌의 말은 힘겹게 입으로 나왔고 듣기에도 좋지 않았으나, 헬렌은 말을 할 수 있다는 기쁨에 가슴이 뛰었다. 반쯤 포박당해 있던 생각은 이제 더는 지문자의 사슬에 묶여 있지 않아도 되었다. 단어와, 단어가 나타내는 생각이 점점 빠르게 떠오르면서 그 사슬은 끊어졌고, 헬렌의 혀는 그것들과 보조를 맞추는 법을 배워갔다. 헬렌은 자신의 가족과 몇몇 가까운 친구들이 그녀의 말을 이해할 수 있게 되자 너무나 기뻤다.

애니 선생님은 장차 헬렌의 삶이 더욱 충만해지리라는 기대를 하며 흐뭇해하셨고, 헬렌이 정상적으로 말을 할 수만 있다면 자신은 이 세상의 아름다움을 기꺼이 포기하겠다고 말씀하셨다. 그러자 아이는 "어머, 선생님, 절대 그러시면 안 돼요"라며 울음을 터뜨렸으나, 선생님은 완전함을 향한 열망을 억제할 수 없었다. 천성적으로 선생님은 새로운 일을 도모하는 창조자였고, 새로운 방법을 열어가는 개척자였고, 완전한 삶을 향해 순례하는 구도자였다. 그래서 선생님은 날이 바뀌고, 달이 바뀌고, 해가 바뀌는 것도 아랑곳 않고 내가 시각장애인을 돕는 일을 할 수 있을 만큼 정확한 발성과 발음을 할 수 있게 하려고 갖은 애를 쓰셨다.

그 이야기는 이미 여러 다른 책에서 다뤘기 때문에 여기서 또 자세히 늘어놓지 않으련다. 다만 이 얘기만은 해야 할 것 같다. 보스턴 음악원 성악과의 저명한 교수였던 찰스 화이트 씨가 마음에서 우러난 친절로 여름방학마다 3년 동안 발화법을 가르쳐주었을 때 선생님과 나는 우리가 초기에 실수를 했다는 것을 알게 되었다. 우리는 발성법을 제대로 배우기도 전에 말하기를 시작했던 것이다.

선생님은 내가 한창 성장할 때 자신이 발성기관에 관해 제대로 알지 못했다는 것과 내 말하기 교육에 힘을 쏟을 만한 경황이 없었다는 것을 안타까워하셨다. 하지만 화이트 선생님한테서 얻은 생각과 굴하지 않는 용기로 선생님은 내 발음을 개선시키려는 노력을 계속하셨다.

 선생님은 초인적인 인내심으로 노력하고 꿈꾸면서, 입술, 목, 목구멍에서 울리는 모든 진동을 동시에 느낄 수 있도록 내 양손을 자신의 얼굴에 갖다 대고 만져보게 하셨다. 내가 덜 경직되고 덜 창피해할 때까지 우리는 함께 단어나 문장을 되풀이해 말하고, 말하고, 또 말하며 연습을 했다. 그리고 늘 그래왔던 것처럼 선생님의 아픈 눈은 내 입술 모양이 제대로 되었는지, 내 턱이 부드럽게 움직이는지, 내 표정이 자연스러운지를 살피는 그 지루한 일을 해내느라 고생했다. 이 세상에서 내가 겪은 그 어떤 일보다 가슴 아픈 일은 선생님이자 예술가로서의 그분의 열망을 지금까지도 이뤄내지 못했다는 것이다. 그러나 불완전한 발음으로라도 말을 할 수 있고 몇몇 친구들이 내 말을 듣고 이해를 할 수 있으니 한결 쉽게 봉사를 할 수 있게 되었다. 내게 이 귀중한 선물을 주신 애니 선생님께 감사한다.

4

말을 배우면서 정신도 성장했다. 유아적 단계에서 벗어나 독립적이고 주체적인 자아로서의 정체성을 지닌 사람이 될 수 있었다. 그러나 쾌활하고 약간 게으르고 부주의한 성격은 변하지 않았다. 선생님은 내 안의 고집과 맞닥뜨릴 때면 그것을 부수려 하는 대신 더 높은 수준으로 끌어올리려 노력하셨다. 선생님은 내게 어떤 공부도 강요하지 않으셨다. 내가 더는 물건을 부수지 않게 되자 익숙한 곳에서는 마음껏 뛰어놀고 장난을 칠 수 있는 자유를 주셨다. 선생님은 아이의 자유의지를 믿으셨지만 아이들에게 스스로 조절할 수 있는 능력이 있다고 과대평가하지는 않으셨다. 내가 독립하겠다는 말을 꺼내자 선생님은 내가 내 여건이 다른 이들과 다르다는 것을 제대로 깨닫지 못하고 있다는 걸 간파하셨다. 일단 선생님은 이렇게 말씀하셨다. "아, 정말이지, 너도 완전한 자유를 얻을 수 있다면 얼마나 좋겠니. 미국의 13개 주가 완전한 독립을 이룩한 것처럼 말이다." 그러는 한편 내 육체적 상황이 다른 사람에게 의존할 수밖에 없다는 사실을 조금씩 알려주셨다. "지금까지는 내게 청력과, 미약하지만 시력이 있어서 너와 함께할 수 있었다만, 눈이 좋지 않아서 늘 도움이 필요한 상태란다. 네가 어른이 되었을 때 삶의 미로에서 길을 잃지 않도록 대비해야 해. 네가 늘 나한테 이야기해주는 그 아리아드네〔그리스 신화에 나오는 인물로 애인 테세우스에게 실뭉치를 주어 미궁에서 빠져나오도록 돕는다〕의 실을 따라서 신중하게 길을 가야 한다는 말이야. 네게 무슨 능력이 있는지 주의 깊게 살피고 그것을 최대한 활용하도록 해야 한다. 무슨 일이 있더라도 이 점만은 잊지 말도록 해라. 너는 정신과 영혼에서 진정한 독립을 얻을 수 있다" 하고 선생님은 말씀하셨다.

"나는 글을 읽을 수 있으니, 손으로 읽을 수 있는 책은 무엇이든 열심히 읽을 거예요." 내가 말했다.

"그것도 독립할 수 있는 훌륭한 방법이지." 선생님이 대답했다. "하지만 그것만으론 충분하지 않아. 네가 성장해서 책벌레가 된다면, 세상에 무슨 쓸모가 있겠니? 네가 가진 책으로 다른 이들에게 즐거움을 줄 수 있는 방법을 생각해보자. 그리고 롱펠로의 시 〈아이들의 시간(The Children's Hour)〉과 〈별들의 빛(The Lights of Stars)〉을 배워서 다른 사람들이 네 말을 이해할 수 있을 때까지 큰 소리로 읽고 또 읽도록 해보자."

그런 다음 선생님은 그 예로 재미난 일화를 얘기해주셨다. 월터 스콧의 어린 친구에 관한 이야기였다. 내 나이 또래의 그 총명한 친구는 명확하고 힘찬 목소리로 그의 시 전체를, 또는 그의 시 가운데 일부를 암송하여 그 기쁨을 많은 사람들에게 전해주었다는 이야기였다. 거기에 자극을 받은 나도 갖가지 다양한 시를 많이 배웠다. 섬세한 시도 있었고 고상한 시, 익살맞은 시도 있었다.

　선생님과 나는 그 시들의 아름다움을 내 발음으로 전할 수 있을지 시도해보기로 했다. 내가 〈에반젤린〉의 대부분을 암기하자 선생님은 몹시 기뻐하시며 내가 다른 시나 이야기를 읽을 때 좋은 구절을 발견하면 모두 암기하라고 하셨다. "그저 읽기만 하지 말고, 신비한 힘을 지닌 부적 같은 글귀를 찾아서 그것으로 그리스인들이 '기도하는 자'〔그리스 신화에 나오는 리타이를 가리킴〕라고 불렀던, 발을 절름거리면서도 상냥한 목소리와 밝은 빛으로 상처 입은 사람들을 위로해주고 잘못된 것을 바로잡아주는 그 제우스의 딸들과 같은 사람이 되어라. 누가 아니? 네가 청중을 사로잡고 네가 낭송하는 시의 아름다움으로 그들을 매료시킬지"라고 선생님이 격려하셨다.

　나는 연습하고, 연습하고, 연습했으나, 오, 어린 책벌레는 금단의 열매에 대한 유혹을 떨치지 못했다! 나는 매일 수업을 받고 말하기 연습을 하는 것 말고는 뮤즈〔학예, 시가, 음악, 무용 등을 관장하는 아홉 자매 여신〕를 방문하는 것을 자주 빼먹었다. 대신 《폼페이 최후의 날》을 읽었다. 물론 양심의 가책을 느끼면서 말이다. "너, 딱 걸렸다." 선생님은 고전이 아닌 책이 내 무릎 위에 있는 것을 보면 이렇게 말씀하셨고, 나는 한 번만 봐달라고 빌었다. 또 어떨 때에는 장미와 회양목 향기를 들이쉬며 가만히 앉아 있곤 했다. 나는 시에 말뚝을 박는 것보다 이렇게 시간을 보내는 걸 더 좋아했다. 실망한 나머지 화가 머리끝까지 난 선생님은 이렇게 내 손바닥에 쓰곤 하셨다. "창피한 줄 알아야 해! 정선된 단어와 흥미로운 생각들이 가득한 책을 가지고 있으면서, 마치 송아지처럼 멍한 표정으로 여기 앉아 있구나." 그러고는 날이 바뀔 때까지 아무 말도 하려 하지 않으셨다. 그러나 다음 날이 되면 얼굴 가득 웃음을 머금고 이렇게 말씀하셨다. "자, 이제부터 네가 좋아하는 긴 단어들을 연습해보자꾸나. 너는 짧은 단어보다 긴 단어를 더 잘 말하잖니. 그 이유를 알고 싶구나."

내가 연습하곤 하던 긴 단어들 중 떠오르는 것들을 적어보면 '애티튜드'(attitude ; '태도, 자세'라는 뜻), '앨티튜드'(altitude ; '고도'라는 뜻), '페트리파이드'(petrified ; '딱딱하게 굳다'라는 뜻) 등이 있었다. 마지막 단어는 언젠가 내 목구멍과 혀가 뜻하지 않게 경직되어 선생님을 놀라게 했을 때 선생님이 입으로 소리쳤다. "오, 그만, 헬렌! 너무 딱딱하게 굳은 것 같구나." 우리가 얼마간 연습을 하고 나면 선생님은 이렇게 말씀하시곤 했다. "네가 그 긴 단어들을 발음했던 것처럼 시를 소리 내어 낭독할 수 있을지 알아볼까?" 때론 이 아이디어가 먹혔으나 때론 먹히지 않았다.

선생님은 내가 향상되는 모습에는 늘 기뻐하셨으나 퇴보하는 모습에는 자주 엄하게 나무라셨다. 유감스럽게도 마조리 도(Marjorie Daw ; 월터 스콧의 어린 친구)처럼 되기 위한 내 노력이 너무 기복이 심해서 내가 보기에도 민망할 지경이었다. 선생님은 마치 당장 눈이 보이지 않게 될 것을 걱정하는 사람처럼 잔뜩 긴장한 눈으로 내 얼굴과 입술을 지켜보고 계셨는데, 그것 또한 참 곤혹스러운 일이었다. 나를 감각의 감옥에서 벗어나게 도와주는 시로부터 "청동과 크리스털을 한 배 가득" 내 정신에 가져다준 선생님의 아이디어, 켈트인 특유의 열정, 성격 등을 생각하면 흐뭇해지지만, 불가능한 일을 시도하느라 선생님이 허비한 열정과 시력을 떠올리면 몹시 안타까운 마음이 든다.

 내가 브르타뉴와 아일랜드에서 보았던 아름다운 레이스처럼 섬세하게 단어를 엮을 수만 있다면 선생님의 꿈 가운데 또 하나의 꿈이 어떻게 먼지 속으로 자취를 감추었는지 말하기가 더 쉬울 것이다.

 언젠가 보스턴을 방문했을 때, 전에 내 초상화를 그려주었던 화가 친구 앨버트 H. 먼셀〔Albert H. Munsell(1858~1919) ; 미국의 화가이자 색채연구가. 먼셀 표색계로 유명함〕이 내게 말했다. "조각을 쓰다듬을 때 네가 얼마나 기뻐하는지 난 알고 있어. 넌 참 예술가다운 섬세한 손을 가지고 있어. 너한테 조각에 재능이 있는지 알아보지 않을래?" 이런 그의 말은 새로운 발견을 하게 될지도 모른다는 기대로 선생님과 나를 들뜨게 했다. (그때 선생님은 자신이 되찾을 수 있는 최대한의 시력을 회복시켜준 수술을 받은 뒤 자신이 눈(snow)을 굴려 만든 조상(statue)이 얼마나 훌륭했는지에 대해 아무런 말씀을 하지 않으셨기 때문에, 나는 오랜 시일이 지난 뒤에야 선생님한테 개발될 수도 있었을 조각의 재능이 있었음을 알게 되었다.)

 내 촉각을 더 예민하게 발전시키기만 하면 내가 아름답고 의미 있는 조각 작품을 창조해낼 수도 있다는 생각은 선생님의 귀를 솔깃하게 했다. 선생님은 미적 감각을 지닌 시각장애인도 교육을 받으면 높은 수준의 조각 작품을 만들 수 있을지 알고 싶었다. 선생님은 심지어 우리가 공부하는 다른 주제들도 내게 미술에 대한 지식과 창조에 대한 기쁨을 알려주기 위한 것 위주로 하면 어떨까 하는 생각까지 하셨다. 우리는 함께 조소 레슨을 받았는데, 처음에는 밀랍으로 나중에는 찰흙으로 직접 형체를 빚어보았다. 처음에는 찻잔과 잔 받침, 양동이, 과일 등 내 손으로 빚어낼 수 있는 물체들을 보며 강한 흥미를 느꼈다. 선생님은 내가 틀에 박힌 양치식물과 새의 모형을 본떠 형상을 빚는 것을 기대와 희망을 가지고 지켜보았다. "네가 꽃을 만질 때처럼 부드럽고 예민한 촉각으로 느끼고, 내 발성기관을 관찰할 때처럼 세세하게 만져본 다음, 주의를 기울여서 찰흙으로 똑같이 빚어내보렴" 하고 선생님은 내게 충고를 하셨다. 나는 선생님을 기쁘게 해드리고 싶어서 손이 기진맥진해질 때까지 연습을 했다. 선생님은 조각가들이 자신이 원하는 조형물을 창조해낼 수 있을 때까지 얼마나 굳은 의지력으로 연습에 매진했는지 보여주기 위해 내게 조각가들의 전기를 읽어주셨고, 나는 다시 시도했다. 그러나 내 흥미를 일으키지 못하는 그 커다랗고 인공적인 양치식물을 빚는 일은 잘되지 않았다. 숲에서 만져보던 그 우아한 양치식물과는 달랐다.

선생님은 내게 제대로 만들어보라고 독려하셨지만, 슬프게도 나는 선생님이 원하는 끈기를 보여드리지 못했을 뿐 아니라, 도리어 책을 읽고 싶어 했다. 그러나 선생님은 그것을 허용하지 않았고 계속해서 그 지루한 고행을 하게 하셨다. 어떤 만족스런 결과도 나타나지 않자 선생님은 너무나 화가 난 나머지 그 축축하고 서늘한 찰흙으로 내 뺨을 후려쳤다. 하지만 선생님은 이루 말로 다 할 수 없을 정도로 다정한 분이었기 때문에 이내 자신의 행동을 뉘우치고, 자신이 생각해낼 수 있는 최악의 욕을 동원해가며 스스로를 나무랐다. 한바탕 격렬한 폭풍이 지나가자마자 선생님은 내게로 와서 이렇게 말씀하셨다. "헬렌, 나를 용서해다오! 난 너를 귀먹고 눈먼 아이로 여길 수 없단다. 너를 많이 좋아하는 것도 그렇기 때문일 거야. 하지만 난 네가 인간이라는 사실을 기억해야 해. 내 욕심이 지나쳐 너를 불편하게 하는 일이 발생하는 것 같구나. 그러지 말아야 하는데 말이야." 꼭 리어 왕이 코델리아에게 무릎을 꿇고 용서를 빌듯 이 현명하고 감수성 예민한 여인이 어린아이에게 용서를 구했다. 이보다 더 가슴 뭉클한 장면이 있을 수 있을까?

하지만 선생님은 그렇게 다정하게 말씀하시면서도 선생님 자신이 나처럼 고집스런 아이였을 때 스스로에게 변화를 가져온 그 상상의 보석을 내게 전해줄 수 없다는 슬픔을 감추지 못하셨다. 내게 눈과 별과 날개를 선사해주었을지 모를 그 영광스런 모험에 전심전력으로 몰두하지 못했다는 것을 생각하면 나 역시 몹시 후회가 된다. 그 후에 나는 적어도 내 예술가 친구 두엇이 내가 추구하는 영적 이상을 암시하는 것 같다고 평한 두상을 만들기도 했다.

만일 그때 내가 자유로웠다면 나는 단지 선생님을 위해서라도, 또는 듣지도 보지도 못하는 사람들이 여태껏 한 번도 시도하지 못했던 일을 이뤄냈다는 만족감을 위해서라도 열심히 노력했을지 모른다. 내 미래에 주사위를 던진 사람은 선생님이 아니라 운명이거나, 내 포악함을 의식하지 못한 채 고집을 부리던 고집쟁이 나 자신이었다.

5

 선생님이 스물아홉 살, 내가 열다섯 살이 되어서야 나는 헌신적이고 자애롭게 나를 돌봐주시는 분으로서의 직분과 분리된 선생님의 개인적인 면모를 생각할 수 있게 되었다. 내가 성숙해지자 선생님은 자신의 다양한 기분을 내게 숨기지 않으셨고, 덕분에 나는 영문도 모른 채 운명의 폭풍에 휘둘리지 않을 수 있었다.
 선생님을 더 자세히 관찰할 수 있게 된 열다섯 살에 나는 선생님의 기분이 계속 변한다는 것을 알게 되었다. "지금 내가 하는 말은 누구에게도 옮기지 말거라" 하고 선생님은 말씀하시곤 했고, 나는 어리석고 우둔한 여자들한테 넌더리가 난다는 선생님의 이야기에 귀를 기울였다. 우리는 온갖 다양한 관점에서 삶을 바라보았고, 훌륭하고 재능 있고 영향력 있는 사람들과 자주 만났다. 이들 중에는 정신과 육체가 모두 아름다운 여성들도 있었는데 선생님은 특히 이런 사람들과 대화하는 것을 좋아하셨다. 선생님을 가장 짜증나게 하는 것은 생각 없는 말과 품행, 그리고 기품 없는 행동이었다. 선생님은 불운하게 태어나 가난하고 교육받지 못한 사람들의 결점은 용서

하셨으나, 재력이 있으면서도 교육을 받지 않고 교양을 익히지 않은 사람을 경멸했다.

선생님은 또한, 비록 오래가지는 않았지만 간혹 우울한 기분에 휩싸여서, 친한 친구들이 찾아와도 응대조차 할 수 없을 만큼 비참한 상태에 빠지곤 하셨다. 그럴 때면 선생님은 사람들한테서 달아나 숲으로 들어가버리거나, 물가에 있을 때라면 정박 중인 배의 갑판 아래에 들어가 몇 시간이고 나오지 않으셨다. 그러나 그런 다음에는 친구들에게 돌아와 용서를 구하곤 하셨다. 언젠가 단독〔피부의 헌데나 다친 곳으로 세균이 들어가 열이 높아지고 얼굴이 붉게 부어올라 종창과 동통을 일으키는 전염병〕에 걸렸을 때는 온종일 어느 누구에게도, 심지어 나한테도 모습을 보이지 않았다가, 저녁 식사 시간이 되어서야 선생님이 침대에 조용히 누워 있는 것을 어머니가 찾아내셨다.

안타깝게도 나는 이런 인간의 질병에 대해 이해하지 못하는 바보들을 몇몇 만난 적이 있는 탓에 여기에 모든 사실을 털어놓을 수는 없다. 하지만 적어도 내가 말한 것은 모두 사실이다. 아마도 애니 선생님한테 그 우울한 기분이 맨 처음 나타난 것은 퍼킨스 학교에 있을 때였으리라. 그리고 우울증은 돌아가실 때까지 간헐적으로 선생님을 괴롭혔고, 선생님의 시력에도 안 좋은 영향을 미쳤다. 선생님은 매번 씩씩하게 기운을 차리곤 했고, 비록 신경이 예민해지긴 했지만 잘 때를 제외하곤 정신을 놓는 법이 없었으며, 그 엄격한 감독관인 뇌는 자신의 온화한 의지대로 방향타를 조종했다. 정신을 차린 선생님은 자신의 문제를 다이아몬드처럼 명료하게 분석했고, 곧 명랑하고 장난을 좋아하는 건강한 모습으로 돌아왔다. 선생님이 작문하시고 내가 대신해서 타자기로 쳐드린 수많은 편지를 읽고 안 사실이지만, 선생님은 세세한 주의를 요구하는 문제도 늘 잊지 않고 계셨고, 내가 대학 교육을 받을 수 있도록 하겠다는 것과 같은 아주 장기적인 계획까지 미리 세워두고 계셨다.

오랜 세월이 지난 후 선생님과 나는 아일랜드를 방문했다. 선생님의 고향인 이 나라는 은은한 광채를 내는 단단한 바위로 가득하고 습기가 많은 땅이었다. 햇빛을 담뿍 머금었고 요정 같은 꽃과 풀들이 바람결에 하늘거렸으며, 활동적이고, 호전적이고, 풍자적이고, 심상이 넘치는 이 나라 사람들에 의해 이 땅은 더욱 활기를 띠었다. 이 나라 사람들의 이 모든 특징은 모두 결합하여 나타나거나 경이로울 정도로 변화무쌍한 날씨의 리듬에 따라 달리 나타나곤 했으며, 이 나라의 모든 것에는 변덕스럽고 환상적인 기운이 스며 있는 듯했다.

선생님은 논리적인 분이 아니었다. 그러나 나와 친밀한 사람들 중 격렬하고 거친 논쟁에 참여하여 승리를 거둘 수 있는 유일한 여성이었다. 선생님이 이런저런 것들을 열렬히 옹호하며 의견을 말할 때에는 선생님의 성급한 응답에 상처를 입지 않도록 조심해야 했다. 선생님은 교육·정치·종교·기타 사회적 교류 등 어떤 주제에 관해서도 진부한 의견을 지루해하셨다. 과학이나 철학에 관한 이야기가 길어지면 신경이 날카로워졌으나, 마크 트웨인이나 알렉산더 그레이엄 벨 박사님처럼 유쾌하게 말을 풀어가는 솜씨가 있는 분이 말씀하실 때에는 오래도록 깊이 있는 주제에 정신을 집중하면서 정신을 고양시키고 새로운 활력을 얻으셨다. 선생님은 과장과 허세에는 인상을 찌푸렸지만 뛰어난 정신 능력을 지닌 사람들의 말은 예민하게 받아들이셨다.

  나는 공연히 선생님과 논쟁—내가 이길 때는 좀처럼 없었다—을 벌였다가는 선생님이 나를 궁지에 몰아넣어 할 말을 잃게 만들리라는 것(특히 선생님의 상상력에 불이 붙거나 화가 날 때면 더더욱 속수무책이 되었다)을 알았으므로 선생님과 논쟁을 하려 하지 않았다. 선생님의 논평이 어찌나 다채로운 빛깔로 정곡을 찌르며 자유자재로 흘러나오는지 나는 그 현란함에 압도되어 넋을 잃고 감탄하며 아연해지곤 했다.

  선생님은 내게 숨 막히는 자연의 아름다움에 대해 묘사할 때를 제외하곤 시적인 언어를 사용하지 않았지만, 시상이 떠오를 때 남몰래 적어두곤 하셨다. 그러나 아칸 리지에 있는 우리의 첫 번째 집에 불이 났을 때 그 대부분이 소실되었고 몇 개만이 남았는데 그 중 하나를 소개한다.

> 신께서 빛의 문을 경첩에서 떼어내자
> 제멋대로 날뛰던 소소한 공상들이
> 새의 영혼들처럼 달의 가장자리에 내려앉는다.
> 삶의 어두운 시냇물이
> 시간과 공간을 통과해 경망스레 흘러간다.
> 종말이 다가오는 크게 뜬 눈에
> 들어가는 빛을 아무도 알아보지 못한다.
> 모든 사물들이 거대한 바다 속에서 움직이는 듯하다.
> 또 하나의 침묵에서부터

밤에 피어나는 꽃들처럼 생각들이 쏟아진다.
생각들이 사월의 비처럼 내린다.
저마다의 색깔과 형체를 지니고,
굴 껍데기 속의 진주처럼.

뒤이어 보이지 않는 손들이 천국의 웅덩이로
풍덩풍덩 뛰어든다.
정신의 손들이
은빛 빗방울에 흠뻑 젖는다.
놀라운 촉각으로 정신은 느낀다.
방향을 바꿔 날아가는 바람을
밤의 담벼락에 떨어지는 진주를
어둠을 뚫고 내려오는 빗방울을
빛의 세계로 나아가는 정신을

만일 선생님의 눈이 정상이었다면 선생님은 우주와 별과 행성들을 계속 변화하는 장관이라 여기며 오래 바라보는 것을 즐겼을 것이다. 그러나 그렇지 못했으므로 선생님은 책의 우주(세계)를 더 좋아하셨다. 선생님의 허약한 시각이 흡수할 수 있는 것은 애처로울 정도로 작은 부분에 불과했다. 시와 음악이 선생님의 친구였다. 선생님의 손끝에서 단어들이 노래하고, 소곤거리고, 춤추고, 윙윙대고, 흥얼거렸다. 선생님은 모든 단어를 생동감 있게 느낄 수 있게 해주셨다. 내 주위의 침묵이 침묵하게 놔두지 않으셨다. 선생님은 내가 손으로 만질 수 있는 모든 물체를 머릿속에서 감지하고 듣는 것은 물론, 그 외의 다른 특징을 포착할 수 있도록 하셨다. 햇빛 비치는 여름의 고즈넉함, 빛 속을 떠도는 비눗방울의 떨림, 새의 노랫소리, 폭풍의 요란함, 곤충의 울음소리, 나뭇잎의 바스락 소리, 사랑이나 증오의 음성, 익숙한 난롯가의 진동, 비단의 서걱거리는 소리, 문의 삐걱대는 소리, 내 혈관에서 퍼덕이는 맥박 등 우리가 만지거나 감촉할 수 있는 모든 것을 감각으로 느끼게 하셨다.

 여기 선생님이 남긴 또 하나의 미완성 유고시가 있다.

> 손, 이해하는 손,
> 섬세한 초록 잎처럼 부드럽게 스치는 손,
> 손, 간절한 손,
> 위대한 브라유 점자책에서 지식을 얻는 손,
> 빈 공간을 살아 있는 것으로 채우는 손,
> 책 위에 평온하게 포갠 손,
> 밤새 읽은 단어들을 잊어버리는 손,
> 펼쳐둔 책장 위에서 잠이 든 손,
> 생각의 씨앗을 뿌리고 거둬들이는 강력한 손,
> 음악을 들으며 기쁨에 전율하는 손,
> 노래와 춤의 박자에 맞춰 움직이는 손.

6

 선생님의 복잡한 성격에 대해 더 많은 것을 알려주는, 내가 소녀였을 때의 일화들이 있다. 1897년 겨울에서 1898년 봄까지 우리는 우리의 친구 조셉 E. 체임벌린 씨 댁에서 기숙했다. 그 집은 매사추세츠 주의 아름답고 예스런 마을인 렌섬에 있었다. 필립 왕 연못 옆, 담쟁이로 뒤덮인 건물인 그 레드 농장을 우리는 여러 해 전부터 방문하여 즐거운 시간을 보내곤 했는데, 그들이 우리를 초청한 이래 알게 된 선생님의 새로운 면모에 나는 매료되었다. 선생님은 그 8개월이 자신의 인생을 통틀어 가장 행복한 시기였다고 말씀하시곤 했다. 선생님은 나와 함께 지내게 된 이후 처음으로 진정한 자유를 누렸고, 선생님이 선생님 자신을 위한 삶을 살았으면 하고 늘 염원하던 나로선 그보다 더 기쁜 일이 없었다.
 우리에게 말 못할 고통을 불러왔던 그 불운의 〈얼음나라 왕〉 사건 이후 약 7년 동안 선생님은 말 그대로 무력감의 포로가 되었다. 〈얼음나라 왕〉은 내가 열 살 때 쓴 단편 소설이었다. 나는 정말 그 이야기가 '내 머릿속에서 나온 것'인 줄 알고 퍼킨스 맹아학교의 애나그노스 교장선생님께 생일선물로 드렸다. 교장선생님은 그 이야기를 읽고 대단히 흡족해서서 그것을 책으로 펴내셨다. 뒤이어 설리번 선생님과 나는 내가 마거릿 캔비 여사의 책 《버디와 그의 친구들》에 수록된 한 이야기를 표절했다는 것을 발견하고 경악했다. 아마 내가 그 이야기를 두세 번 읽었거나 (선생님이 아닌) 누군가가 나에게 그 책을 읽어주었던 것 같다. 그 후 그 사실을 까맣게 잊고 있다가 마치 내가 지었다고 생각될 만큼 생생하게 머릿속에 떠올랐던 것이다.

캔비 여사는 아주 이해심이 많고 너그러운 분이었고 우리의 친구들은 대부분 나를 지지해주었다. 자존심이 강한 데다 어떻게 하면 내가 행복해지는지 잘 알았던 선생님은 내가 다시 글짓기에 흥미를 가지게 하려고 《유스 컴패니언(The Youth's Companion)》이라는 잡지에 내 삶에 관한 짤막한 글을 기고해보라고 나를 격려하셨다. 나는 자유롭게 나를 표현할 수 없었다. 무의식중에 다른 작품의 내용이나 글귀를 모방하여 표절했다는 비난을 받게 될까 봐 두려웠던 것이다. 앞을 볼 수 있건 없건 모든 아이들은 모방과 동화를 통해 자신의 생각을 말로 표현하는 법을 배운다는 것을 인정하지 않는 사람들이 나를 정직하지 못하다며 비난하자 선생님은 몹시 마음 아파 했고, 그전부터 자주 그러셨듯이 그 모든 게 자신의 불완전한 교육 탓이라며 자책하셨다.

그때까지 선생님은 내 발달에 관한 자신의 교육 방법을 확신했으나, 그 일로 그 교육법이 잘못된 것일지 모른다는 생각을 하게 되었다. 하지만 선생님은 내 정신이 두려움 때문에 주춤거리는 일 없이 계속 성장해야 한다는 것에는 굳은 믿음을 갖고 있었고, 내가 훈련받은 교사의 지도를 받아야 할 때가 왔다고 느꼈다. 퍼킨스 맹아학교의 위원회와 단독 면담을 했던 표절 사건 관련 조사가 있고 난 뒤 나는 그 학교를 떠나고 싶었다. 하지만 그러면 내가 어디로 갈 것이며, 선생님이 개척하려는 분야에 관한 정보를 어디서 구한단 말인가?

친구들은 우리의 기분을 풀어주려고 클리블랜드 대통령〔미국의 22대(1885~1889), 24대(1893~1897) 대통령〕취임식에 참석하게 하는가 하면 나이아가라 폭포의 장관을 구경하게 하는 등 재미난 여행 계획을 세웠다. 알렉산더 그레이엄 벨 박사님은 시카고 세계박람회에 우리와 함께 가주셨다. 선생님은 새로운 단어들이 끊임없이 흘러나와 내게 활기를 불어넣고 세계에 대한 내 생각을 풍부하게 해주는 것을 보고 위로를 받았으나 어디서, 오, 특수한 과목에 대해서는 어디서 내게 효과적인 교육을 시킬 수 있을까 고민하셨다.

1893년 가을 우리는 펜실베이니아 주 헐튼의 윌리엄 웨이드 씨 댁을 방문했는데, 그때 선생님이 내게 열린 좋은 기회를 포착했다. 웨이드 씨 댁 이웃에 사는 훌륭한 라틴어 학자인 아이런스 씨가 나를 제자로 받아주셨다. 정식으로 수업을 받는 것은 내게 즐거운 경험이었고, 아이런스 씨의 유능한 수업은 나를 일깨워 선생님이 바라듯 진정한 학생이 되게 했다. 그분은 내 산수공부도 도와주었을 뿐 아니라, 내가 점자책으로 가지고 있는 테니슨의《인 메모리엄》을 비판적 시각에서 읽을 수 있도록 이끌어주셨다. 나는《갈리아 전쟁기》를 읽기 시작했고, 외국어로 된 꿈의 세계를 날아다녔다.

하지만 우리는 헐튼에 석 달 동안만 체류했고, 내 수업이 중단되자 선생님은 또 방향키를 잃은 배 같았다. 선생님은 긴장하고 초조해하며 내가 가진 능력에 맞는 수업을 찾아 방향을 바꾸고 배를 돌렸다. 아버지는 벌써 몇 년 전부터 선생님께 봉급을 주지 못했으나 선생님은 내게 그런 내색을 하지 않았다. 선생님은 내가 아는 분 가운데 가장 돈이 없는 분이었다. 비록 가진 돈이 1센트밖에 없더라도 얼굴을 들고 당당히 다음날을 맞아야 하고 무지개를 향해 나아가야 한다는 것이 선생님의 신념이었음을 나는 어른이 되어서야 알았다. 나를 다른 이에게 도움을 줄 수 있는 사람으로 교육시키고 능력을 갖추게 하려는 선생님의 열망이 금전적 어려움에 대한 어떤 두려움보다 더 강했던 것이다. 이 세상 그 무엇도 선생님이 내 목표에 대해 이야기할 때의 위엄과 대담함을 꺾을 수 없었다.

벨 박사님은 무척 자애로운 분이어서, 그분이 우리가 시각장애인들을 위한 협의회에 참석할 수 있도록 우리의 길에서 금전적 어려움이라는 장애물을 제거해주셨다는 것을 알았을 때에도 나는 별로 놀라지 않았다. 선생님은 나를 정상적인 세계의 시민으로 만들겠다는 변함없는 비전을 갖고 있었기에 나를 일찍부터 청각장애인이나 시각장애인의 범주에 넣는 것을 탐탁지 않게 생각하셨으나 내 말하기 실력에 날개를 달 수 있을지 모른다는 희망(내 발성법이 다듬어져서 내가 듣기 좋은 소리로 응원과 위로의 말을 할 수 있으리라는 희망)을 품고 나와 함께 뉴욕 시에 있는 라이트 휴메이슨 농아학교에 가주셨다. 그러나 우리 앞에는 실망이 매복하고 있었다. 말하기 외의 다른 과목들은 아주 흥미로웠고 그 학교 선생님들도 무척 친절하게 나한테 지식을 전해주셨지만, 선생님과 나를 믿어주셨던 분(보스턴의 존 스폴딩 씨)의 숭고한 정신이 없었다면 우리는 그 과정을 견뎌내지 못했을 것이다.

그 무렵 나는 열여섯 살이었으므로 대학에 가야겠다고 결심했다. 나는 내가 '쉬운 길로 가야 하니까' 래드클리프 대학의 영문학이나 다른 학과의 특별 학생으로 입학해서 특정한 일을 할 수 있도록 준비해야 한다고 논리적으로 충고하는 유능한 친구들에게 선생님의 도움을 받아가며 맞서야 했다. 나는 내가 한두 과목만을 철저하게

스승과 제자는 둘 다 이미 유명해졌고, 유명세를 치르게 될 것을 걱정한 선생님은 되도록 제자를 그 위험에서 보호하려고 주의를 기울였다.(1893년)

준비해야 한다는 생각의 정당성을 입증할 만큼 내게 특출한 재능이 있다는 것을 느낄 수 없었다. 그리고 나는 내가 다른 사람들과 다르다는 이유만으로 내가 무엇을 해야 한다거나 하지 말아야 한다는 충고를 듣는 것을 좋아하지 않았다. 나는 볼 수 있고 들을 수 있는 여학생들과 경쟁하여 전반적인 지식을 습득한 뒤 나타나는 가능성을 보고 확실한 진로를 정하고 싶었다.

그 운명의 시기를 되돌아볼 때 내가 정한 그 어렵고도 불확실한 코스를 아무 말 없이 받아들여주신 선생님의 자제심이 놀랍다. 선생님은 내 생각이 옳은지 그른지 자신의 의견을 표현하지 않았다. 변함없는 선생님의 모험심이 그것을 허용하게 했던 것 같다. 선생님은 내 장래에 대해 생각하느라 여러 날을 고민했기 때문에 내가 스스로 결정을 내리자 안심하셨다. 케임브리지에서 대학 준비 과정을 공부하는 몇 년 동안 선생님은 집안일을 돌봐줄, 우리가 좋아하는 브리짓 크리민스와 우리만 단출하게 지낼 수 있는 집이나 아파트를 빌려서 살게 될 것을 기대하셨다.

선생님은 다른 여학생들과 같은 조건으로 대학에 가겠다는 내 계획이 존중되기를, 의도는 좋으나 간섭하는 사람들이 내 계획을 방해하지 않기를, 그리고 선생님의 인생행로를 둘러싸고 부당한 비판을 하고 내 능력을 의심하는 적대적인 사람들이 입을 다물기를 바랐다. 내가 다른 저서에서도 밝혔듯이 일이 선생님이 바라는 대로 순조롭게 진행되지만은 않았다. 여기서는 내가 살아가는 동안 줄곧 나를 도와주었던 선생님의 헌신과 봉사를 중심으로 이야기를 풀어갈 생각이다.

선생님은 시각장애인들을 다른 부류의 사람들이 아닌, 교육을 받고 휴식을 취하고 자신의 취향과 능력에 맞는 일을 할 권리를 부여받은 인간이라고 믿었다. 그런 이유로 선생님은 우리를 퍼킨스 맹아학교에 계속 있게 하려는 애나그노스 교장선생님의 계획에 반대했다. 애나그노스 교장선생님은 나에게 잘해주셨고, 특히 설리번 선생님을 나한테 보내주신 분이었기 때문에 나도 그분을 좋아했다. 퍼킨스 학교는 내게 점자책을 마음껏 읽는 혜택을 주었고, 내 손바닥에 철자를 써서 의사를 전달할 수 있는 시각장애아들과 친하게 사귈 기회를 주었다. 하지만 선생님은 정상적인 환경에서 배울 수 있는 장애아를 장애학교에만 붙잡아두는 것에는 반대하셨고, 애나그노스 교장선생님은 우리가 다른 기회를 찾아 떠난 뒤부터 더는 우리에게 관심을 두지 않으셨다. 선생님은 내가 행복하게 공부할 수 있었다는 점은 고마워했지만 라이트 휴메이슨 농아학교에도 만족하지 못하셨다. 그런 까닭에 선생님은 내가 정상적인 사람들 사이에서 가장 충만하게 살 수 있으리라 확신하며, 나를 케임브리지에 있는 길먼 예비학교에 데리고 가셨다. 시간이 흐르자 선생님의 결정이 지혜로웠다는 것이 입증되었다. 하지만 선생님은 내 일에 참견하려는 낯선 이들의 주제넘은 열의와 간섭에서 나를 보호하기 위해 강단 있게 행동해야 하셨다.

길먼 학교에서, 우리가 원하는 것이 무엇인지 제대로 알아보지도 않고, 10년 동안 나에게 헌신해오신 선생님과 나를 갈라놓으려는 의도적인 음모가 있었다는 건 믿기 어려운 일이다. 그 분열은 내가 그 학교에 머무르게 될 기간을 둘러싸고 일어났다. 처음에는 5년 동안 있을 계획이었으나 내 학업이 향상되어가자 교감선생님은 3년으로 줄일 수 있을 거라 생각하셨다. 그래서 나는 기뻤고 설리번 선생님도 같은 의견이었다. 그러나 선생님과 길먼 교감선생님은 내가 '관리되는' 방식에는 의견을 달리하셨다. 선생님은 쓰라린 경험을 통해 우리에게 도움을 제공하는 수많은 사람들이 실상은 우리를 자신의 목적에 이용하려는 것일지 모른다는 의심을 갖게 되었고, 여러 사건에 비춰볼 때 길먼 교감선생님도 그럴 가능성이 있다고 판단하셨다.

오로지 어떻게 하면 내게 더 많은 아름다움과 지식을 심어주고 자아실현을 이루게 할 수 있을지만 생각해온 설리번 선생님을 부당하게 취급하는 걸 보는 일은 내게 끔찍한 시련이었다. 선생님에 대한 음모가 진행되는 동안에도 애니 설리번 선생님은 수업 시간에 내 옆에 앉아 각 과목 지도교사의 말을 내 손바닥에 옮겨 적어주었고, 자신의 눈을 혹사해가며 브라유 점자로 나와 있지 않은 모든 것을 내게 읽어주었으며, 프랑스어 혹은 독어 사전을 뒤적여 내가 알고 싶어 하는 단어를 찾아주셨다. 그리스어 작문에 필요한 도구는 도착이 늦어져서, 선생님은 물리와 대수 문제를 브라유 점자로 옮겨 적어주었고 뻣뻣한 종이에 송곳으로 구멍을 뚫어 기하 도형을 그려주었다.

하지만 그 학교에 다니던 첫해에 정상인 여학생들 사이에 감히 우리의 공부를 중단시키려는 음험한 세력이 있었다. 이 불행한 사건에 대해서는 다른 곳에서 이미 언급했고, 하느님께서 내 영혼을 부르실 때까지 내 마음을 더 무겁게 짓누를 기억이 하나 있다.

길먼 교감선생님이 선생님과 나를 갈라놓으려는 계획을 실행에 옮기던 그 끔찍한 밤에 선생님은 우리의 진실한 친구 리처드 더비 풀러 부부에게 가려고 보스턴으로 출발했다. 선생님은 절망에 빠졌다. 찰스 강에 다가갈 때 강물에 몸을 던지고픈 충동에 휩싸였으나, 천사의 손이 선생님을 잡으며 "아직은 아닙니다"라고 말하는 것 같았다고 한다. 그 일로 다시 용기를 얻은 선생님은 이튿날 아침 케임브리지로 돌아왔고, 그 후로 다시는 나를 떠나려 하지 않았다. 정말 너무나 가슴 아픈 시기였으나, 선생님과 나는 2년 만에 래드클리프 대학 입학 준비를 마침으로써 승리를 거뒀다.

우리가 케임브리지를 떠난 뒤에도 내 건강을 둘러싸고 큰 소동이 있었는데, 선생님이 나를 너무 힘들게 하지 말라는 주의를 받았기 때문에 나는 몹시 화가 났다. 나중에 깨닫게 되었지만, 그것은 장애인에 대한 사려 깊은 생각과, 장애인들이 노력할 필요를 없애려는 어리석은 감상주의 사이의 싸움이었다. 훌륭한 일을 성취할 수 있는 길을 차단당한 셀 수 없이 많은 지체부자유자와 결핵환자, 그 밖에 가난이나 질병의 희생자들을 생각할 때면 건강하고 생기 넘치는 나에게 쏟아졌던 그 과도한 동정이 부끄러워진다. 나는 내가 견딜 수 있는 정도를 알았고 선생님 역시 그랬다. 열심히 공부하는 것은 내가 원해서 한 것이었고, 선생님은 그저 내가 가려고 하는 곳에 함께 가주신 것뿐이다. 선생님은 내가 교육(선생님을 비판하는 이들이 '고된 공부'라 칭했던)을 받기 시작한 이후 내 질주를 중단시킬 수 없으셨다. 만일 그랬다면 나는 정상적인 청소년들이 경험하는 성취의 즐거움을 느낄 수 없었다. 선생님이 거센 압력에도 굴하지 않고 내 질주를 중단시키지 않았다는 사실은 내가 선생님의 지각 있는 사랑을 존경하고 고마워하는 수많은 이유 가운데 하나다.

  열정적인 노력에 대해 말하자니, 선생님의 예술가적인 특성을 언급하지 않을 수 없을 것 같다. 아무리 내가 해야 할 일이 많을 때에도 선생님은 시와 아름다운 영어에 대한 사랑에서 비롯된 규율을 늦추려 하지 않으셨다. 온갖 부류의 사람들이 보내온 편지에 답장을 하는 일은 점점 어려워져서 나는 이들을 개인으로 다루는 기술을 더 시급히 갖춰야 했다. 내 편지나 작문이 선생님의 높은 감식안이나 명료성에 부합하지 않거나 내 개성이 드러나지 않으면 선생님은 결함을 지적했고, 나는 선생님이 이 정도면 됐다고 할 때까지, 아니 유익하고 표현이 좋다고 할 때까지 몇 번이고 편지를 고쳐 썼다. 책을 쓰게 될 날에 대비해 내 문체를 최고 수준으로 끌어올리려 했던 언어 예술가를 곁에 두고 영문학 공부를 할 수 있었던 것은 내게 큰 행운이었다. 그러나 선생님과 나는 우리가

  덧없는 슬픔과 단순한 속임수,
  칭찬, 비난, 사랑, 입맞춤, 눈물, 웃음

이 존재하는 이승에 살고 있다는 것을 인식하고 있었다.
  이 무렵 선생님은 우리가 유명세를 치르게 되거나 이용당하게 될까 봐 걱정하는 일이 잦아졌고, 경제적으로도 안정을 누리지 못하셨다. 내가 성숙해지자 선생님은 울적한 기분을 내게 숨기지 않고 털어놓으셨다. 선생님은 선생님 자신이 '육체적 자아'라 불렀던 신경 쇠약에서 늘 자유로웠던 건 아니었고, 내면의 영역으로 물러나는 법

을 알지 못하셨다. 선생님은 자아를 단순화하지 못하셨거나, 자신의 야망(완벽을 향한 사랑)을 억제하지 못하셨거나, 나를 향한 꿈으로 충만한 계획에 한계를 긋지 못하셨다.

선생님은 조바심을 내느라 마음 편한 날이 없었고 평온은 선생님이 도달할 수 없는 곳에 있는 듯했다. 선생님은 우리의 패배를 뜻하는 어떤 운명에도 굴복할 수 없었다. 선생님은 내가 '맹목적 종교'라 부를 만한 것(불과 물을 둘 다 막아내는 물질은 이중으로 보호 처리되는 것과 마찬가지로 빛과 어둠에서 평화를 보장하는 신앙)을 갖고 있지 않으셨다. 선생님은 자신의 일을 아주 중요하게 여기는 분이었으므로, 우리의 애정이라는 구속이 없었다면 언제라도 자신의 길을 가며 가혹한 외부 세계에 용감하게 맞섰을 것이다.

아침이 밝으면 선생님은 그날 하루도 우리 두 사람 모두에게 행복할 수 있기를 바라며 마음을 다잡았고, 우리가 석양을 바라볼 때에는 선생님의 눈은 그 아름다운 색조를 빨아들일 듯했으며 선생님의 마음은 모든 일이 잘되고 있다는 생각으로 충만했으나, 간혹 내가 쓴 작문이 선생님의 마음에 들지 않거나 내가 기하학 문제를 풀지 못하거나 하면 몹시 언짢아하셨다. 마치 언제 벼락을 터뜨릴지 모를 먹구름이 내 머리 위로 지나는 것처럼 느껴졌다.

길먼 학교에서 선생님을 짓누르던 그 엄청난 짐을 생각하면 우리를 받아들여준 체임벌린 씨 부부가 너무나 고맙다. 나는 거기서 썰매를 타고 눈싸움을 하고 꽁꽁 언 호수를 가로질러 걸으며 즐거운 시간을 보냈을 뿐 아니라 공부도 할 수 있었다. 모든 조건이 나한테 이상적이었다. 가족들은 모두 아주 분명한 입 모양으로 말을 했기 때문에 나는 그들의 입술을 읽어 뜻을 파악할 수 있었고, 그 집 딸들 가운데 나보다 나이가 많은 언니들 중 한 명이었던 베티는 지문자로 나와 의사를 소통할 수 있었다. 밀드레드와 마찬가지로 그녀는 나의 좋은 놀이친구가 되어주었고, 책에도 관심이 많아서 호손의 《일곱 박공의 집》같이 제 나이보다 더 높은 수준의 책을 읽었다. 그녀는 나를 바깥으로 이끌었고, 나와 다른 아이들도 함께할 수 있는 재미난 놀이를 생각해내곤 했다.

수업이 없는 시간이면 나는 그들과 즐겁게 뛰어놀았는데, 숨을 고르려고 동작을 멈출 때마다 아이들은 아우성을 치며 내게 이야기를 해달라고 졸랐다. 특히 아이들은 〈집안일을 시작한 요정(The Elf Who Set Up Housekeeping)〉과 오스카 와일드의 왕자와 제비 이야기를 좋아했다.

내 삶이 편안해지자 선생님도 마음을 놓았고, 자신을 인정해주는 지적이고 다정한 분위기 속에서 긴장을 늦추었다. 선생님은 소박한 생활, 순수한 친절, 건강에 좋은 시골 환경 등을 만끽하셨다. 봄이 되자 선생님은 여러 해 동안 쌓인 좌절의 짐을 떨쳐내고 예전의 자연스러운 모습을 되찾으셨다. 약간의 재치와 배려와 유머가 선생님의 영혼에 맺힌 주름을 매끈하게 펼 수 있었다는 것이 가슴 뭉클했다. 오월이 다가오자 선생님은 더욱 생기를 띠었다. 선생님은 우주의 생명이 자신을 관통하여 지나가는 것 같다며 기뻐했고, 그럴 때면 마치 신과 교류하는 느낌이라고 하셨다. 식물의 수액처럼 피가 혈관을 타고 올라왔고 선생님은 다시 한 번 자연의 궁전에서 행복한 나날을 보냈다.

앞서도 말했듯이 레드 농장은 필립 왕의 연못가에 있어서, 선생님은 온화한 날씨에 나무 밑에 앉아 지는 해가 호수에 드리운 황금빛 발자취와 나뭇잎들의 조화로운 모습을 응시할 때면 황홀경에 빠지곤 했다. 야트막한 언덕과 언덕 사이에 잔 모양으로 펼쳐진 호수와 몇몇 암석, 나무들이 그토록 다양한 장관과 풍경을 선생님께 제공할 수 있다는 것이 놀라웠다. 선생님은 켈트인의 기질을 갖고 있었다. 선생님은 오페라글라스를 사용하지 않는 한 날아가는 새처럼 먼 곳에 있는 것을 볼 수 없었으나 새들의 노랫소리를 들으며 행복해했고, 호수와 하늘과 언덕의 매력에 도취되곤 했다. 카누나 거룻배를 타고 노를 젓는 법을 배우는 것은 선생님의 눈을 긴장하게 하는 일이었지만 산책 외에 다른 오락거리를 즐길 수 있다는 생각에 혹해, 독서에 그랬던 것처럼 눈을 혹사했다. 선생님은 몹시 쾌활하게 지내며, 고갈되지 않는 자연의 보고에서 싱싱한 기운을 그러모았다.

체임벌린 씨는 《보스턴 트랜스크립트(Boston Transcript)》의 '경청자(Listener)' 칼럼을 담당한 기자였다. 그래서 문필가와 시인, 화가, 철학자, 배우 등 온갖 분야의 지식인들이 레드 농장을 찾아왔다. 이 사람들과의 만남을 통해 선생님은 공중으로 솟아오르는 한 마리 새처럼 비상했다. 정신을 자극하는 이들의 대화를 들으며 선생님은 전율했고 단비를 맞은 꽃들이 자라듯 선생님의 사유는 눈부신 성장을 했다. 그 무리에는 매리 윌킨스[Mary Wilkins(1852~1930); 19세기 미국의 유명 작가], 루이스 기니[Louise Guiney(1861~1920); 미국의 시인], 자신의 부족인 수 인디언에 관한 매혹적인 이야기를 쓴 사랑스런 인디언 여자 등이 있었다. 우리는 블리스 카먼, 리처드 호비, 나중에 주(主)

나침반(master compass)을 발명한 에드워드 홈스, 시카고 세계박람 회장의 멋진 그림을 그린 루이스 모라, 캐나다 출신의 시인 프레데릭 램슨도 만났다.

이들이 토론하는 갖가지 주제에 귀를 기울일 때 선생님은 젊음의 활기로 빛났고, 사람들은 선생님에게 총명함과 기지와 해학이 있다고 평했다. 선생님은 인생의 신대륙을 막 탐험하기 시작한 젊은이들과 생각을 교환하며 기뻐하셨다. 아름다운 자연의 시정(詩情), 새 친구들과의 우정, 자신의 우아한 취미와 문학에 대한 열정을 알아주는 이들, 이 모든 것들이 결합하여, 선생님이 평생 잊지 못한 절묘한 터치로 선생님의 인생을 빚어냈다. 이따금 선생님은 놀리기 좋아하는 장난기가 발동하여 한바탕 웃음을 터뜨렸고 선생님을 압도하려던 그 진지하고 품위 있는 사람들을 놀라게 했다.

나는 여러 차례 사람들이 애니 설리번은 매력적인 여성이며 그녀의 응대에는 기지가 번득인다고 말하는 것을 들었다. 여느 다른 여성들과 마찬가지로 이따금 선생님은 자신에게 수작을 걸어오는 젊은 남성들을 영리하게 놀려주었다. 하지만 선생님은 좋은 생각에는 열심히 귀를 기울였고, 우리가 에드 삼촌이라 불렀던 체임벌린 씨가 선생님한테 월트 휘트먼의 시를 소개해주었을 때 선생님에게 새로운 세계가 열렸다. 선생님은 정교한 운율과 각운을 지나치게 중시한 나머지 그 현대적 예언자의 참 가치를 알아보지 못한 점잖은 사람들의 견해에 영향을 받고 그때껏 휘트먼에 대해 편견을 가졌던 것이다.

선생님은 나중에 우리가 대학에서 〈마이 캡틴, 오 마이 캡틴〉, 〈아메리카〉, 〈북소리(Drum Taps)〉를 함께 읽을 때 나와 그 기쁨을 나눴다. (그 후로도 오랜 시일이 지나서야 《풀잎(Leaves of Grass)》〔휘트먼의 대표적 저서〕이 점자책으로 발간되었다.)

선생님은 서른한 살이 지나자 침착해지셨다. 선생님은 다시 희망을 품었고, 그때껏 선생님을 짓누르던 우울증의 그늘에서 차츰 벗어났다. 여전히 미래는 불확실했으나 나에 대한 선생님의 조바심은 잦아들었고, 자신의 삶에 대한 통제력이 더 확고해졌다. 선생님의 정신력과 실행 능력이 더욱 신장되었고, 이제 더는 나를 아이 취급하며 명령하지 않았다.

선생님은 또한 실제 삶에 비해 책에는 허위가 많다는 사실을 감지하셨다. 선생님은 막연한 두려움을 느끼며 그때껏 자신이 위험한 환상(모든 알 가치가 있는 것들은 책에 있으며 책에서 더욱 빠르고 완전하게 배울 수 있다는)을 품고 살아왔다는 것을 인정하셨다. 하루는 내게 이런 말씀을 하셨다. "이따금 나는 삶에 대한 내 이론을 변경한단다. 그러면 지루함을 예방하는 데 도움이 되지."

앞에서도 말했지만 선생님에겐 논리가 없었고, 충동적으로 결론을 내다버리는 것은 싹이 났는지 보려고 씨앗을 뽑아내는 것처럼 위험하다는 사실을 알지 못하셨다. 선생님의 생각은, 내가 짐작하기론, 날마다 우리는 우리 자신의 일부를 버린다는 것이었다. 우리의 환상은 깨지고, 우리의 이상은 변하며, 우정은 희미해지고, 우리에게 익숙한 모든 것은 우리의 손가락 사이로 빠져나가기 때문에 우리는 마치 우리 자신이 아닌 것처럼 우리 자신에게 생소해진다는 것이다. 그러나 선생님이 감각 없는 개념에 경도되지 않을 수 있었던 것은 외부 세계의 아름다움에 대한 사그라들지 않는 선생님의 열정 덕분이었다. 또한 개념 없는 감각에 빠지지 않을 수 있었던 것은 선생님의 굳건한 의지, 어린 시절과 청소년기에 대한 좀처럼 잊히지 않는 기억, 이런 것들의 중심에 있었던 사건과 인물들 덕분이었다.

젊은 시절, 선생님은 토론을 할 때 그 상대가 '흑인 해방' 문제를 이해하지 못하는 북부 사람이건 남부동맹 주 출신이건, 다른 이에게 자신의 도그마를 강제로 주입하려는 사람이건 상관없이 공격적인 태도를 취하는 경향이 있었다. 그래서 감정을 상하게 하는 말을 주거니 받거니 했다. 선생님은 융통성이 없는 데다 자존심이 강해서, 의견이 다른 사람을 재치 있는 말솜씨로 이기려 하는 대신 자신의 논지로 상대를 연타하여 꼼짝 못하게 만들었는데, 존경스러울 정도였다. 그럴 수 있었던 것은 선생님이 환경의 제약을 뛰어넘을 만큼 강한, 다시 말해 진정으로 자유로운 여성이었기 때문이었으리라. 여기서 '강하다'는 말은 상대를 제압하려 한다는 의미가 아니다. 그러나 선생님은 인품을 운명을 뛰어넘는 재능 혹은 다른 이를 지배하는 능력으로 보았다. 선생님은 상대에게 이렇게 말할 수 있는 알렉산더 그레이엄 벨 박사님과는 달랐다. "당신 말이 옳을지도 모릅니다. 우리의 생각이 얼마나 일치하는지 어디 한번 알아보도록 합시다. 내가 미처 깨닫지 못한 게 있을지도 모르겠군요."

그럼에도 선생님은 다른 이한테서 독자적인 생각의 불씨를 발견하면 그게 아무리 작더라도 부채질을 하여 키워줄 만큼 너그럽고 따뜻한 마음을 지녔고, 마음이 넓어서 이내 자신이 사려 깊지 못했던 것을 후회하곤 하셨다. 단도직입적인 질문에도 선생님은 자신의 생각을 숨기지 않고 솔직하게 대답했다. 선생님은 '원칙이라는 가시로 무장한 고슴도치'였으나 냉소주의는 혐오했다. 그렇지만 선생님은 아직 모든 이에게 넓은 관용과 예민한 공감력을 가지고 다가갈 수 없었다. 별 볼일 없어 보이는 사람들도 나중에 보면 예기치 못한 선한 면을 갖고 있거나, 관찰력이 남다르거나, 실현 가능한 꿈을 갖고 있거나, 선생님의 영혼에 반향을 불러일으키는 어조로 기쁨과 슬픔을 말할 줄 안다는 걸 알게 되었다.

선생님은 내게 이렇게 말씀하시곤 했다. "헬렌, 대부분의 사람들은 서로에 대해 잘 모른 채 살아가고 있어. 나는 내가 진부함을 지켜 워한다는 걸 알지만, 수많은 아둔한 이들의 생각도 시인이 노래하거나 재능 있는 교사가 잘 설명해주면 세상에 큰 반향을 일으킬 수 있단다. 너의 새교회 신앙이 신실하다면 말인데, 이들의 개성에 새겨진 하느님의 글씨를 오랫동안 면밀히 살펴보도록 해라."

이제 레드 농장에 있을 때 선생님의 정신 상태가 어떠했는지에 대한 이야기는 그만하기로 하자. 어려서부터 나는 선생님의 얼굴에 손을 대고 만져보는 것을 좋아했다. 사람과 사물에 대한 흥미로 생기가 넘치고, 민감하고, 아주 아름다운 표정을 지닌 얼굴이었다. 선생님의 눈은 늘 아팠으나, 친구들이 내게 말해준 바에 따르면 결함이 있는 눈이 대개 그렇듯 보기에 불쾌하지 않았다고 한다. 선생님의 얼굴 윤곽은 잘생긴 편이어서 몸 전체로 흐르는 행복한 기운과 어울려 좋은 느낌을 주었다. 수심에 잠긴 듯 매력적인 아름다움이 감도는 선생님의 입은 아이처럼 자주 입을 맞추는 내 입맞춤을 열성적으로 받아줌으로써 꺼져가는 잉걸불을 일으키는 불씨처럼 내 마음을 훈훈하게 해주었다. 선생님의 이마는 팔라스 아테나 여신의 이

마처럼 매끈했고, 머리의 자태 역시 아름다웠다. 어머니도 선생님이 아주 잘생긴 분이라고 하셨고, 존 메이시도 미를 숭배하는 분이었으므로 선생님이 아름답다고 느낀 내 인상이 맞다는 것을 확인시켜주었다. 세상의 어리석음을 참지 못하여 우울해하는 한편 우스워하는 느낌과 끊임없는 눈의 통증은 선생님의 얼굴에 그 흔적을 남겼으나, 선생님은 존과 헤어지기 전까지는 자연스럽게 뿜어져 나오는 행복의 광채를 잃지 않았고, 그때에도 오랫동안 애정을 지속해온 이들에게는 여전히 매력적인 웃음을 지어 보이곤 하셨다.

내 목소리를 자연스럽게 만들어보려고 한결같은 노력을 기울였던 선생님의 목소리는 가히 신이 내린 선물이라 할 만했다. 선생님은 내가 알기로 낭독에 관한 훈련을 받은 적이 없었다. 그럼에도 선생님의 발음은 굉장히 명확했다. 한 단어도 불명확하게 발음되지 않았고 강세도 정확했다. 선생님은 멜로디를 만드는 즐거움을 누릴 수 있고 그 대가로 물질적인 보상까지 주어지는 가수가 되고 싶다고 자주 말씀하시곤 했다.

우리가 레드 농장에 있을 때 미국은 스페인에 전쟁을 선포했고, 선생님은 간호병으로 입대 신청을 했다. 나는 선생님이 간호병으로 복무하는 것에 동의했으나, 그 일을 하려면 배를 건조하는 것만큼이나 오랜 기간 훈련을 받아야 한다는 사실을 알게 되자 선생님은 그 계획을 접었다. 뒤이어 선생님은 이런 꿈을 제안하셨다. "우리, 쿠바나 카리브 해에 있는 다른 섬에 가서 오렌지나 레몬을 재배하는 농장을 해보도록 하자. 적어도 거기서는 평화롭게 나이를 먹을 수 있을 거야. 넌 글을 쓸 수도 있겠지." 내 마음은 그 일이 이루어진다면 얼마나 좋을까 하는 기대로 두근거렸으나, 나는 그런 사업에는 재정적인 원조를 받을 가능성이 없다는 점과 믿을 만한 의료적인 처치를 받을 수 없는 곳으로 멀리 갔을 때 선생님의 눈이 위험해질 수 있다는 점을 지적했다. 선생님은 그다지 진지한 생각이 아니었던지 이삼일이 지나자 그 꿈을 잊어버렸다. 우리는 이미 레드 농장을 떠날 채비를 하고 있었다. 우리가 렌섬에 집을 장만할 때까지 여름을 보내곤 했던 월러머너포아그 호수에 빌린 야영장을 향해.

7

 야영장에서 선생님은 한결 더 자유로웠고, 그때 나는 선생님의 풍성한 마음의 보고(寶庫)에 친절한 성품의 오팔과 루비가 더 많아진 걸 보았다. 선생님은 비용을 지불할 돈이 넉넉하지 않았음에도 어머니와 밀드레드와 내 남동생 필립스를 초대하여 여름과 가을의 일부를 우리와 함께 지내도록 했다. 그보다 더 풍성한 즐거움을 비축할 수 있는 휴가는 있을 수 없을 만큼 즐겁게 보냈다. 선생님은 우리 가족을 마치 자신의 가족인 양 사랑했고, 아버지가 돌아가신 뒤로 어머니와 동생들에게는 렌섬의 호수와 언덕 속에서 우리와 함께 보내는 것보다 더 행복한 일이 없었다. 내 작은 배 나이아스〔그리스 신화에서 샘, 강, 호수, 시내처럼 흐르는 물에 사는 요정〕 외에도 선생님은 카누와 뗏목과 수영용 날개〔swimming wings ; 팔에 끼어 수영하도록 만들어진 튜브의 일종〕를 가지고 계셨다.

 온갖 사람들(재능 있는 사람들과 소박한 사람들, 에드 삼촌 무리의 영특한 젊은이들, 체임벌린 씨의 식구들)이 야영장을 방문했다. 보스턴에서 농아교육자협의회가 열렸던 어느 해 여름에는 쾌활하고 성격 좋은 그 많은 사람들이 어느 날 아침 수영과 소풍을 할 준비를 하고 야영장에 나타나서 선생님을 놀라게 했다. 초대하지 않은 이들의 예기치 않은 방문은 막 아침 식탁을 치운 브리짓과 선생님에게는 부담이었고, 그 명랑한 침입자들에게 음식을 제공하고 이들이 수영과 보트 타기를 하도록 세부 계획을 세우는 데는 온갖 기지와 유머와 에너지가 필요했다. 그러나 다른 이의 즐거움을 생각할 줄 아는 선생님의 사려 깊고 인정 어린 마음이 선생님으로 하여금 그 일을 해낼 수 있게 했고, 부적절한 때에 찾아온 그 일행은 즐거운 마음으로 나들이를 마쳤다. 아울러 그들은 자신들의 농아 교육법이 너무 보수적이지 않느냐고 공손하게 관심을 표하는 선생님의 태도에도 고마워했다. 그러나 그들이 떠나자마자 선생님은 나한테 내가 스스로 결정을 내릴 수 있는 나이가 될 때까지는 시각장애인이나 청각장애인, 그 외의 어느 집단을 위해서도 활동을 하지 말라고 하셨는데, 그것은 선생님이 저지른 여러 실수 가운데 하나였다. 내가 장애인 봉사 프로그램에 대해 완전히 알기 전까지 유명세가 나를 집어삼키거나 삶에 대한 내 관점을 굴절시키는 것을 막고 싶으셨던 것이다.

선생님의 창조적인 정신에서 뿜어져 나오는 활력에는 전염성이 있어서 우리는 날마다 신나는 모험—다이빙과 수영과 잠수(자유로이 움직일 수 있도록 내 허리에 두른 로프의 한쪽 끝을 호수의 기슭이나 보트에 묶었다), 상대편의 카누를 뒤집어엎는 것으로 끝을 맺었던 카누 경주, 수상 폴로, 전나무와 소나무 숲속에서 벌였던 랜턴 파티, 호수 주위를 돌던 긴 산책, 렌섬의 풍경에서 매혹적인 눈처럼 빛나는 수많은 연못들을 조사하는 일—을 하며 즐거운 시간을 보내느라, 선생님과 이야기할 시간조차 없을 정도였다.

선생님은 건강이 자유의 첫 번째 요소라고 믿었다. 내가 가진 체력을 십분 활용할 수 있는 내 능력은 확실히 내게 새로운 자유를 만들어주었다. 수영과 2인승 자전거 타기가 건강의 근간이 되는 힘에 신체적 자신감을 더해주었다. 이렇듯 나를 새로운 방식으로 행복하게 해주려는 선생님의 노력이 내 존재를 증대시키고 내 삶을 갑절로 풍성하게 했다. 선생님을 제일 잘 알던 우리들도 선생님의 새로운 면모(봄에 핀 사과꽃의 아름다움이나 우리가 배를 타고 노 저어 가던 감미로운 여름 저녁의 평온함에 공명하며 기뻐하고 즐거워할 줄 아는 선생님의 감수성)를 발견하고 새삼 놀라곤 했다. 선생님은 기분이 울적할 때조차 바위투성이의 황량한 길 같은 존재에 희망을 흩뿌릴 줄 아셨다. 선생님의 기분이 아무리 변화가 심했어도, 선생님은 전체적으로 볼 때 인간의 경험에는 슬픔보다 즐거움이 더 많으며 그러지 않았다면 인류는 오래전에 멸종했을 거라는 생각을 갖고 계셨다.

선생님은 어릴 적에 물에서 놀아본 경험이 없었지만 금세 수영을 배워 능숙한 솜씨로 수영을 하셨다. 그래서 나는 우리가 기슭에서 먼 곳까지 미끄러지듯 나아갈 때 선생님의 자신감 넘치는 움직임을 느끼면 마음이 든든해졌다. 어느 날 오후 필립스와 내가 수영을 하고 있을 때 필립스가 내 손을 잡았다. 필립스는 지문자를 쓸 수 없었으므로 나는 필립스의 얼굴을 만져보았다. 필립스의 얼굴이 공포로 굳어 있어서 입술을 읽어보니, "선생님이 안 보여"라고 말하고 있었다. 우리는 어머니를 부르러 선창으로 뛰어올라갔다. 어머니가 황급

케이프브리튼에 있는 알렉산더 그레이엄 벨 박사의 집 잔디밭에 앉아 있는 헬렌과 설리번. 헬렌은 "내 삶을 통틀어 가장 행복한 방문 가운데 하나였다"고 말한다.

히 밖으로 달려나가 사고가 났다는 것을 알리자, 남자 너덧 명이 보트를 타고 호수 한복판으로 노를 저어갔다. 선생님은 자신의 수영 실력을 과신하여 혼자서 섬까지 가보려고 했던 것이다. 구조대가 도착했을 때 선생님은 거의 기진맥진한 상태였다. 구조대는 선생님을 보트에 끌어올려 데리고 왔다. 걱정으로 사색이 된 우리를 보며 선생님은 웃어 보였고, 뜨거운 음료를 홀짝이며 이렇게 말했다. "걱정하지 말아요, 나는 괜찮아요. 헬렌, 너도 알잖니. 세이렌[그리스 신화에서 아름다운 노랫소리로 뱃사람들을 유혹하여 바다에 뛰어들게 했다는 반인반조(半人半鳥)의 요정]이 어떻게 사람을 유혹하는지!" 다음날 선생님은 또 수영을 하셨다. 이번에는 애태우지 않고 현명하게.

   선생님은 승마 솜씨 또한 뛰어났다. 말이라면 어떤 종류든 선생님을 매혹시켰다. 사유지 길에서는 마차 끄는 말도 몰 수 있었고, 짐수레용 말이 지닌 무한한 인내와 에너지를 알아보았다. 만일 선생님의 눈이 더 믿을 만했다면 마치 아탈란타[그리스 신화에 등장하는 발 빠른 미녀 사냥꾼]처럼 열정적인 자신의 영혼을 말의 영혼에 조화시키며 경주마를 타고 달렸을 것이다. 언젠가 한번 선생님은 다정한 목소리로 지시하고 쓰다듬어주면 통제할 수 있을 거라 여기고 브롱코[미국 서부산 야생마]를 타고 달린 적이 있었다. 별안간 녀석이 울퉁불퉁한 길에 선생님을 내동댕이치는 바람에 선생님은 뒷머리를 뾰족한 돌에 세게 부딪쳐 목에서 피가 뚝뚝 떨어졌다.

   선생님이 어떻게 어지러움을 이겨내고 겁없이 날뛰는 녀석을 얼러서 레드 농장까지 끌고 왔는지는 모르겠다. 급히 모셔온 체임벌린 부인과 의사 선생님이 선생님을 돌봐주었다. 심한 감염이 예상되었으나 놀랍게도 아무런 후유증이 없었고, 며칠이 지나자 선생님은 자리를 털고 일어나 또 승마를 했는데 이번에는 얌전하고 침착한 말을 탔다. "있잖니." 선생님은 웃으며 내게 말했다. "일전에 날 속인 녀석은 날개 달린 페가소스가 아니라 회전목마에 불과했단다."

얼마 후 매사추세츠 주 헤이버힐에 사는 우리의 친구 샌더스 씨(벨 박사님이 가르치는 청각장애인 소년의 아버지)가 선생님이 그때껏 본 말 중에 가장 훌륭한 준마를 선생님께 선물했다. 우리는 그 녀석에게 럭키 스타라는 이름을 지어주었다. 녀석은 믿음직했고 다정했을 뿐 아니라 돈 번〔Donn Byrne(1889~1928);미국의 소설가·단편작가〕의 《행맨스 하우스(The Hangman's House)》에 나오는 불운의 경주마처럼 빨랐다. 채찍이 필요 없을 정도였다. 선생님은 로렌스 허튼 부인에게 편지를 쓸 때 녀석에게 먹이를 주고 목욕을 시켜주었다고 자랑하곤 했고, 녀석은 히힝 하고 울면서 자신이 원하는 것을 선생님께 알렸다. 선생님이 기품 있는 말의 등에 올라탈 때면 녀석은 선생님의 통통한 팔을 핥곤 했다. 선생님은 그 말을 몰아 알록달록 피어난 꽃들과 흐드러지게 핀 우아한 깃털 모양의 골든로드〔미역취속 국화과의 다년초〕사이를 속보로 가거나 전속력으로 달렸다. 선생님은 높이 솟은 녀석의 머리와 어깨의 매끄러운 선, 활력과 경쾌함을 선생님의 몸으로 전해주는 빠른 속도에 흐뭇해했다.

나한테도 알리지 않은 채 선생님은 책 한 권을 갖고 말을 타고 나가서는 글을 읽기에 적당한 빛이 스며드는 나무 밑 시원한 곳을 찾아내면 말에서 내리곤 했다. 고삐를 발치에 풀어놓고 앉거나 누워서 장시간 책을 읽으며 금단의 열매를 따 모으는 동안 럭키 스타는 어슬렁거리며 풀을 뜯거나 근처에 있는 관목의 나뭇잎을 뜯어먹었다. 얼마나 매력적인 그림이었을까! 짙은 보라색 승마복을 입은 선생님과 잘 손질된 갈색 털과 풍성하게 흘러내린 갈기를 가진 럭키의 모습을 상상해보라.

케임브리지로 떠날 때 선생님만을 위해 태어난 것 같던 녀석과 헤어져야 하자 선생님의 마음은 찢어지는 듯했으나, 나의 대학 입학 시험을 1년 남겨둔 시점이었고 우리는 새로 장만한 집을 개축하는 데 드는 비용을 부담하기에도 버거운 상황이었다.

8

래드클리프 대학에서의 첫인상에는 당혹감이라는 구름이 드리워져 있다. 그것은 대학에서 만난 아이들과의 관계나 공부 때문이 아니라(난 그곳 여학생들과 잘 지냈고 공부에도 흥미를 느꼈다) 선생님의 아픈 눈이 더욱 악화되었기 때문이다. 나는 대학에서 수업을 들으려면 어떤 책을 준비해야 하는지 미리 알 수 없었으므로 이 책들이 브라유 점자로 옮겨지기까지 여러 날을 기다려야 했다. 라틴어로 된 책의 경우에는 운 좋게도 《아이네이스(Aeneid)》[BC 29~BC 19년경 로마 시인 베르길리우스가 쓴 서사시로 트로이의 용사 아이네아스가 여러 나라를 유랑하며 벌이는 갖가지 모험을 그린 이야기], 《에클로그(Eclogues)》[베르길리우스의 전원시 열 편을 모은 시선집], 루크레티우스의 철학시―우리의 원자력 시대에 놀라울 정도로 근접한 통찰력을 보여주는―는 구할 수 있었으나 카툴루스나 플라우투스나 키케로의 글들을 브라유 점자로 읽게 되기까지는 얼마간 기다려야 했다. 《아나바시스(Anabasis)》[페르시아의 키루스가 자신의 형인 아르타크세르크세스 2세의 왕위를 빼앗기 위해 공격했을 때 종군했던 크세노폰이 기록한 내륙원정기]는 전에 읽은 적이 있었고,

《일리아스》 가운데 몇 권은 브라유 점자책으로 가지고 있었다. 그러나 점자책으로 나온 어휘집이 없었기 때문에 선생님이 잉크로 인쇄된 사전에서 내가 원하는 수많은 단어들을 찾아주셨다. 영문학 강좌에서는 초서의 작품에서부터 폴그레이브〔Francis Turner Palgrave(1824~1897) ; 영국의 시인이자 비평가〕가 《골든 트레저리(Golden Treasury)》〔시인 폴그레이브가 16~19세기의 영국 서정시를 모아 펴낸 시선집〕에서 다룬 시기의 시들까지 점자책으로 나와 있지 않은 숱한 책들을 읽어야 했다. 엘리자베스 시대의 작품 가운데에는 셰익스피어의 희곡들과 소네트, 스펜서의 《요정 여왕(The Faerie Queen)》만을 점자로 읽을 수 있었다. 이는 중세의 작가들이 쓴 수많은 책들뿐 아니라 고급 프랑스어와 독일어로 된 책들을 선생님이 읽어주어야 한다는 의미였다.

 선생님은 눈이 자주 아파, 허튼 부인이 소개해준 저명한 안과의사인 모르건 박사를 찾아가 치료를 받아야 했다. 그 안과의사는 선생님이 하루에 다섯 시간가량 나한테 책을 읽어준다는 말을 듣고 놀라며 말했다. "저런, 어떻게 그런 일이! 정말 제정신이 아니군요, 설리번 양. 켈러 양이 학업을 마치려면 우선 당신 눈부터 쉬어야 합니다."

 그때 내가 책을 얼마나 증오했겠는가! 나를 도와줄 사람을 당장 찾아낼 수 없었기 때문에, 선생님의 눈이었던 '연약한 에어리얼'은 그 따분하고 고된 일을 계속해야 했고 나는 극심한 고통을 겪어야 했다. 선생님이 내게 어떤 부분을 다시 읽어주지 않아도 되겠냐고 물었을 때 나는 거짓말로 다 기억할 수 있다고 했다. 사실은 기억할 수 없는데도. 그러나 드디어 지문자를 아는, 하버드의 지질학자 필립 스미스와 갓 결혼한 레노어 키니가 나를 위해 책을 읽어주었다.

흔치 않은 앤 설리번의 독사진.(연도 미상)

나는 지금껏 내 마음의 평화를 다시 찾아준 그녀에 대한 고마움을 잊은 적이 없다. 나는 선생님께 한 거짓말에 대해서는 밝히지 않고 레노어에게 내가 잊어버린 부분을 찾아달라고 부탁했다. 그렇게 기억을 되살려낸 덕분에 나는 중간고사를 통과할 수 있었다.

당연하게도 그 무렵 선생님은 거의 글을 쓸 수 없었다. 선생님은 코끝보다 더 먼 곳에 있는 것은 볼 수 없었기 때문에 연필과 연필이 쓴 단어에 온 신경을 집중해야 했다. 이런 과정은 선생님의 성미로는 견디기 어려운 시련이어서 모든 영감과 명랑함과 아이디어의 흐름을 막아버렸다. 나는 타자기로 글을 쓰는 법을 익힌 뒤 선생님의 견해와 메모와 편지를 타자기로 쳐드렸다. 그제야 선생님의 생각은 자유로이 터져 나왔고, 나는 조금이나마 선생님에게 도움을 드렸다는 생각에 위안이 되었다.

우리의 어려움에 대해 알게 된 친구들은 모두들 할 수 있는 한 우리의 고민을 덜어주려고 애썼다. 이들 중에 존 메이시가 있었다. 그는 내가 살아온 이야기(당초에는 대학에서 쓴 논문으로 구성할 생각이었다)를 편집하는 일 외에도, 선생님의 눈을 조금이라도 덜 고생시키려면 래드클리프에서 남은 2년 동안 어떤 과목을 들어야 할지 조언해주었고, 수업이 없을 때면 내게 책을 읽어주었다.

보스턴의 골드스웨이트 박사님께도 고맙다는 말씀을 드리고 싶다. 오래전부터 선생님은 발을 친친 동여매고 다녀야 했다. 어릴 적에 너무 작은 신발을 신어야 했던 탓에 그렇게 된 것 같았다. 내가 대학 4학년 때 선생님이 심하게 발을 절름거리자 존 메이시가 골드스웨이트 박사를 찾아가보라고 설득했다. 이 저명한 외과의사는 선생님의 발을 철저히 검사한 뒤 수술이 불가피하다고 진단했다. 그 말을 듣자마자 선생님은 내가 대학을 졸업할 때까지는 수술을 받을 수 없다고 말했다. 의사는 단호히 말했다. "설리번 양, 헬렌 켈러의 교육보다 당신의 건강이 더 중요합니다." 내가 거기 있었다면 그분을 얼싸안았을 것이다.

우리는 병원에 입원할 돈이 없었다. 그래서 골드스웨이트 박사님이 선생님과 내가 살고 있는 아파트로 간호사 한 명과 함께 수술 도구를 갖고 오셨다. 브리짓이 깨끗이 청소해놓은 부엌에 임시 수술대가 설치되자 의사와 간호사가 마취약을 투여했다. 나는 골드스웨이트 박사가 선생님을 안고 임시 수술실로 들어갈 때의 그 훤칠한 키와 강인하고 늠름한 모습을 잊지 못할 것이다. 그는 평생 절름거리며 지내야 했을 선생님을 구해주었고, 한 달 만에 선생님은 나와 나란히 그 어느 때보다 잘 걸을 수 있게 되었다. 그 일을 경험한 뒤 선생님이 의사에 대해 갖게 된 존경심의 정도를 알고 싶다면 칼라일의 《영웅숭배론(Heroes and Hero-worship)》을 읽어봐야 할 것이다.

《나의 중년(Midstream)》에서 나는 내가 공부에서 다른 데로 관심을 돌렸던 일을 자세히 이야기한 적이 있다. 볼 수도 들을 수도 없는 아이들을 위한 학교를 내 이름으로 세우는 계획이었다. 나의 천성 가운데 다른 이의 아픔을 알고도 그냥 지나치지 못하는 면 때문에 나는 괴로웠고, 한때 내가 들어가 있었던 영혼과 육체의 이중 지하 감옥에서 이들을 해방시켜줄 자유가 내게 있었으면 하고 바랐으나, 두 가지 장애가 있는 아이가 얼마나 발달할 수 있는지 보여주기 위해서라도 내가 대학 과정을 수료하는 것은 나의 권리이자 의무였다. 선생님은 내가 다른 데 정신이 팔려 학업을 소홀히 해서는 안 된다고 단호하고 결연하게 대응하셨다.

내가 이 일을 언급하는 것은 이 일이 우리에게 닥쳤던 여러 당혹스런 일 가운데 하나였기 때문이다. 선생님은 내가 이 일로 모든 과목에서 최고 성적을 내지 못한 것에 대해 몹시 실망하셨다. 내가 최우등 성적을 얻으려는 열의가 부족하다며 몹시 역정을 내셨다. 선생님은 우리를 혼란에 빠트릴 나락과 장애물을 기이할 정도로 많이 감지하셨고, 다정하게 마음을 써드려야만 다시 삶의 가능성을 찾아내고 기운을 차리셨다. 선생님이 돌아가신 뒤에도 폴리 톰슨과 내가 우리를 지배하려는 자들의 계획을 일소하고 자유롭고 독립적인 여성의 자리를 지킬 수 있는 것은 선생님 밑에서 엄격한 훈련을 받은 덕분이다.

9

 선생님과 내가 렌섬에 정착한 뒤 1년 동안 선생님은 존과의 결혼 문제에 대해 잇따라 마음을 바꾸셨고, 나는 혼자 이런 말을 떠올리곤 했다. "진정한 사랑의 과정은 결코 순탄하지 않다(The course of true love never did run smooth)."〔셰익스피어의《한여름밤의 꿈》에 나오는 대사〕 나는 선생님이 선생님의 과업과 짐을 함께 나눌 좋은 남자(그때는 그렇게 생각했다)를 만난 게 기뻤으므로, 결혼이 성사되기를 기대했다. 우리가 보스턴에서 열린 강연회(여기서 나는 시각장애인을 위한 연설을 했고 존이 통역을 거들어주었다)에서 돌아온 어느 날 저녁, 나는 선생님 방에 앉아 있었고 선생님은 내가 청중 앞에 서 있을 때 얼마나 예쁘고 우아했는지 설명하면서 자기는 절대 결혼을 하지 않을 거라고 선언했다. "오오, 선생님," 내가 탄식했다. "선생님이 존 아저씨를 사랑한다면, 그러면서도 놓치는 거라면, 그건 끔찍한 사고처럼 가슴 아픈 일이에요!"
 여하튼 애니 선생님이 결정을 못 내리고 이랬다저랬다 했던 먼 과거의 일을 더듬어보자니 선생님은 결혼 문제에서 상대의 뜻에 순순히 따르지 않았던 것 같다. 선생님의 자제력은 더 강해져서 마치 조련사가 동물을 다루듯 우울한 기분을 잘 다스리게 되었으나, 종종 그 녀석들이 울부짖는 소리를 들으셨고, 그럴 때면 나한테 자신이 분별과 침착함을 되찾을 수 있게 도와달라고 했다. 존은 나의 글 쓰는 일에 대해 경탄스러울 정도로 명석하게 조언해주었고, 선생님에게 유쾌하거나 익살맞거나, 천재적 재능으로 빛나는 수많은 책들을 읽어주면서 선생님의 우울증을 몰아냈다. 존은 자연의 아름다움에 대해서도 예리한 심미안을 갖고 있었고(그렇다고 소로〔Henry David Thoreau(1817~1862) ; 자연과 사회 문제에 깊은 관심을 가졌던 미국의 사상가 겸 문학가〕처럼 자급자족적인 단순한 생활의 거친 면까지 좋아하는 정도는 아니었다), 우리와 기쁨을 함께 나누며 특유의 묘한 매력으로 그 기쁨을 더욱 풍성하게 했다.

그러나 내 삶에 은총을 가져다준 두 사람의 생의 하프에 균열이 생겼다. 팽팽한 신경줄이 끊임없이 화를 돋우는 선생님의 다채로운 성격은 단순한 사람들을 당혹하게 했다. 심지어 총명하고 박식한 사람조차 선생님의 성격의 흐름을 늘 올바로 짚어내지 못했다. 진심어린 애정만이 절친한 친구로 하여금 선생님 성격의 빛과 그림자를 일부나마 해독하게 했다.

선생님은 늘 자신의 조바심을 배출할 통로를 찾고 계셨다. 선생님은 자주 미지의 장소로 가서 새로운 것을 보려고 했다. 단지 눈요기나 즐거움을 향한 시시한 갈망이 아니라 자기 쇄신의 필요였던 것이다. "우리는 너무 타성에 젖어 있어." 선생님은 이렇게 말하곤 했는데, 그때 내가 이 제안에 조금 더 주의를 기울였다면 좋았을걸, 하는 생각이 든다. 선생님은 내가 젊은 사람들을 만나고 일상적이지 않은 경험을 하도록 각별한 노력을 기울이며 내 환경에 변화의 요소를 끊임없이 제공하려 했다.

우리는 곤충이 허물을 벗고 새가 털을 가는 것과 마찬가지 과정을 통해 우리 자신을 지켜나가야 하는 것 같다. 올바른 변화는 우리로 하여금 우리의 생각을 면밀히 조사하고 잘못된 것을 수정하게 한다. 그 결과 우리 영혼은 새로이 태어나 더욱 대담하게 날개를 펼치고 더 높은 대기로 날아올라 다른 영역으로 흥미를 넓혀간다. 누가 알겠는가? 그것이 사회 문제를 해결할 하나의 방법이 될 수도 있을지. 다른 사람들의 마음에 자성과 조화를 이끌어냄으로써 의무와 즐거움, 선과 아름다움을 통합시킬 수 있다.

나는 얼마나 선생님과 함께 지구 끝까지 여행하고 싶어 했는지 모른다! 하지만 이 무렵 나는 글 쓰는 일을 하느라 여념이 없었다. 내 안의 제멋대로 날뛰는 황소가 발길질을 하고 뿔로 치받으며 저항하곤 했으나 결국 멍에에 복종했고, 나는 정해진 양의 일을 해내기 전까지 그 속박에서 벗어나려 하지 않았다. 선생님은 내게 골이 나셨으나, 자신의 개성을 존중하셨던 것처럼 내 개성도 존중하셨다. 그렇게 해서 찻주전자 안의 폭풍〔별것도 아닌 일에 야단법석을 떠는 것을 비유하는 표현〕은 잦아들었다.

또 선생님은 버뮤다로 여행을 가자고 제안하셨다. 통장 잔고를 보니 여행을 갈 수 있을 만한 돈이 없었다. 당장의 경비를 대기에도 충분하지 않았고, 나는 여행에 관한 기사를 쓰더라도 걱정 없이 여행할 수 있을 만큼 충분한 돈을 벌 수 있을지도 장담할 수 없었다.

여행을 할 수 없다는 것을 알고 선생님은 위대한 신 판[Pan ; 그리스 신화에 나오는 목축, 삼림, 수렵의 신]처럼 격노했는데, 이내 켈트인다운 쾌활함을 되찾고 환한 얼굴이 되었다. 그럼에도 나는 내가 선생님을 실망하게 했던 일들을 잊을 수 없다.

선생님이 즉흥적으로 생각해낸 재미난 일을 즐기기 위해서라면 나는 무슨 일―청소, 먼지 털기, 타이핑―을 하고 있든 기꺼이 중단하고, 선생님과 함께 집 근처 소나무 숲으로 산책이나 소풍을 가거나 화톳불을 높이 피워 올릴 지푸라기를 그러모으러 나가곤 했다. 선생님은 아름다운 불길이 높이 타오르는 모습을 지켜보는 것을 좋아하셨다. 이외에도 우리는 사나운 폭풍에 파도가 세차게 밀려오고 번개가 우리 주위에서 번쩍거릴 때에도 수영복을 입은 채 호숫가에 있곤 했다. 억수로 퍼붓는 비가 우리를 흠뻑 적셨지만, 얼마 후 하늘이 맑아지자 우리는 다시 물속으로 들어가 수영을 했다. 신명이야말로 선생님의 영혼을 살아 있게 하는 숨이었다.

선생님의 사랑스러운 성격을 하나하나 떠올리다 보니, 내가 오래 타자를 칠 때마다 선생님이 타자기 소리에 질색을 했던 근원적인 원인이 케임브리지 예비 여학교에서 나를 호되게 공부시킨다는 악의적인 비난을 들었던 탓이라는 생각이 든다. 그 사건 이후 그 학교에 있는 동안 나는 아무리 아파도 병원에 가지 않았다. 잘못된 소문이 또 선생님에게 겨누어질까 봐 두려워서였다. 나는 매일 공부하기가 어려울 정도로 심한 두통에 시달렸다. 그래서 절박한 마음에 하루나 이틀 굶거나 조금씩만 먹거나 아침을 먹지 않음으로써 두통을 해소했다. 선생님은 착한 분이어서 아무 말 없이 내가 내 고집의 결과를 감수하도록 내버려두었다. 두통은 사라졌지만 너무 지나친 방법을 쓴 탓에 운명은 내게 벌을 내렸고, 그래서 나는 그 후로 오랫동안 빈혈과 신경통에 시달려야 했다. 열여덟 살 이후 내 뒤를 쫓아다니며 나를 괴롭히던 두려움을 알게 되었을 때 선생님이 얼마나 애가 탔을지 상상이 된다.

그러나 선생님과 내게 큰 행복을 안겨준 또 하나의 사건이 있었다. 선생님이 다른 사람에게 이야기할 때처럼 나한테도 완전히 자유롭게 이야기할 수 있게 되었던 것이다. 케임브리지 학교에서 겪은 일은 선생님으로 하여금 나한테 공적인 문제에 대해 의견을 말할 때에는 특별히 신중을 기하기로 결심하게 했다. 어린 내 정신에 자신의 의견을 강요한다는 말을 들었기 때문이다.

혜택받지 못한 이들을 위해 문화적인 기회를 제공하려고 늘 노력하던, 그리고 성공적으로 그 일을 해내던 캐나다의 한 친구가 내게 조리 정연한 편지 한 통을 보내왔다. 그 친구는 내가 들을 수도 볼 수도 없지만 행복한 어린 시절을 보냈고 교육을 받은 젊은 여성인데다, 내가 받은 교육은 배울 능력을 가진 모든 이에게 적용 가능한 민주주의 원칙에 입각한 것이었다고 썼다. 그리고 나는 훌륭하고 재능 있고 유력한 사람들을 많이 알고 있으니 자신의 이름은 밝히지 말고 쿠바에 여학교를 세우려는 자신의 계획을 유력한 독지가에게 알려달라는 내용이었다. 아울러 그는 자신의 계획에 대한 개요를 조리 있게 설명해놓았고, 필요한 정보를 모두 적어놓았다. 선생님은 허튼 부인에게 편지를 보내도 해가 될 건 없을 것 같다고 하셨다. 허튼 부인은 관심을 표하며 자기가 알고 있는 유명한 재력가에게 보여주겠다고 답장해주었다. 허튼 부인은 선생님과 마찬가지로 그 아이디어는 모두에게 도움이 될 만한 건설적인 것이므로 누구든 그 제의를 받아들일 것이라고 말했다.

아마도 전 세계적인 운동들은 이런 우연한 씨앗들에서 자라난 것이리라. 허튼 부인이 자신의 친구들은 내가 그 편지를 썼다는 사실을 믿지 않으려 한다고 우리에게 전해주었을 때 우리는 얼마나 놀라고 안타까웠는지 모른다. 교양 있는 사람들과 혜택받은 사람들의 상상력과 공공 정신이 그토록 부족하다는 사실에 상처를 받은 선생님은 그 사건 이후로 교육, 정치, 사회, 종교 등 자신이 깊은 관심을 가지고 있는 모든 문제에 관해 나한테 일절 자신의 의견을 피력하려 하지 않으셨다. 대학에서도 선생님은 내가 선생님의 생각과 정서를 앵무새처럼 따라하는 대변자이자 꼭두각시에 불과하다고 말하는 사람들의 부당한 편견 때문에 나한테 자유롭게 의견을 표현하지 못하셨다.

하지만 결혼을 한 뒤 반가운 변화가 생겼다. 선생님의 손가락(혀라고는 말할 수 없더라도)은 자유로워졌고, 나는 새로운 종류의 교감을 할 수 있게 되어 몹시 기뻤다. 우리가 장만한 집에서, 존이 논란을 불러일으키는 문제에 관한 글을 우리에게 큰 소리로 읽어줄 때마다 선생님은 거리낌 없이 자신의 의견을 내 손바닥에 쓰셨고, 편안하게 논쟁을 벌이는 것은 선생님과 나, 둘 다에게 즐겁고 재미난 놀이나 마찬가지였다.

선생님은 여성 참정권론자가 아니었고, 나는 여성 참정권론자였다. 당시 선생님은 상당히 보수적이었다. 남성이 만들어놓은 한계를 범죄로 보고 그것에 맞서 싸웠던 점과, 정신과 양심과 질문의 자유를 신성시했던 점을 제외하면 사회운동의 기수와도 거리가 멀었다. 우리는 이야기를 하면 할수록 서로 생각이 다르다는 것만을 알게 될 뿐이었다. 다만 선을 향한 욕구와 지식을 향한 열망이 인류의 보편적 속성이라는 것에는 동의했다. 마크 트웨인처럼, 선생님도 인류의 진보에 대해 아주 비관적인 생각을 갖고 계셨다.

  시각장애인을 위한 일도 예외는 아니었다. 선생님은 자신의 불운을 감옥에서 봉사의 영역으로 전환시킨 특출한 시각장애인들이 충분한 보상을 받는 것을 목격한 적이 있었으나, 평범한 시각장애인들에 대해서는 과연 이들에게 충만한 삶을 성취할 능력이 있는지 회의적이었다. '평범한' 시각장애인들을 위한 활동이 지난 30년간 이 나라와 영국에서 엄청나게 발전하여 장애인의 자활을 가능하게 하는 일자리와 진정한 행복을 얻는 시각장애인들(시청각 이중 장애인도 포함하여)이 꾸준히 늘어가고 있음을 증명할 수 있어서 기쁘다.

  나는 선생님을 생각할 때마다, 선생님이 생전에 암흑에 묻힌 채 영영 발굴되지 못하리라 예견하시던 평범한 시각장애인들 속에 잠재되어 있는 보석을 이제는 알아볼 수 있기를 기도한다. 사실, 선생님의 개성이 내 앞에 또렷이 모습을 드러냈을 때 나는 그것을 열정의 그물망으로 인식했다. 그리고 나 자신은 선생님의 예리한 직관력과 진취적인 생각이 피워낸 시들지 않는 열정의 혜택을 받으며 전진하는 선택받은 존재처럼 느껴졌다. 어떻게 보면, 선생님이 만족했던 결혼 후 첫 이삼 년간이 우리가 함께한 세월 가운데 가장 풍성한 시기였던 것 같다.

당시 선생님은 말이나 개를 한 마리도 소유하지 않았으나 동물을 무척 좋아해서 늘 그들과 함께하려고 하셨다.(1918년, 캘리포니아 주)

필연적인 결과였지만 선생님은 아무 일도 일어나지 않는 시골 마을을 따분해하셨고 집안일만을 해야 한다는 것 또한 참을 수 없어 하셨다. 심지어 소로도 선생님의 생각을 이해했을 것이다. 선생님은 기회가 있을 때마다 위험을 무릅쓰고 승마를 하려고 하셨다. 불행하게도 선생님이 고른 말은 사나운 악동이었으나 아름답고 영리해서 선생님은 계속 그 말을 고집했다. 나는 선생님이 다정한 손길과 매력적인 목소리로 녀석을 진정시킬 수 있기를 바랄 뿐이었다.

어느 날 아침 들판에서 산책을 하고 돌아와 문을 여는데 누군가 내게 말했다. "그 빌어먹을 놈의 말이 하마터면 선생님을 죽일 뻔했어요. 녀석이 선생님을 풀밭에 내동댕이치는 바람에 선생님이 지금 바닥에 누워 계십니다." 나는 선생님이 많이 다치셨냐고 물었다. "아니에요, 하지만 많이 놀라셨어요." 순간 화가 치밀었다. 16년 동안 선생님은 위험할지 모른다는 내 경고에도 아랑곳없이 기회가 될 때마다 어떤 말이든 타고 돌아다녔다. 그때껏 선생님은 정신 나간 모험을 하며 내 인내심을 시험해왔던 터라 마침내 내 인내심이 바닥을 드러냈던 것이다. 내가 날카롭게 쏘아붙이자 선생님은 씁쓸하게 웃으며 말했다. "그게 곤란에 처한 사람한테 할 소리니?" 몇 시간이 지나자, 선생님이 자신의 잘못을 인정하는 게 아닌가! "미안하다, 헬렌. 부엌은 물론이고 나를 늙게 하는 모든 것에서 달아나고 싶었어. 내게 입을 맞춰주렴. 그러면 앞으론 그러지 않을게." 그 후로는 선생님이 부엌일에 대해 불평하는 것을 들은 적이 없었고, 오랜 세월이 지나고 나서야 나는 선생님의 엉뚱한 행동에 대한 진짜 이유를 알게 되었다. 그것은 삶의 신비를 간파한 인간의 마음속에 갇혀 있는 슬픈 비밀 때문이었다.

10

슬프게도 원기 왕성하던 선생님이 쇠약해지기 시작했다. 주기적으로 찾아오는 신경증과 끊임없는 눈의 통증, 아이를 갖지 못하는 데 대한 엄청난 실망감 등이 원인이었다. 거기에 육체적인 질병(우리가 순회강연을 시작하기 전에 받은 큰 수술과 여행하는 도중에 걸린 여러 차례의 독감, 그리고 계단에서 넘어져 팔이 부러지고 쇄골이 탈골된 사고)까지 겹쳐 선생님을 힘들게 했다. 그 부상은 선생님이 골드스웨이트 박사님의 병원을 방문했을 때에야 비로소 제대로 치료되었다.

그러나 근심과 불안의 구름 사이로 밝은 푸른빛 하늘 조각이 보였다. 존이 선생님과 나를 뉴햄프셔 주 울프보로에 데리고 갔던 것이다. 여러 해 전에 선생님의 시각을 상당 부분 되찾아준 수술을 집도했던 브래드퍼드 박사님이 지독한 관절염 때문에 일찍 은퇴를 한 뒤 그곳에 살고 계셨다. 박사님은 우리를 아주 반갑게 맞아주셨다. 그는 수술할 때의 상황을 세세하게 기억하고 계셨고 애니 선생님이 눈을 그토록 무자비하게 혹사했는데도 눈은 선생님을 잘 대접했다는 사실에 놀라워하셨다. 박사님은 다시 선생님의 시야를 가리기 시작하는 육아조직〔granulation ; 왕성하게 증식하는 어린 결합 조직으로 흔히 창상 등 조직 결손에 대한 수복이나 만성적인 염증의 경과에서 나타남〕을 제거하기 위해 백반(alum) 물약을 처방해주었고, 한동안 우리는 자유로이 휴식을 취했다.

젊은 시절의 그 나날들은 흥미진진한 발견과 지적 훈련으로 가득 채워져 나를 정신적으로 성장시켰다. 그 시절 선생님과 나는 자주 종교적인 주제로 토론을 벌였다. 선생님은 다른 사람들에게 하듯 나에게도 자유로이 말할 수 있을 만큼 내가 성장하기를 기다려왔다. 로버트 잉거솔〔Robert Ingersoll(1833~1899) ; 성서를 비판하고 휴머니즘과 불가지론을 옹호했던 미국의 정치가·웅변가〕과 마찬가지로, 선생님은 전 세계 설교단에서 시끄러운 소리를 내며 퍼져나가는 갖가지 교리와 독단을 혐오했다. "종교는 믿음의 방식만이 아니라 삶의 방식이기도 하단다. 네가 진실이라 믿는 것을 말이 아닌 행동으로 증명해 보이도록 하렴. 여러 시대에 걸쳐 사람들은 종교적 신념 때문에 서로를 핍박하고 살해했어. 대체 종교가 우리에게 무슨 도움이 되었지? 다른 사람들이 살 수 있도록, 잘살 수 있도록 도와주는 것이 훨씬 더 좋은 일이 아닐까? 명료하게 생각하고 숭고하게 행동하기 위해 노력할 때 어느 누구의 마음도 슬프게 하거나 영혼을 다치게 하지 않도록 주의해야 한다" 하고 선생님은 말했다.

나는 성서를 삶의 방식으로 이해하는 데 에마누엘 스베덴보리가 많은 도움이 되었다고 말했다. 선생님은 내가 나 자신의 정신을 탐구하는 대신 18세기 스베덴보리나 다른 신학자들의 논설을 택한 것을 마뜩찮아 하셨다. 자세한 설명은 선생님을 화나게 했으므로 나는 스베덴보리가 신학자가 아니라 사랑(곧 선의)과 이성(곧 명료한 사고)을 통합하는 일에 전념했던 건설적인 학자라고 말하지 않았다. 그때껏 이 두 요소(사랑과 이성)는 수많은 교회에서 오직 신앙에 의해서만 정당화되는 교리에 의해 분리되어 있었다. 나는 선생님이 잘 알고 계신 사실—우리 인간은 대개 처음에는 다른 이의 사상을 받아들이며, 우리의 독창성은 우리가 그걸 표현하는 방식에만 존재한다는 사실—또한 상기시켜드리지 않았다. 그 대신 나는 스베덴보리가 내 상상력을 해방시켜준 덕분에, 물질의 영원함은 물론 인간의 영원불멸에 대한 모든 영역을 아우를 수 있어서 무척 기쁘다고 말했다.

"나는 영원불멸을 믿지 않는다." 선생님이 말했다. "그 말을 들으면 속에서 반발심이 일어. 게다가 이 세상은 내가 여기 존재하는 짧은 시간을 채우기에 충분히 아름답고 재미가 있거든."

"또한 저는 아름다운 상상을 좋아해요. 좋은 생각과 선한 행동으로 꽃을 피우고 열매를 맺어 행복한 영원불멸성을 부여받은 인간보다 더 아름다운 존재가 있을까요?"

"네가 기쁜 마음으로 이곳보다 더 아름다운 세계를 기대할 수 있다는 건 다행스런 일이구나. 물론 때에 따라 내 생각이 변할 수 있을 테고, 난 네가 좀 다르게 생각하기를 바라지만, 그 이상은 바라는 게 없다. 나는 종교에 흥미가 없는데, 너는 종교에 많은 관심을 갖고 있지. 서로의 생각이 다르다는 걸 인정하고 할 수 있는 한 최선을 다해서 우리의 이상에 부응하는 삶을 살도록 하자.

그래, 맞아. 난 정신과 마음 면에서는 너의 어머니지만 너를 소유할 수 없지. 난 네가 독립적인 관점을 가지기를 바란다. 경쟁적인 분파와 교리에 휘말리지 말고 어떤 광신주의에도 빠지지 않도록 해라. 너와 생각이 다른 사람도 언제나 공정하고 너그럽게 대하고."

선생님과 나는 선한 사람 악한 사람 할 것 없이 수많은 다양한 사람들을 만났고 그 덕택에 나는 책을 읽을 때 등장인물을 더욱 생생하고 설득력 있게 느낄 수 있었다. 선생님의 인물평은 간결하면서도 의미심장했고 교화적이었다. 선생님은 아무리 못된 사람들을 만나더라도 선생님의 화가 가라앉고 그들의 존재와 멀어지고 난 뒤에는 그들에게 유익한 점이 있다는 것을 깨달았다. 선생님에게는 어느 누구도 진심으로 악을 사랑하는 사람은 없다고 믿을 만큼 순수한 면이 있었다.

선생님은 이렇게 말씀하시곤 했다. "내가 내세를 믿지 않는 한 가지 이유는 현명하고 공정한 신께서 자신의 피조물을 자신의 뜻대로 살지 않았다고 영원한 지옥불에 태운다는 것을 상상할 수 없기 때문이란다. 더욱이 이들이 자신의 사악함을 인식한다면 삶을 견딜 수 없을 만큼 죄책감을 느끼게 될 것이고, 그러면 신은 어쩔 수 없이 이들의 목숨을 거둬들이게 되겠지!—신격의 포기인 셈이지!" 나는 악은 이승에서는 물론 다음 생에서 죗값을 받게 되며(당시 나는 아직 이 사유를 강조한 에머슨의 아름다운 수필《보상(Compensation)》을 읽지 않은 상태였다), 신은 자비롭게도 구제불능인 악인들의 눈에 베일을 씌운 뒤 악인들의 사악한 욕망과 쾌락이 다른 이를 병들게 하거나 파멸시키지 않을, 그들의 변태적 취향에 맞는 다른 권역으로 데려다놓는다고 말했다. 여하튼 그들은 더 악해지지 않으며, 우리의 상상을 초월하는 놀라운 방식으로, 옳은 것을 원하는 사람들을 강하게 하는 데 이용된다고 나는 덧붙였다.

"정말 다행이구나." 선생님은 감탄했다. "네가 이승의 삶을 내세로 가기 전에 어쩔 수 없이 견뎌야 하는 곳이 아닌, 적어도 인류의 일시적인 안식처로 만들기 위한 목적으로 종교를 받아들였다는 게 다행이야. 네 믿음을 존중할 수 있을 것 같다. 네가 나약한 사람처럼 못 보고 못 듣는 것에 대한 위안으로 네 믿음을 이용하지 않고 신께서 우리 모두에게 주고 싶어 하는 행복의 일부로 여기고 있으니까 말이야."

선생님이 혐오하는 교리는 신은 인간이 행복하기를 원하지 않는다는 생각을 인간에게 주입하는 것이었다. 선생님은 또 세상에는 열댓 개의 다양한 종교적·윤리적 체계(code)와 수많은 종파와 교리가 있으며, 종교는 많아도 인류의 허물은 어디서나 마찬가지라고 말했다. 선생님은 나쁜 회교도나, 나쁜 기독교인, 나쁜 불교도 사이에는 다른 점을 찾을 수 없다고 했다. 이런 이들은 자신의 목숨을 기꺼이 내던질 수 있는 신념에 따라 살면서도 근본적인 윤리를 연마하지 않음으로써 자신의 개선이나 향상을 꾀하지 않는다. 만일 더 광범위하고 더 융성한 신학적 집단이 이들을 개종시킨다 해도 이들은 그저 자신들이 실천하지 않는 미덕에 대해 이야기하는 새로운 방식을 획득할 뿐이다.

선생님의 정신은, 옳은 행동 원칙에 위배되는 관습과 제도에 대한 수동적 비협력을 주장한 마하트마 간디의 인격 형성을 위한 방식을 받아들였을 것이다―다만 한두 가지 예외 조건을 달고. 개개인의 향상을 위해 반드시 다른 이의 활동을 전복시킬 필요는 없을 것이다. 우리는 그저 조용히, 악한 체제나 제도에 참여하는 것을 거부할 수 있을 것이다. 그러나 우리가 여기서 기억해야 할 점은 개개인은 영적 성장이라는 자기 개선 없이는 강해질 수 없다는 것이다. 선생님과 나는 누구든 마음속에서 자기 개선의 필요를 느끼고 자기 개선을 내면의 인식적 경험과 의지력으로 간주한다면 자기 개선이 그렇게 어렵지 않다고 생각했다. 나의 사랑하는 양아버지 존 히츠 씨는 내게 이런 식으로 문제에 접근하도록 격려하면서 설리번 선생님께 선생님 자신도 어렴풋이 알고 있었던 사항—외부에서 강요되는 윤리 규준은 내적 성장을 방해하고 아름다운 욕구조차 자발적으로 표현하는 것을 제한함으로써 더욱 부담스럽게 한다—을 말했다.

"자, 이제 알겠지, 헬렌," 선생님이 확언했다. "네가 왜 엄격한 신학자들에게 동요되어서는 안 되는지, 독선에 빠져서는 안 되는지 말이야. 모든 인간은 신비에 싸인 존재여서 너는, 아니 어느 누구든 인간의 마음에 끊임없이 굽이지며 이어지는 길들을 속속들이 추적할 수는 없을 거야. 개개인의 마음은 오직 신만이 알 수 있고, 내세가 있다면, 신은 자신의 피조물 가운데 최악의 인간들에게서조차 그들을 지옥에서 끌어올릴 순수한 정신의 빛을 발견할지도 모르지."

나는 가끔 나의 운명 지향적 믿음에 대해 단 이삼 분도 자유로이 이야기하지 않으려는 선생님을 이해할 수 없었다. "그저 단순하고 상냥하게 주어진 환경에 따르면……" 나는 자세히 의견을 말할 수 없었다. 선생님은 일관성이 없었다, 아니, 그렇게 생각되었다. 나의 발언과 자기표현의 자유에 대한 권리를 입버릇처럼 말하는 선생님이 가끔 이렇게 납득할 수 없는 이유로 흥분하는 것을 대하면 선생님이 뭔가 비밀을 숨기고 계신 것처럼 느껴졌다.

25년 만에, 그러니까 내 저서 대부분이 집필되고 미국 시각장애인재단을 위한 내 일이 자리를 잡은 뒤 나는 선생님이 튜크스버리 구빈원에서 살았던 시절의 이야기를 듣게 되었다. 그즈음 넬라는 선생님에 대한 책을 쓰고 있었고, 나는 그토록 진실하고 통찰력 있는 친구가 그 일을 맡아줬다는 게 고마웠다. 폴리는 휴가를 받아 해외여행을 떠났다. 선생님과 나는 롱아일랜드의 포리스트 힐스에 있는 우리의 자그마한 보금자리에 단둘이 있었다. 선생님은 내게 그 이야기를 하기 전에 하녀에게 오후 동안 밖에 나가 있으라고 하고 심지어 셰틀랜드산 콜리〔보통 목장에서 양 지키는 일을 하도록 훈련받는 개의 품종〕 다일리아스조차 구석에 가 있게 했다. 평소에는 "천국의 목장에서 온 귀염둥이"라 부르며 애지중지하던 그 개조차 멀찍이 떼어놓았던 것이다. 그런 다음 내 옆에 앉아서 선생님의 어린 시절에 있었던 그 끔찍한 드라마를 내 손바닥에 펼쳐놓기 시작했다. 그때 선생님—아름답고 기품 있고 섬세한—은 세계적으로 알려진 교사였고 위대하고 재능 있는 사람들도 찬사를 보내던 인격의 소유자였다. 그런 선생님이 고통과 질병과 비참함에 빠진 인간들 사이에서 보낸 비극적인 어린 시절의 이야기를 쏟아내고 있었다.

나는 어린 시절의 가난이 야기하는 문제에 대해 오랜 기간 공부해왔으므로, 선생님은 내가 이해할 수 있을 거라 믿었다. 나는 나 자신이 끔찍한 환경에서 외롭게 살아가는 시각장애아의 영혼과 하나가 되어 이야기를 들었다. 반세기 동안 침묵을 지키다 자신의 남동생 지미가 그 구빈원에서 죽었다는 이야기를 하며 흐느끼는 선생님의 심정을 헤아리자 가슴이 찢어지는 듯했다. 그날 밤 나는 잠을 이루지 못했고, 내 영혼은 통렬한 아픔으로 신음했다. 선생님의 동생에 대한 사랑을 곰곰 생각하다 보니 그게 내 자신의 경험인 듯 느껴졌다. 우리 두 사람이 같은 마음으로 선생님의 동생을 생각하고 있다는 사실이 선생님에게 위안이 된 것 같았다. 그때 나는 선생님이 그 시절의 음울한 기억 때문에 죽음이나 영원불멸에 대해 누구와도 토론하는 것을 꺼려하고 불편해했다는 걸 알게 되었다. 그 이야기를 털어놓은 뒤 선생님의 그런 불편함은 다소 사그라졌고, 내가 현세의 삶에서 영적인 삶의 '향기로움'을 감지하려고 애쓰는 것처럼 이따금 선생님도 그렇게 하셨다. 사실 이는 내 교육에서 가장 많은 활력을 불어넣어주는 부분—내 정신의 창공에 뜬 신성(新星)들이자,

   신께서 직접 들려주시는 살아 있는 말씀이요,
   볼 수 있는 소리, 들을 수 있는 빛이자,

나에게 시간과 공간과 내세를 환히 알려준 말씀—이었다.
   선생님의 이야기를 듣고 내가 얻은 또 한 가지는 마음의 평화였다. 전에는, 선생님의 생애에 대해 잘 알지 못했기 때문에 가끔 선생님의 이상한 행동에 외로움을 느끼거나 당황해하곤 했다. 세상 사람들에게서 흔히 느껴지는, 생애를 감싸고 있는 비밀 같은 것이었다면 나는 궁금하지 않았을 테지만, 거기에는 기이한 점이 있었다. 우리의 관계에 말로 표현하기 어려운 미묘한 무언가가 결여되어 있었던

것이다. 그러나 선생님이 무거운 짐으로 고통받던 영혼을 용감하게 내 앞에 펼쳐 보였을 때 나는 선생님이 그 끔찍한 냉대의 사막을 건너 교육의 오아시스에 닿았고, 그러고 나서 튜크스버리에 함께 갔던 동생 지미에게 몇 달 동안 헌신했던 것처럼 자신의 삶을 내게 헌신할 기회를 찾았다는 사실로부터 내게 새로운 용기가 흘러들어오는 것을 느꼈다.

렌섬으로 거처를 옮긴 뒤 얼마 지나지 않았을 때의 일이었다. 선생님의 성격에는 아직도 나를 의아하게 하는 부분이 있었다. 우리는 짧은 여름휴가를 즐기러 케이프코드로 갔다. 우리는 우리가 음식을 얻을 수 있었던 하숙집 부근의 자그마한 오두막에 있었고, 선생님은 우리 둘만 오붓하게 있고 싶어 했으므로 특히 기뻐했다. 수영을 하고 난 뒤였고 날이 갑자기 추워졌기 때문에 선생님은 난로에 불을 피웠다. 나는 불타는 종이에서 휙 끼쳐오는 강한 기운에 깜짝 놀라서 물었다. "대체 뭐 하시는 거예요, 선생님?"

"내 일기장을 불태웠단다." 선생님은 침착하게 선언했다. "이제 홀가분하구나."

내가 아홉 살이던 어느 날 선생님을 만져보았을 때 선생님은 종이에 얼굴을 가까이 대고 무언가를 쓰고 계셨다. 그래서 내가 물었다. "뭐 하시는 거예요?"

"아이쿠, 넌 참 궁금한 것도 많구나." 선생님이 웃으며 말했다. "한시도 날 혼자 놔두지 않네! 나도 영어를 익히느라 일기를 쓰고 있는 게지. 방해하지 말고 저리 가 있거라."

나는 그 일기장을 본 적이 없었다. 그게 불타버렸을 때 나는 선생님께 항의했다. "왜 없애셨어요? 분명 거기엔 독창적인 생각과 교육에 대한 선생님만의 생각이 있었을 텐데 말예요."

"글쎄다, 그랬을지도 모르지. 하지만 그런 건 개의치 않아." 선생님이 차분하게 말했다. "너무 불쾌하고 적개심에 들끓고 편향된 것 같았거든. 네가 나에 대해 전기를 쓸 때 혹시 참고할 만한 게 있을까 해서 다시 읽어볼 생각이었지만, 훑어보느라 괜히 눈만 버렸다. 어찌나 비난과 불평으로 가득한지 불속으로 던져버리지 않을 수 없었어. 너나 존이 그걸 읽을 생각을 하면 한시도 마음이 편할 것 같지 않았으니까." 선생님은 언제 일기를 쓰기 시작했다거나 얼마나 오랫동안 일기 쓰기를 계속해왔는지에 대해서는 말하지 않았다. 이제 그 일기장은 제 할 몫을 다했으니 보내줘야 한다면서 가차 없이 그것을 처분했던 것이다.

그 가여운 일기장이 선생님의 어쩌면 너무 가혹했을 수도 있는 자기비판에 희생될 때 내가 할 수 있었던 일이라곤 그저 새뮤얼 존슨(1709~1784. 영국의 비평가·시인·사전편찬자)이 죽기 전에 자신의 원고 중 일부를 불태웠던 일을 떠올리는 것뿐이었다. 나는 증오나 복수의 기운이 밴 개인적 감정의 분출로 동시대인을 쓸데없이 괴롭히고 싶지 않았을 선생님과 존슨의 위대한 영혼에 경의를 표했다. 선생님은 상습적으로 선생님을 괴롭히는 이의 목을 비틀어버리고 싶은 강한 충동을 느끼거나 증오심 가득한 기분이 들 때마다 자신의 머리에 떠오르는 자책의 형용사를 되뇌곤 하던 귀여운 습성이 있었다. 그것으로 미루어 나는 선생님이 앙리 프레드릭 아미엘처럼 일기를 자기 고행의 장으로 이용하고 친절하고 자애롭게 세상으로 돌아왔을 거라고 상상했다.

  분명 선생님은 자신의 비참한 어린 시절에 대한 기억과, 튜크스버리에서 아기를 낳은 여자들한테서 들은 '그 무시무시한 남자들'에 대한 이야기, 그녀가 살아남은 그 지옥 같은 구빈원의 생활 등을 일기에 털어놓았을 것이다. 아마도 선생님은 퍼킨스 학교에서의 엉뚱한 장난과, 자신의 자존심을 상하게 했던 선생님의 꾸지람과, 자신의 화를 돋우던 학생들의 무분별한 웃음 등에 대해서도 언급했을 것이다. 추측컨대 선생님은 좋아하는 것이나 싫어하는 것, 혜택받지 못한 자들에 대한 연민에 대해서는 빠르게 대충 적어나갔을 것이고, 자신에 대한 가차 없는 지적 분석과 늘 자신을 괴롭히는 불화의 파괴적인 진행을 막고 스스로를 건전하게 보호하기 위한 글이나, 자신의 정신적 노정은 상세히 기술하려고 노력했을 것이다.

  아무튼 그 일기는 다른 이에게는 별 가치가 없는 것이었을지 몰라도 선생님한테는 소중한 것이었음에 틀림없다. 선생님은 일기를 썼기 때문에 쏜살같이 지나가는 시간의 흐름 속에서 자신의 어릴 적 기억을 생생하고 정확하게 보존할 수 있었을 것이다. 물론 선생님은 고독한 상황에서는 인간 혐오의 유혹과 싸워야 한다는 것을 알고 있었기에 스스로를 고독으로 흐르지 않도록 다잡았다.

  선생님은 늘 나한테 자신은 '선하지 않다'고 주장했고 그 증거로 자신이 자주 비이성적인 행동을 한다는 사실과 일기를 들었다. 선생님이 그렇게 우기면 우길수록 나는 천천히 형태를 드러내는 생각의 패턴—그 자체의 즐거움으로 기쁘게 선한 행위를 하는 진정한 자기 부인(self-denial)—을 감지했다. 선생님은 과시하기 위한 선이나 독선적 태도를 혐오했고, 설령 진부한 사람들의 단조로움을 덜어줄 수 있다 하더라도 우울한 낯빛의 죄인이나 남을 빈정대며 업신여기는 자를 못마땅해했다. 안타깝게도 선생님은 숭고한 열정에 휩싸인 나머지, 나쁜 사람들에게 직접 선한 행동을 베풀고 현명한 생각을 전파하면 조만간 그들이 그것들을 악용하기 때문에 그래서는 안 된다는 것을 잊어버렸다. 그러나 일단 숭고한 목표가 선생님의 정신에 빛을 비춘 이상 지상의 어떤 권력도 선생님으로 하여금 방향을 틀게 하지 못할 것이다.

대학에 다닐 때 언젠가 내가 영어로 호라티우스[BC 65~BC 8. 로마의 뛰어난 서정시인·풍자작가]의 송시를 암송하는 동안 선생님은 일기를 생각하고 계셨던지 이런 말씀을 하셨다. "호라티우스의 말이 맞아. 우리가 절대적으로 악하다거나 선하다고 말할 수 있는 것은 거의 없어. 스토아 철학자들은 인간은 과오 그 자체는 정당화할 수 없지만 개개인의 과오 중에는 좋은 측면이 있는 것도 많다고 했다. 예를 들어, 우리에게 '인색하다'는 말을 듣는 사람이 실은 자기 자신을 위해서가 아니라 다른 이를 돕기 위해 돈을 모으고 있을 수 있지. 또는 성격이 나쁘다는 얘기를 듣는 사람이 실은 자신의 이익 때문이 아니라 주위 사람들의 비열함과 이기심에 분개하는 것일 수도 있단다. 또 '야심가'로 보이는 사람들이 실은 자신이 아무것도 얻을 수 없는 이들을 돕기 위한 기회를 찾는 것일 수도 있고 말이야. 때론 인간성에 존재하는 흠이 아름다운 미덕을 낳기도 하는 것 같다. 너는 어떻게 생각하니?"

나는 우리가 일상적 교류나 출판물에서 접하는 단어들 중에는 선을 표현하는 단어보다 흠을 들추는 단어의 수가 많은 것 같다고 말했다. "언어가 진창으로 흘러가고 있어." 선생님이 말했다. "우리는 왜 되풀이되는 인간성의 나태함에서 벗어나 새로운 미덕을 표현하는 말을 만들어내지 못하는 걸까?" 우리는 보스턴 유니테리언 교회의 에드워드 에버렛 헤일〔1822~1909. 미국의 성직자·저술가〕박사가 25년 내지 50년밖에 되지 않은 단어들(이중에는 이타주의(altruism)와 연대(solidarity) 같은 단어가 있었다)과 이 단어들의 새로운 영향력을 정리해놓은 것을 발견하고 무척 반가워했다. 헤일 박사는 아직 이름 붙여지지 않은 정신의 힘과 사랑의 깊이를 표현하는 수많은 단어들이 장차 만들어지리라고 예언했다.

선생님은 선하기 위해 '노력'하다 보면 자연스러움과 진실이 결여될 수 있다고 보았던 탓에, 나는 선하려고 부러 애쓰지 않았다. 나는 선생님과 잘 지내면서, 그저 나의 성격에서 인내심 부족이나 기타 결함을 몰아내거나, 마치 늑대가 말코손바닥사슴을 쓰러뜨리듯 몇 차례 맞붙어 싸운 끝에 그 원수를 쓰러뜨렸다. 그런 다음 그 문제에 대해 더는 생각하지 않았고, 다만 나를 격려해주신 하느님과 선생님께 고마워했다. 토머스 후드〔1799~1845. 영국의 시인〕와 마찬가지로, 나 역시 내가 아이였을 때보다 천국에서 더 멀어졌다고 느끼지만, 선생님으로 하여금 그 끔찍한 고난을 잘 헤쳐나가도록 이끌어주신 하느님이 내게 힘을 주시니, 나는 이승에서 내 삶을 정화하기 위한 분투를 계속할 수 있을 것이다.

선생님은 진심으로 사람들을 사랑했고 이들이 자신들의 평범한 개성에서 벗어나 선생님과 나란히 가기를 열망했으나, 이들은 선생님을 괴롭혔다. 선생님은 아둔한 사람들에게도 친절히 대하려고 평생에 걸쳐 분투했다. 이들의 끊임없는 잡담은 동물원 우리에 갇힌 동물들이 내는 의미 없는 소리만큼이나 선생님을 짜증나게 했고 선생님은 거기서 열렬히 빠져나가고 싶어 했다. 하지만 선생님의 친절한 마음은 이들이 생각 없이 재잘대는 어리석은 소리에 소음(消音)용 천을 드리우거나, 이들이 말하는 흥미로운 상황과 별난 의견, 이들이 짓는 표정, 또는 이들이 자신의 가족이나 시민으로서의 의무에 대해 이야기하는 일화 등을 이용하여 머릿속으로 이들에 관해 짧은 상상을 해보곤 했다.

선생님의 지성은 여러 음색을 지닌 바이올린 같았으나, 우리가 만난 대부분의 사람들은 그것을 알아챌 만큼 지혜가 없었다. 이들의 단조로운 지성은 선생님을 지루하게 했지만, 선생님은 올림퍼스의 여신처럼 굴거나 이들에게 지나치게 예민하게 반응하지 않으려고 애썼다. 비록 선생님이 이들에 대해 상상한 것들이 사실이 아니더라도 그런 상상을 하는 동안에는 사람들이 견딜 만하고 재미있을 뿐 아니라 심지어 매력적으로 느껴졌을 것이다. 나는 사람들이 선생님의 기지나 정치에 대한 열정적인 발언에 전염되어 지루한 생각에서 도약하여, 살아 있는 생각을 표현하고 내가 지금껏 알아온 사람들 중 높은 교양을 갖춘 사람들도 경의를 표할 정도로 똑똑하게 토론하는 것을 보며 혀를 내두르곤 했다. 이런 식으로 선생님은 우리 집을 방문하는 사람들 틈에서 오랜 시간을 보냈다.

이 무렵의 또 다른 흐뭇한 기억으로는, 《내가 사는 세상》을 집필하기 전 내 존재에 관해 쓴 글을 선생님과 존이 마음을 열고 열심히 읽어준 다음 나와 함께 활기 넘치는 철학 토론을 벌였던 일이 있다. 대학에서 철학을 공부하면서 나는 《내가 살아온 이야기》를 집필할 때 나의 상태를 정확히 기술하지 못했다는 것을 깨달았다. 래드클리프 대학에 입학할 즈음 나는 내 인생 이야기가 여러 차례 발표되었다는 점에서 이미 노인이었으나, 한 개인으로서는 아주 어리고 미숙했다. 소녀 헬렌은 다른 젊은이들처럼 보이고 싶은 열망에 그저 자신의 모든 정신 과정이 그들의 것과 비슷하다고 생각해버렸다. 소녀 헬렌은 자신이 살아온 이야기를 작문할 때 단어를 사용하는 기쁨으로 글을 썼을 뿐 자신이 교육을 받기 전의 상태를 주의 깊게 숙고하지 못했다. 나중에 《내가 살아온 이야기》를 훑어보았을 때 세세한 내용에서 정확성이 결여되어 있는 걸 발견하고 깜짝 놀랐다. '유령'의 허깨비 세계(no-world)—주위의 세계나 나 자신에 대해 인식하지 못하는—에서는 존재할 수 없는 연쇄적인 생각을 너무 내멋대로 표현했다는 것을 깨달았다. 그래서 나는 《내가 사는 세상》을 쓸 때 11장 '영혼의 새벽이 밝기 전' 부분에서 이전 진술을 고쳐 쓰기로 결심했다. 아래의 인용문은 우리 가족을 혼란에 빠뜨렸다.

나는 내가 무언가를 알고 있다는 것, 또는 내가 살고 행동하고 욕구하고 있다는 것을 인지하지 못했다. 내게는 의지도 사고력도 없었다. 나는 앞을 보지 못하는 어떤 동물의 충동에 의해 움직이고 목표가 되는 물체를 향해 다가갔다. 내게는 분노나 만족, 욕구 같은 것을 느끼게 해주는 마음(mind)이 있었다. 내 주위 사람들은 이 두 가지 사실로 내게 의지와 생각이 있다고 추정했다. 내가 이 모든 것을 기억할 수 있는 것은 내가 그런 상황을 인지할 수 있었기 때문이 아니라 촉각적 기억이 남아 있기 때문이다. 촉각적 기억으로 나는 내가 생각할 때 이마를 찡그린 적이 없다는 것을 기억한다. 나는 미리 어떤 것을 검토해보고 선택한 적도 없었다.

어머니는 이 글을 읽고 몹시 걱정하시며 내가 이 부분을 빼버렸으면 하고 바라셨다. 선생님이 터스컴비아에 오기 전 두어 사람이 어머니에게 내가 천치라고 말한, 아니 암시한 적이 있었던 탓에 어머니는 이 글을 읽은 사람들이 내가 정신적으로 완전히 정상은 아니라고 생각하게 될까 봐 두려웠던 것이다. 선생님은, 이 글은 옛날에 헬렌이 아팠을 때를 그저 잠자는 상태로 묘사한 것이므로 해가 될 게 없다고 어머니를 안심시키려 온갖 재치 있는 말솜씨를 동원해가며 선생님이 목격했던 진짜 정신박약아들에 대해 증언해야 했다.

그 후 이 일은 선생님의 공공연한 자랑거리가 되었다. 이 일로 인해 나는 스스로 생각하는 자유는 물론, 나의 내면의 눈에 비친 세상의 아름다움과 나의 세 가지 감각으로 감지되는 세상을 읽을 수 있는 형식으로 표현하는 자유를 주장하게 되었을 뿐 아니라 그때부터 선생님과 내가 진정한 문학적 동지가 된 셈이었으므로 선생님은 이를 기뻐했던 것이다. 그리고 선생님은 선생님께 말하고 나서 내 생각을 발표하도록 함으로써 내가 쓴 글이 다른 글에서 읽은 것이 아니라 정말 내 머릿속에서 나온 것인지를 놓고 고민하는 시름을 덜어주었.

선생님과 존 외에 내 책을 비판하는 사람이 아무도 없다는 게 의아했다. 내가 갓 대학을 졸업했을 때 선생님께 신경쇠약이 덮쳤고,

나 역시 신경과민이라는 고약한 요정이 오랫동안 내 뒤를 쫓아 언덕을 오르고 골짜기로 내려다니는 통에 컨디션이 좋지 못했다. 그러나 시각장애 예방법과 시각장애인에 관한 글을 써달라는 요구가 쇄도했고, 사람들은 이 두 가지 주제에 대해 알고 싶어 했으므로 내가 글을 쓰는 것이 이들을 돕는 길이라는 생각이 들어 승낙하지 않을 수 없었다. 브라유 점자로 원고를 쓴 다음 타자기로 다시 작성하고 무수한 편지들을 읽고 답장을 하다 보면 내 손은 거의 파김치가 되곤 했다. 선생님의 눈 상태는 너무 불안정하여 내 원고를 읽는 일을 할 수 없는 지경이었다. 그래서 선생님은 존에게 내 원고를 큰 소리로 읽어주면 좋겠다고 제안했고, 그때부터 존은 내가 수정할 때마다 몇 번이고 원고를 읽어주었다.

내게 창작의 즐거움을 주었던 또 하나의 책은 《돌담의 노래(The Song of the Stone Wall)》였다. 언젠가 선생님과 나는 한창 절정에 이른 5월 아침의 아름다움에 매혹되어, 우리의 초록 들판에서 내 산책길을 연장할 요량으로 돌담을 쌓아올리고 있었다. 우리가 돌 위에 돌을 하나씩 올려놓을 때마다 나는 갖가지 모양과 질감과 크기의 돌을 손가락으로 만져보고서 그전에는 감지하지 못했던 아름다움을 알게 되었다. 그즈음 지질학에 관한 책을 읽은 터라, 가끔 발에 걸려 넘어지기만 했던 돌에 새로운 관심이 생겼다. 평평한 돌이 있는가 하면 홈이 팬 돌이 있고, 큰 돌이 있는가 하면 작은 돌이 있고, 모난 돌이 있는가 하면 둥그스름한 돌이 있고, 어떤 돌은 쩍쩍 갈라져 있었고, 또 어떤 돌은 가장자리가 들쭉날쭉했고, 또 어떤 돌은 풍상에 매끈해져 있었고, 또 어떤 돌은 햇빛의 열기에 퍼석퍼석해져 있었다. 이 돌들은 거칠고 모양도 고르지 않았지만 강렬하게 내 마음을 끄는 독특한 특징을 지니고 있었다. 돌과 돌의 틈새로 산들바람이 한숨을 쉬듯 불어오고 햇빛이 체에 걸러지듯 흩뿌려 들어오는 게 느껴졌다. 주위 식물들에서 풍기는 갖가지 향기도 함께 실려왔다. "오오, 선생님." 내가 외쳤다. "이 돌담에 관한 시를 쓸 수 있을 것 같아요. 그럴 만한 시인적 기질이 내게 있기만 하다면 말예요."

"한번 해볼래?" 선생님은 기대에 차서 대답했다. 선생님은 자연의 아름다움을 음악적인 운율을 지닌 말로 나타내는 놀이를 가장 좋아했으므로, 내 손이 닿는 곳에 있는 그 기쁨의 보석〔돌을 비유한 것임〕들이 쌓여가는 것을 바라보며 내가 그것들을 진실의 고차원적 형식인 시로 표현해낼 수 있기를 열렬히 바랐다. 선생님은 그 자리에 앉아서 돌담을 유심히 바라보며 빛과 그림자의 효과며 벽걸이 융단처럼 그 일부를 뒤덮고 있는 꽃과 덤불을 묘사했다. 선생님의 말에는 켈트어의 기운이 배어 있었다. 나중에 나는 그때 들은 말들을 내 언어로 엮어냈다.

돌담이 잠에서 깨어난다.
흐드러지게 피어난
꽃들의 부드러운 속삭임이
돌담의 봄노래에 스며든다.

돌담의 노래에는
새의 노랫소리, 사슴의 발굽 소리,

스걱스걱 소나무와 삼나무의 소곤대는 소리,
시냇물 흐르는 소리가 스며 있다.

나는 일이고 뭐고 다 잊고 어떻게 그 돌담을 청교도들의 용감한 삶이며 대담한 이상주의와 연결하여 시로 표현할 수 있을지 오랫동안 선생님과 이야기했다. 이튿날 존은 이끼로 뒤덮인 무덤들과 '비명횡사'라고 새겨진 묘비들을 만져보게 하려고 우리를 오래된 공동묘지로 데리고 갔다. 몇 주 동안 나는 뉴잉글랜드의 연대기와 민요를 읽으며, 황야를 개간하여 집과 교회와 학교를 세웠던 청교도들에 대한 내 생각을 시적으로 표현할 말을 찾아내려고 애썼다. 선생님이 조금 한가할 때마다 나는 선생님께 내가 쓰고 있는 글을 읽어드린 뒤 내가 선생님 입술을 읽을 수 있도록 나의 시구를 소리 내어 읽어달라고 부탁했다. 그러면 내 서투른 시에서 잘된 부분을 확인할 수 있었다. 선생님은 자주 환하게 웃었으나, 때로는 내가 선생님의 마음에 드는 운율을 찾아낼 때까지 내 실수를 엄정하게 비판하셨다.

《센추리 매거진(Century Magazine)》에서 내 시를 수락하자 선생님은 "비록 완전하지는 않지만, 이제 네가, 셸리[1792~1822. 영국의 시인]의 표현대로, 여러 사상이 서로 협력하여 한 위대한 정신을 만들어내듯 모든 시인들이 세상이 열린 이래 건설해왔던 위대한 시를 창조하는 일에 기여하게 되었구나. 이보다 더 자랑스러운 일은 없을 거야"라고 말씀하셨다.

이렇듯 선생님은 신께서 내게 부여한 능력인 사랑, 사고(思考), 행동, 언어—삶의 네 가지 양식(mode)—를 발현할 수 있도록 보통 사람으로선 생각해내기 어려운 방법으로 나를 이끌어주셨다. 선생님은 나뿐만 아니라 다른 이에게도 자신의 좋은 면을 펼쳐 보이도록 격려하는 데 탁월한 능력이 있었다. 선생님은 만나는 모든 사람들을 기쁨과 슬픔, 애정, 창조력의 보고(寶庫)로 보았고, 그들은 흔히 선생님의 기대에 부응했다. 정말이지 선생님은 렌섬의 우리 집에 모이는 수많은 사람들을 감동시키는 영혼이었다. 늘 손님들을 기쁘게 해 줄 기발한 방법을 생각해냈고 모든 진심 어린 사람들을 사랑하려 애썼다. 집을 수리하고 확장하는 데 지나치게 돈을 많이 쓰는 경향이 있었으나, 이 결함에도 좋은 면은 있었다. 선생님의 '창조적 열정'을 표현하고, 우리에게 답지한 선의의 정당함을 보여줄 만한 일을 추진

헬렌 켈러, 존 메이시, 앤 설리번이 렌섬에서 함께한 모습.(1905년경)

하겠다는 선생님의 결의가 담긴 행동이었으니까.

  나는 내 타자기를 두드려 시각장애인들에 관한 기사를 작성하고 이들에게 부분적이나마 자활과 독립을 되찾아줄 올바른 방법에 대한 정보를 세상에 알릴 수 있어서 뿌듯했다. 우리는 시각장애인들을 우리 집에 초대하여 후하게 대접하고 이들을 모든 면에서 기꺼이 도왔으나, 개인적으로는 별 소용이 없는 일이었다. 선생님은 여러 방면에서 뛰어난 능력을 갖고 있었기 때문에 나는 선생님을 좁은 영역의 봉사에 끌어들이고 싶지 않았다. 한편으로는 선생님의 삶이 선생님이 싫어하는 집안일에 낭비되는 게 괴로웠고, 한편으로는 내 나이 열여섯에 좋은 의도에서 간섭을 일삼던 친구들이 선생님에게 자신이 노예처럼 일하고 있다는 것을 내게 알리라고 종용했을 때, 내가 결심했던 대로 나는 선생님을 내 힘으로 부양하고 싶었다. 그러나 나는 여러 해 동안 가슴 아픈 인고의 시간을 보낸 뒤에야 이 소망을 이룰 수 있었다.

11

1914년 말에 선생님은 극심한 슬픔을 겪고 있었다. 선생님은 연방 가슴 찢기는 아픔을 호소하며 내 따뜻한 사랑을 요청했다. 여러 날 동안 망연자실한 채 방 안에 틀어박혀 존을 데려올 계획을 짜거나 더는 흘릴 눈물이 없을 만큼 눈물을 쏟았다. 당시 우리와 함께 지내던 어머니는 선생님이 그토록 고통스러워하는 모습을 보는 게 마음이 아프다고 하셨다. "헬렌, 운명은 결혼에 이끌린 아름답고 총명한 여성을 다른 여자들보다 더 친절하게 대하는 것 같지는 않구나. 선생님은 존처럼 다재다능한 남자가 도와주면 계획을 이룰 수 있을 거라는 기대로 한껏 들떴을 텐데, 이제 꿈꾸던 삶이 산산조각이 나고 말았으니……."

선생님의 얼굴에서 행복한 빛은 사라졌지만, 선생님은 자신의 슬픔을 드러내려 하지 않았고 위로받는 것도 원하지 않았다. 한밤중에 깨어 고요 속에서 나한테 이야기하는 것을 제외하곤 아무에게도 자신의 고뇌나 자신을 따라다니는 끔찍한 악몽을 이야기하지 않았다. 선생님의 건강은 좋지 않았다. 선생님은 한때 열심히 운동을 한 적도 있었으나, 선생님을 괴롭히는 주요 문제 가운데 하나인 과체중 때문에 상당한 불편을 겪고 있었다. 선생님의 시력은 더욱 나빠져서, 이제 잠시나마 혼자서 책을 읽으며 스스로를 위안하는 일도 더는 할 수 없게 되었다. 하지만 선생님은 자신의 결함과 조절장애로 인해 나를 건강하게 성장시키는 일을 망치진 않겠다는 굳건한 의지를 갖고 있었다.

1914년 초 우리가 미국 서부로 첫 번째 순회강연을 나설 때는 어머니가 동반하셨다. 그해 말 선생님은 우리의 새로운 길동무 폴리 톰슨에게 나를 돕는 방법을 전수하고 계셨다. 활달한 스코틀랜드 아가씨 폴리는 세상에 대해 아는 게 거의 없었으나 미국의 웅장한 자연과 아름다움을 열렬히 보고 싶어 했고, 마음이 어찌나 너그러운지 우리를 돕는 것 말고는 어떤 이익도 요구하지 않았다. 훈련을 받은 지 단 몇 달 만에 폴리는 우리와 함께 대륙을 횡단하는 두 번째 순회강연에 나섰다. 북극이나 남극, 혹은 아프리카 오지의 어떤 탐험가도 성취를 향한 추구와 선생님의 변덕스런 성격을 이해하려는 노력—최선의 결과를 내는 데 꼭 필요한 능력—에서 폴리만큼 더 강건한 의지로 모험과 위험에 맞서지 못했을 것이다.

그 무렵 선생님은 이따금 찾아오던 우울한 기분이 절망감과 함께 덮치는 통에 살아 있는 것조차 고통스러워하셨다. 사실 한동안 선생님은 정신이 이상해지는 건 아닌지 걱정했으나 선생님의 판단력은 손상을 입지 않았고 머리와 손을 써서 하는 일을 중단하지 않으셨다. 산란해진 건 선생님의 이성이 아니라 상상력이었다. 상상력이 불안정해지자 규칙적인 습관을 더욱 멀리하고 망상을 깨트리기 위해 기발한 놀이나 활동을 계획했다. 선생님은 쉬어야 하는 만큼 쉴 수 없었다. 눈의 통증은 새벽이 가까워올수록 줄어들었으므로 기회가 될 때마다 늦게 잠자리에 들곤 했는데, 몇 시간 동안 견뎌야 하는 일을 하기 위해 이런 식으로 스스로를 단련시켰던 것이다. 가끔 선생님은 내 어깨에 머리를 기대며 말했다. "오늘은 정말 겁이 나는구나!" 그러나 이내 몸을 곧추세우며 소리쳤다. "청중은 나한테 무슨 일이 있었는지 관심이 있는 게 아니야. 적어도 나는 네 이야기를 전할 수 있고, 너는 절망의 벼랑 끝에 있는 사람들에게 용기를 주게 될 거야. 지금껏 우리에게 도움을 준 모든 이들과 나를 봉사의 길로 다시 이끌어준 이들을 생각해야지. 헬렌, 셸리의 시를 잊지 말자.

'고통받는 가난한 이들에게 한줄기 용기의 빛이,
오두막의 벽난로에서 희미한 빛을 내뿜는 불꽃이,
압제자의 황금 지붕을 뚫고 솟아오르리.
횃불이 이승의 어둠을 밝히리.
허위로 가득한 세상에서도 진실이 빛을 내뿜듯
되살아난 풍경 위로 태양이 떠오르리.'"

그렇게 우리는 이곳저곳을 떠돌며 강연을 했고, 선생님을 넉넉하게 부양하려는 내 소망은 아직 이루어지지 않았다.

경제, 혹은 사람들에게 부(富)가 어떻게 분배되어야 하는지에 대한 우리의 소신 때문에 우리는 강연을 하며 근근이 살아가야 했고 기회가 될 때마다 기사를 쓰며 돈을 벌었다. 우리의 훌륭한 친구 앤

드루 카네기가 청각 및 시각장애인들에게 지급하는 보조금으로 나를 도와준 덕분에 나는 스스로를 부양하느라 가파른 언덕길을 오르는 고생을 덜 수 있었다. 소년 시절에 겪은 고난에서 비롯된 그의 이해심이 없었다면 우리 두 장애인 여성은 렌섬이나 롱아일랜드의 집을 유지할 수 없었을 것이고, 나는 선생님이 건강 회복을 위해 떠난 푸에르토리코로 가서 짧게나마 휴가를 보낼 수도 없었을 것이다.

처음에(1916년 초겨울 일이다) 선생님은 과로로 인한 오랜 기침병을 치료하려고 레이크플래시드로 떠났다. 폴리는 선생님과 함께 갔고, 나는 어머니와 함께 앨라배마로 갔다. 폴리는 선생님이 우울한 날씨와 외로움, 몸에 납덩이를 매단 것처럼 기진맥진한 기분, 주위의 '나이 많고 고루한' 주민 등 여러 복합적인 이유로 불행해하며 지루해하고 툭하면 신경질을 부린다고 썼다.

나는 선생님이 주변 상황이 영 마음에 들지 않는 경우에는 아무리 의사의 권위라 하더라도 순순히 따르지 않는다는 것을 알고 있었으므로 선생님이 배를 타고 푸에르토리코로 간다는 소식을 들었을 때에도 놀라지 않았다. 선생님이 브라유 점자용 송곳칼로 직접 구멍을 뚫어가며 그 '기쁨의 섬'에서의 충만한 행복에 대해 쓴 편지들을 받았을 때 나는 카네기 씨에게 그때껏 다른 어떤 독지가에게 느꼈던 것보다 더 진심 어린 고마움을 느꼈다.

나는 선생님의 첫 번째 편지를 받고 숨이 멎는 듯했다. 선생님은 폴리와 함께 애디론댁 산맥의 음울한 하늘과 살을 에는 바람, 눈 등에서 벗어나 열하루 동안 항해를 했다고 썼다. "정말 놀랍지 않니, 헬렌! 나는 꿈인지 생신지 확인하려고 내 살을 꼬집어봐야 했단다.

햇볕이 따뜻하게 내리쬐고 잔물결이 이는 좁은 해역을 지나니 푸에르토리코의 모습이 마치 격렬한 바다에 떠 있는 커다란 배처럼 나타나더구나!"

선생님은 그 섬의 낙원 같은 아름다움을 격찬했다. "정말 갖가지 색상이 완벽하게 조화를 이룬 곳이란다. 나무에는 꽃이 만발하고, 갖가지 떨기나무들, 장미, 클레마티스, 나무처럼 키가 큰 나리꽃, 포인세티아, 처음 보는 수많은 아름다운 꽃들이 지천으로 피어 있어. 심지어 전신주에도 멋진 기생식물이 피어나 마치 꽃줄 장식을 한 것 같단다. 그러나 무엇보다 기후가 제일 마음에 들어. 따뜻하지만 덥지는 않거든. 지독하게 덥지 않다는 말이야. 늘 바다에서 시원한 산들바람이 불어오거든. 이곳에 있는 집들엔 창문이 없고, 원주민들은 거의 아무것도 걸치고 있지 않아. 정말로 이곳 흑인 아이들은 알몸으로 다니지 뭐니. 집은 온갖 무지갯빛으로 색칠되어 있어 거리에서 보면 마치 그림 같단다."

이 편지들을 읽으며 나는 참 다행이다 싶었다. 나는 이제는 구식이 되어버린 미국식 브라유 점자로 적힌 단어들을 해독하며 선생님이 그 점자로 나를 가르치던 때로부터 아주 많은 세월이 흘렀음을 절감했다. 선생님이 그 지루한 과정을 참아가며 정성스레 브라유 점자로 편지를 써내려가는 모습을 상상하는 것만으로도 그 편지들은 충분히 사랑스러웠지만, 편지의 내용은 더욱 나를 흐뭇하게 했다. 삶의 기쁨을 되찾은 황홀경 속에서 푸에르토리코의 평온함과 시정(詩情)을 만끽하며 보이는 것들의 아름다움에 기뻐하는 선생님의 소식을, 그것도 내가 어릴 적에 내 지력을 일깨우며 자유로이 흘러나

오던 선생님 특유의 말로 다시 듣게 되어 더없이 반가웠다. 선생님이 행복하다는 사실이 내 자신의 행복보다 더 고맙게 느껴졌고, 다시 선생님을 지난날의 활달하고, 모험과 장난을 좋아하고, 삶의 충만함을 저해하는 온갖 속박을 거부하고, 책을 읽는—아픈 눈으로는 어려운 일이었는데도—애니 설리번 선생님으로 생각할 수 있게 되어 마음이 놓였다.

선생님은 정말 엘도라도에 간 것처럼 기뻐했다. 몸짓과 표정으로 원주민들에게 뜻을 전달하는 즐거움, 이들이 일제히 "시, 시, 세뇨라〔Si, si, Señora ; 스페인어로 '네, 네, 부인'이라는 뜻〕"라고 대답하는 소리, 선생님이 고개를 가로저을 때 이들이 어리둥절해하는 모습에 관한 글은 재미가 있었다.

나는 한때 왜 선생님이 언어를 배우려 하지 않는지 의아해하던 적이 있었다. 물론 선생님도 자신의 기억 창고에 이 보물을 추가하고픈 강한 욕구를 느꼈을 테지만, 나중에 나는 선생님의 눈이 아프기 때문이라는 것을 알게 되었다. 예컨대, 선생님이 괴상한 모양의 글자로 가득한 그리스어 사전에서 나를 대신해 단어들을 찾아줄 때, 브라유 점자책으로 구할 수 없어 인쇄 상태가 조악하던 괴테의 《헤르만과 도로테아(Hermann und Dorothea)》〔재산가의 아들 헤르만과 프랑스혁명의 난민인 도로테아의 사랑을 소재로 격동의 시대에도 인간성을 잃지 않는 시민의 이상을 그린 괴테의 서사시〕를 읽어줄 때, 그리고 몰리에르, 코르네유, 라신의 희곡에서 어려운 활자와 악센트를 읽을 때 눈이 심하게 혹사당했던 것이다.

위에 인용한 편지에서 발췌한 이 글에서는 선생님의 독립심을 엿

볼 수 있다. "언덕 위에 작은 오두막을 얻어서 집으로 꾸미려 해. 우리가 막사라 부르는 그 집에는 방이 네 개 있단다. 그 외에는…… 꼭 필요한 물건만 구입해서 되도록 규모 있게 살림을 꾸려나갈 생각이야. 일을 할 수 있을 만큼 좋아지려면 얼마간은 여기서 지내야 할 것 같아. 휴양할 수 있는 여건이 되는 지역 가운데 여기보다 행복하게 지낼 수 있는 곳은 없을 테니까. 그 오두막은 높은 지대에 있는데 그 주위로 오렌지와 그레이프프루트 과수원이 펼쳐져 있어. 과수원 앞쪽에는 파인애플 밭뙈기도 있더구나."

선생님의 결정은 우리 모두에게 걱정을 불러일으켰고, 그래서 훈계와 애원으로 가득한 편지들이 그녀에게 속속 날아갔다. 그러나 나는 선생님이 흔히 제 뜻대로 하면서도 자신의 선택이 현명했음을 입증하곤 했기 때문에 그다지 반대하지 않았다. 여하튼 그 다음번 선생님의 편지는 사그라지지 않은 그녀의 매력과 장난기 어린 명랑함으로 가득하여 내 마음이 놓였다.

"이제 어머니의 푸에르토리코에 대한 편견에 대해 최종 발언을 해야겠다. 나는 솔직히 어머니가 당신이 잘 알지 못하는 곳에 대해 그토록 강력한 의견을 가질 수 있다는 게 의아하다. 내가 4월까지 여기 있을 예정이라는 걸 네가 어머니한테 잘 이해시켜주기를 바란다. 플래시드로 돌아가느니 차라리 사자 굴로 돌진하겠어. 에머슨〔Ralph Waldo Emerson(1803~1882); 뉴잉글랜드의 초절주의 사상가이자 수필가〕의 글을 좀 바꿔서 써보면, '클럽'의 방들은 감옥이다. 존 버니언〔John Bunyan(1628~1688); 잉글랜드의 목사. 청교도의 종교관을 표현한 《천로역정》의 저자〕은 영국 국교회의 예배 형식을 따르는 대신 감옥행을 택했다. 조지 폭스〔George Fox(1624~1691) ; 잉글랜드의 설교가, 퀘이커교의 창시자〕는 치안판사 앞에서 모자를 벗는 대신 감옥으로 갔고, 나는 애디론댁 산맥으로 돌아가기 전에 순교할 것이다.

모든 사람들이 자신에게 가장 좋은 것을 알고 그에 따라 행동한다면 세상은 비록 그렇게 흥미롭지는 않더라도 아주 다른 모습이 되었을 거야. 하지만 우리는 우리에게 좋은 게 무엇인지 알지 못하잖니. 그래서 나는 일생 동안 새로운 시도를 하며 보내고 있어. 그 실험들은 재미있고 때론 비용이 들기도 하지만, 나 자신에게 가장 좋은 것을 알 수 있는 다른 방법이 없으니…….

나는 뉴잉글랜드의 양심을 물려받지 않아서 기쁘다. 만일 그랬다면 내가 푸에르토리코에서 누리는 즐거움이 죄가 되는 건 아닌지 걱정하고 있을 테니까. 여기서는 행복할 수밖에 없단다, 헬렌. 행복하게 목적 없이 빈둥대며 이교도적으로 지내고 있거든. 나는 매일 밤 햇빛과 오렌지 꽃향기에 흠뻑 젖은 채 잠자리에 들어서, 황소들이 바나나 잎사귀를 우적우적 씹어 먹는 소리를 들으며 잠에 빠져든단다."

선생님과 폴리가 그 집에 들어가 어느 정도 안정이 되었을 무렵 황소 서너 마리가 당당하게 선생님의 방으로 걸어 들어와 깊고 고요한 눈망울로 선생님을 응시할 때 선생님이 얼마나 재미있어했을지 상상할 수 있다. 그때 선생님이 데려와 키우던 떠돌이 개 바야몬은 통통하게 살이 오른 모습으로 기분 좋게 목욕을 하고 나와 그 모습에 놀라 사납게 짖어대고…….

편지는 이렇게 이어진다.

"우리는 매일 저녁 현관에 앉아 석양이 찬란한 빛을 사위고 다른 색으로, 그러니까 장밋빛, 아스포델빛(그게 무슨 색인지 아니? 난 푸른 빛깔이라고 생각했는데 요번에야 금작화의 황금빛 노란색이라는 걸 알았단다)에서 바이올렛 색으로, 이어서 진한 자주색으로 변해가는 걸 지켜본단다. 하늘에 별이 뜨고(색색의 램프가 우리 머리 위로 낮게 매달려 있는 것 같단다) 무수한 개똥벌레들이 풀밭에 나와 어두운 나무 사이로 반짝일 때면 폴리와 나는 가만히 숨을 죽이고 그것들을 바라본단다.

······ 이곳이 내게 마법을 건 것 같아. 내 안에서 잠자던 무언가가 깨어 일어나 주위의 갖가지 일들을 신기한 눈으로 바라보거든. 산후안[푸에르토리코의 수도] 항에 내릴 때는 오랫동안 먼 타향에서 고통스런 시간을 보내다 비로소 내가 태어난 황야에 발을 디디는 것 같아."

조그만 브라유 점자판에 송곳칼로 구멍을 내가며 그 지루하고도 고된 작업을 하느라 선생님이 얼마나 피곤하셨을지 상상이 되었다. 특히 선생님은 시각장애인들이 편하게 읽고 쓰는 데 필수적인 수많은 축약형과 약호(略號)에 익숙하지 않았다. 글을 쓰는 일 외에도 선생님은 집안일을 하고, 폴리에게 요리를 가르치고, 폴리가 선생님을 대신해 우리 곁에서 우리의 개인 생활과 공적 활동의 갖가지 위급 상황에 대처할 수 있도록 훈련시키느라 쉴 틈이 없었다. 폴리는 우리가 여행을 할 때 서신과 의상 일을 돌봐주었고 내가 면담하는 일을 거들어주었다. 이제 폴리의 열의는 더욱 빛나고 선생님의 분투에 동참한다는 자부심이 자신의 능력을 높이도록 더욱 용기를 북돋워 우리의 어깨를 내리누르는 짐을 들어 올려주었다. 선생님의 편지를 읽고 나는 선생님이 아직 건강이 좋지 못하다는 것을 알아챘으므로,

선생님이 긴장을 풀고 '기쁨의 섬'의 평온함에 푹 젖어 병을 치유할 수 있도록 도와주는 폴리가 고마웠다.

선생님이 내게 보낸 또 다른 편지에서 선생님의 영혼은 무한한 기쁨에 흠뻑 취해 있었다.

"햇빛이 마루 가득 비쳐들고, 공기는 오렌지 꽃향기로 향긋하고, 대지는 긴 리본 모양의 파인애플 이파리로 이글거린다. 베란다에서 바라보면 페르시아산 양탄자 같단다. 단지 더 찬란하고 펼칠 수 없다는 것만 빼면 말이야. 파인애플은 보기에는 아름답지만 손을 대기가 편치 않아. 표면이 꼭 고슴도치 같거든. 벌새들이 바나나 나무 주위를 맴돌 때에는 화단백석〔멕시코산 빨간 오팔〕이 날아다니는 것처럼 보여. 이런 걸 바라볼 때면 전쟁에 대해 숙고하느라 그토록 많은 시간과 힘을 허비한 걸 후회하곤 한단다. 우리의 정신을 자연의 아름다움 대신 인간의 잔혹한 행동으로 채우는 건 어리석은 일이 아닐까? 그럼에도 우리는 할 수 있는 한 서로를 도와야 하고, 분별을 유지하려고 노력해야겠지. 세상이 미쳐가는 상황이니 더욱 그래야 할 거야."

푸에르토리코에서 자동차를 보유하는 데 비용이 많이 들지 않는다는 건 반가운 소식이었다. 선생님은 우리의 운전기사 해리 램이 가격을 깎아 얼마나 저렴하게 자동차를 구입했는지 적었다. "해리가 있어서 여러모로 도움이 많이 된단다. 그리고 오오, 여기서 자동차를 쓸 수 있어서 얼마나 기쁜지 몰라! 우리에겐 정말 자동차가 필요했단다. 꽤 떨어진 곳에 있는 이웃의 호의가 없으면 어디도 갈 수 없었거든. 심지어 식량도 사올 수가 없었단다. 이제 자동차도 생겼으니 나의 낙원을 구석구석 너한테 보여줄 수 있겠구나."

한번은 선생님은 아주 기묘한 경험을 했다는 내용의 편지를 보내왔다.

"언젠가 여기서, 혹은 여기와 비슷한 열대지방에서 지냈던 기억이 어떤 때는 어렴풋이 떠올랐다가 또 어떤 때는 명료하게 떠오르기도 하면서 계속 이어지고 있단다. 소나기가 퍼붓고 난 뒤 뜨거운 태양이 비출 때의 느낌이 기억을 일깨우고 나를 흥분하게 하지. 언덕 위 사탕수수밭의 초록색이 당혹스러울 정도로 낯이 익고, 산등성의 푸른 그림자가 드리워진 산모롱이가 있는 곳에 서면 누군가 나를 아는 사람을 만나게 될 것만 같아서 고개를 휙 돌리게 된단다. 정말 이상하지 않니? 총검 공장을 보면 달아나고 싶어지고 말이야. 길고 뾰족한 칼끝이 내 살을 파고드는 고통이 너무 선명하게 느껴지거든! 그 느낌이 어찌나 강렬한지 어디를 찔렸는지 그 지점을 짚어낼 수 있을 정도라니까!

요전 날 밤 우리가 산후안에서 집으로 돌아올 때 길모퉁이를 돌아들자 거무스름한 바다가 가까이 보였어. 동쪽에선 노란 달이 떠올랐지. 그때 해리가 '저기 좀 보세요!'라고 말했어. 폴리는 자동차 밖으로 몸을 내밀고 무슨 일인지 보았지만, 나는 온몸이 공포로 얼어붙어서 볼 수 없었어. 알몸을 한 남자 둘이 희미한 달빛 아래서 격렬하게 싸우는 장면이 내 눈으로 직접 목격한 것처럼 선명하게 떠올랐거든. 그런데 그때 정말 그런 일이 벌어지고 있었다는 거야. 폴리와 해리가 자기가 목격한 장면을 이야기해주었을 때 온몸에 으스스 소름이 돋으며 가슴 가득 극심한 고독감이 밀려왔어. 놀랍지 않니? 무슨 연유인지 이런 인상에는 옛일을 회상하는 듯한 느낌이 스며 있단다. 설리번 가의 옛 조상 가운데 스페인인 군인을 열렬하게, 그러나 현명하지는 않게 사랑했던 아일랜드 처녀가 있었는지 누가 아니? 너도 알다시피 아일랜드에 대항해 싸웠던 군인들은 흔히 프랑스, 스페인, 네덜란드 등 각지에서 온 모험가들로 이루어진 용병들이었잖니.

일꾼들은 일하거나 걷거나 자신의 집 문 앞에 앉아 있을 때면, 헬렌, 마치 네가 혼잣말을 할 때처럼 자신이 하는 일을 운율이 구슬픈 노래로 만들어 나직이 흥얼거린단다. '오렌지를 따자, 하나씩 하나씩.' '고기를 잡자, 낚싯줄을 던져 넣자, 끌어올리자.' '걸어가자, 한 걸음, 또 한 걸음, 짧은 걸음, 긴 걸음.' 이건 내가 너한테 형용사를 가르칠 때 썼던 방법이기도 하지. 기억하니?

내가 조금 더 쉽게 브라유 점자로 글을 쓸 수 있다면 얼마나 좋을까! 속도가 너무 느려서 많은 생각들이 말해지지 못한 채 묻히고 말아. 하지만 그것들은 네가 써 보낸 황금빛 수선화에 대한 이야기에서처럼 수선화가 겨우내 땅속에서 꽃을 피울 준비를 하듯 내 마음속에 남아 있으리라는 걸 너는 알겠지. 내 생각은 우리가 다시 만나는 봄에 수선화처럼 활짝 피어나 너에게 기쁨을 줄 거야."

선생님의 초대는 뿌리치기 어려운 유혹이었으나, 어머니도 나도 가서는 안 된다고 생각했다. 선생님에게는 세상에서 벗어나 완전한 휴식을 하는 게 절대적으로 필요한데 우리가 가면 그럴 수 없을 테니까.

선생님의 편지 가운데에는 오늘날까지도 내게 힘이 되어주는 생각과 귀중한 조언이 담긴 것도 있었다. 내가 선생님의 건강과 우리의 미래에 대해 걱정하는 편지를 보냈을 때 선생님은 답장에 이렇게 썼다.

"헬렌, 미래에 대해서는 걱정할 필요가 없단다. 나는 아직 죽지 않을 거야. 나는 내 건강이 좋아지리라는 걸 알아. 조금도 아픈 것 같지 않아…….

하지만 설령 내가 죽는다 해도 네가 삶을 계속하지 않을 이유는 없단다…… 네 주위 삶을, 특히 네 삶을 가만히 들여다보면 미래가 아무리 암담하더라도 내가 너에게 오기 전 처음만큼 절망적이지는 않을 거야. 게다가 너는 하느님이 자애로운 눈길로 지켜본다는 것을 믿지 않니. (나한테는 그런 존재가 없지만, 네게는 있다는 게 정말 기쁘다.) 아무리 어려운 상황에 있더라도 진정으로 거기서 벗어나기를 바란다면 반드시 출구가 보일 거야."

또 다른 편지에서는 내가 그때부터 지금껏 사용해오는 방법을 알려주셨다.

"나는 네가 시를 읽으며 마음의 현(絃)을 고를 수 있어서 기쁘구나. 시인의 생각이라는 이파리들은 떼어내고 열매를 우리 자신의 정신이 비추는 햇빛에 직접 노출시켜 그 맛이 어떻게 변하는지 관찰하는 것은 참 즐거운 정신운동이지. 시인의 정신이 피워낸 꽃과 열매가 다른 두뇌로 옮겨졌을 때 색조와 향기와 맛이 어떻게 달라지는지 관찰하는 것은 정말 매혹적인 일이야." (선생님은 내가 〈얼음나라 왕〉 표절 사건에서 경험했던 고통스런 정신적 정지 상태를 나 못지 않게 통렬하게 기억하고 계셨다.)

"글로 네 생각을 표현하는 일은 네가 우수한 사람들과 동등한 조건에서 경쟁할 수 있는 유일한 게임인 셈이지. 이 게임은 결과가 서서히 나타나니까 조급해하지 마라. 위대한 작가들은 적확한 구절이나 이미지를 찾아내려고 흔히 몇 날 며칠을 연습하고 고민한단다. ……너는 이 시대와 시각장애인의 문제에 관심이 많지. 인류를 위해 봉사하겠다는 포부도 있고 말이다. 하지만 글을 쓰지 않고 어떻게 그런 일을 해낼 수 있겠니?"

선생님이 영원불멸에 대해 믿지 않는다는 것을 재차 확인하는 글을 읽을 때면 불가지론에 경도된 한 인간을 위한 사랑의 십자가가 내 마음을 무겁게 내리눌렀다. 선생님의 죽음이 다가온다는 것을 생각하면 선생님이 계속되는 생을 감지하는 영광을 누리지 못하는 것이 안타까웠다.

"헬렌, 난 너처럼 믿을 수가 없으니 몹시 괴롭구나. 너의 삶 가운데 종교적인 부분을 공유하지 못한다는 게 마음이 아파. 너도 잘 알다시피 나한테는 이승에서의 삶이 중요하단다. 특히 우리의 행위는 다른 사람들에게 영향을 미치기 때문에 우리가 지금 여기서 하는 행위는 무척 중요해.

나는 시만큼이나 성경을 좋아한단다. 성경을 읽을 때면 아름다움과 기쁨이 느껴지지. 하지만 좋은 글이 신의 영감으로 씌어지지 않는 것처럼 성경 역시 신의 계시에 의해 씌어진 것은 아니라고 생각해. 내세가 있는지 없는지는 모르겠다만, 나는 사랑은 영원하다고 믿어. 사는 동안 영원히 나타난다고 믿는 거지. 여기서 내가 '영원하다'는 말을 쓰는 것은 내 상상력이 미치는 범위 내에서 그렇다는 뜻이란다.

내세에는 비틀린 세상이 바로잡힐 거라고 너는 본능적으로 믿고 있지. 영원불멸에 대한 믿음이 있기에 너는 너의 제약과 어려움에도 생을 살아갈 가치가 있는 것으로 여기는 것일 테고 말야. 천국이라 불리는 곳에서 영원히 산다는 생각이 사실 나한테는 별로 끌리지 않는다. 나는 죽음이 끝이라는 것에 만족하거든. 다른 이의 기억에 남을 수 있으면 그것으로 족하지."

선생님이 하신 말씀을 인용하다 보니 내 영혼이 선생님께 더욱 가까이 다가가는 듯하다. 내가 삶 자체를 사랑했고 그럴 수 있었던 건 선생님이 내게 와주신 덕분이라는 것을 선생님께 확인시켜드리고 싶다. 나는 새교회의 신조를 즐겁게 받아들였다. 그것은 청각장애나 시각장애, 또는 그 밖의 어떤 다른 어려움에 대한 위로를 얻기 위해서가 아니었다. 본래부터 나는 늘 내 내면에서 다섯 가지 감각을 사용하고 있다고 느꼈고, 그랬기 때문에 내 삶이 충만하고 완전할 수 있었던 것 같다. 지금 여기에 있는 나는, 이렇듯 늘 영혼의 세계(내가 이승에서의 꿈에서 깨어날 때 나의 생이 영원히 계속될 세계)에 있으므로, 선생님과 내가 떨어져 있다고 생각한 적이 없었다. 나는 이승에서 시간의 흐름에 초조해하지 않은 것처럼 영원불멸에 대해서도 연연해하지 않을 것이다. 나는 장소에 구속됨 없이 감정과 사유의 새로운 경험을 추구할 것이다. 머릿속의 다섯 가지 감각으로 보이지 않는 것을 볼 수 있게 하고 들리지 않는 것을 들을 수 있게 하는 우리 모두의 내면에 있는 절대자를 선생님이 조급함 때문에 이해하지 못했다는 게 슬플 따름이다.

이 편지들은 선생님이 나를 시각장애인이나 청각장애인으로서가 아니라 한 인간으로서 깊이 존중했다는 것을 보여주기 때문에 큰 의미를 지닌다. 선생님은 나에게 어떤 상황에서도 양심에 어긋나는 생각이나 말이나 행동을 하지 말라고 당부하셨다. 선생님은 내가 정치, 경제, 종교에 관해 내 견해를 표현하고 다른 이의 의견에도 솔직하게 귀 기울일 수 있는 권리를 신께서 내게 부여한 특권 가운데 하나로 보았다. 선생님은 내가 신체적 제약을 갖고 있다는 이유로 나를 경멸한 적이 한 번도 없었다. 아무리 우리의 의견이 다르더라도 내 의견에 마음을 열고 경청했고, 내가 성숙한 나이가 되었을 때에는 내가 내 생각을 발전시키고 내 개성을 발현할 기회를 찾을 수 있도록 늘 내 옆에서 나를 지지해주었다.

"너도 알다시피, 애야, 너는 열성적인 사회개혁가의 기질을 타고났어. 우리는 둘 다 전장의 군인들처럼 평화를 위해 싸웠다. 내가 전에도 여러 번 말한 적이 있다만 우리는 삶이라는 전쟁터를 무척 중요하게 여겼지! 우리가 조금 더 온화한 미덕을 계발했다면 세계가 조금 더 평화로워졌을지도 모르겠구나. 세계 평화는 모든 이를 관용과 인내로 대하려고 노력하는 게 옳다고 생각하는 우리 손에 달려 있어. 우리가 없다면 신도 이곳을 더 자애로운 세상으로 만들 수 없을 거야.

윌슨〔Thomas Woodrow Wilson(1913~1921); 미국의 28대 대통령〕이 세계의 확장과 더불어 자신을 확장하지 못했다는 게 유감스럽구나. 그런데 그를 둘러싼 세계는 정말 넓어졌을까? 자신과 직접 관련이 없는 문제에는 어떤 것에도 마음을 열지 않으려는 사람들이 있는 게 사실인 것 같다. 이들은 나이가 들면 저절로 지혜가 생긴다고 생각하지.

나는 윌슨 대통령에 대한 업턴 싱클레어〔Upton Sinclair(1878~1968); 20세기 초 미국 식품업계의 비인간적이고 비위생적인 노동 현장을 신랄하게 고발한 걸작《정글》을 쓴 미국의 소설가이자 논객으로 사회주의 개혁운동을 펴기도 했음〕의 믿음에는 전혀 공감하지 않아. 싱클레어는 조 에토〔Joseph James Ettor(1886~1948); 20세기 초 미국의 노동운동을 주도했던 인물〕가 경멸하는, 겉만 번지르르한 사회주의자 가운데 한 명이야. 싱클레어는 아마도 윌슨의 말솜씨에 혹했을 거야. 윌슨은 고매한 휴머니스트가 아니란다. 그의 모든 말과 행동은 하나의 고정관념에 의해 통제를 받지. 그 생각이 무엇인지 꼬집어 말할 수는 없지만 앞으로 사건이 터질 때마다 점점 확실히 드러나게 될 거다. 한 가지만은 분명해. 윌슨은 자신이 하는 모든 일을 세계의 최고선을 위한 것이라고 생각하지. 착취가 늘 자선으로 둔갑하는데, 그것이야말로 기독교적 허식이지.' 이런 그의 특성이 별로 심하게 드러나지 않은 일에도 내 마음과 정신이 열리지 않은 탓에 윌슨 대통령의 행동과 숱한 말들에서 이타주의 비슷한 것을 발견하지 못했을 수도 있어. 나 역시 마음을 열지 못하는 사람 가운데 한 명인지도 모르겠다."

선생님의 다음 편지는 내 마음을 아리게 했다. 우리가 1차 세계대전에 참전할 당시 내 분별력은 명료했다. 그래서 평화주의를 고수할 수 있었으나, 두 번째 전쟁이 발발했을 때는 문제가 너무나 명확해 보였던 탓에(자유냐 히틀러냐), 그 무시무시한 폭정을 몰아내기 위해 있는 힘껏 미국과 연합군을 도왔다. 그러나 천상의 도덕률인 평화를 저버린 것만 같아 지금도 그 생각을 하면 마음이 불편하다.

"물론 너도 이 끔찍한 전쟁을 생각하지 않을 수 없을 거야. 우리가 할 수 있는 일이라곤 그저 지켜보는 것밖에 없구나. 우리는 머지않아 전쟁에 뛰어들게 될 거야. 참전이 우리에게 무슨 도움이 될지는 모르겠다만 우리 개개인은 미국을 대혼란에서 지키기 위해 할 수 있는 모든 일을 해왔는데…….

그래, 그토록 불명예스런 일이 우리가 사는 시대에 그것도 우리가 개화되고 문명화되었다고 말하는 시대에 일어나고 있다는 게 믿기지 않는구나. 너는 왜 빌 헤이우드[Bill Haywood(1869~1928) ; 미국의 노동운동가]가 모든 국가가 문명화되었다는 생각을 비웃었는지 이해할 수 있을 거다. 우리의 고도로 세련된 태도가 거짓말쟁이와 사기꾼과 살인자를 은폐하는 얇은 베니어판이라고 비웃던 그의 말이 기억나는구나. 사실 그때는 그의 말이 좀 거칠다고 생각했지만, 이제 이 전쟁을 혐오하게 되고 보니 오히려 너그러운 것이었다는 생각이 드는구나.

너도 알다시피 나는 윌슨 대통령을 신뢰하지 않았어. 그는 자기 본위로 생각하는 사람이고 비스마르크 같은 지력이 없으면서도 비스마르크처럼 되고 싶어 하는 전제군주의 마음을 가진 사람이야. 은행가들은 빌려준 대부금을 못 받게 될까 봐 불안해지면 윌슨을 전쟁에 참전하도록 부추기겠지. 하지만 헬렌, 너도 알다시피 역사상 최악의 사건들과 가장 끔찍한 재난들은 새로운 시대를 여는 디딤돌이 되어왔어. 프랑스 대혁명의 피해와 황폐화, 공포 등은 비참한 국민들을 일깨워 자신의 인권을 인식하게 하는 데 필수적이었지. 누가 아니? 이 전쟁으로 이 거대한 물질주의적 금권정치의 잔혹한 어리석음과 추악함을 완전히 몰아내게 될지도 모르지. 자본의 낭비가 너무 어마어마해서 자본주의는 다시 일어날 수 없을 거다. 셀 수 없이 많은 희생자가 나오겠지만 이익도 엄청날 거다. 이런, 편지가 너무 우울해졌구나! 이런 이야기는 내 주위에 펼쳐진 풍광과는 정말 안 어울린단다."

선생님이 그 다음 편지에 동봉한 로맹 롤랑(1866~1944. 프랑스의 소설가·극작가·수필가)이 윌슨 대통령에게 쓴 공개 서한을 읽을 때 내 가슴은 기대로 두근거렸다. 아니, 나는 롤랑의 이 갸륵한 간청에 어떤 응답이 있을 거라고 기대하지 않았지만, 이 편지는 세상 곳곳에 평화를 바라는 사람들이 있다는 내 믿음을 새삼 확인시켜주었기 때문이다.

국민들이 자신을 얽어매던 속박을 깨부수고 있습니다. 당신이 기대하고 바라던 시간을 알리는 시계소리가 들리지 않습니까? 그 울림이 헛되지 않기를 바랍니다! 유럽의 한쪽 끝에서 다른 쪽 끝까지 국민들 사이에 자신의 운명을 스스로 통제하고 유럽의 재건을 위해 통합하려는 의지가 일어나고 있습니다. 정치적 경계를 넘어, 이들의 손은 협력하기 위해 맞잡을 서로의 손을 찾고 있습니다. 그러나 이들 사이에는 여전히 깊은 간극과 오해가 존재합니다. 이 틈을 연결하는 다리를 놓아야 합니다. 이 국민들을 전쟁으로 내몰고, 이들로 하여금 무턱대고 스스로를 내던져 서로를 파괴하게 하는 구닥다리 숙명론의 속박은 분쇄되어야 합니다. 그러나 이들만의 힘으로는 그 일을 해낼 수 없습니다. 이들은 도움을 갈구합니다. 하지만 누구에게 간청해야 할까요?

대통령 각하, 국민들의 정책을 이끄는 막대한 영예를 지고 있는 사람들 가운데 여전히 보편적인 도덕적 권위를 누리는 분은 당신뿐입니다. 이 애처로운 희망의 호소에 응답해주십시오. 당신을 향해 내민 손을 맞잡고 이들의 통합을 도와주십시오. 이 암중모색하는 이들이 다시 길을 찾아내고, 자유와 통일, 그리고 이들이 추구하는 원칙들로 이루어진 새 헌장을 작성할 수 있도록 도와주십시오.

이러다 유럽이 대혼란에 빠져 붕괴될지도 모릅니다. 세계 각국의 국민들 중 자신의 지도층 계급을 신뢰하는 경우는 거의 없습니다. 현재 당신은 각국의 국민들에게 이야기하고 그들과 부르주아 계급 양측의 의견을 들을 수 있는 유일한 분입니다. 다시 말해 현재 당신은 이들을 중재할 수 있는 유일한 분이죠. (미래에도 그럴 수 있을까요?) 만일 이 중재가 실패하면, 분열된 대중은 균형추가 없는 탓에 극단으로 치닫게 되어, 국민은 유혈 무정부 상태에 빠지고, 구질서의 일당들은 폭력으로 대응할 것입니다. 계층 간 전쟁, 민족 간 전쟁, 과거에 형성된 집단 간의 전쟁, 현재 형성되고 있는 집단 간의 전쟁, 증오심과 공동 탐욕, 내일이 없는 짧은 생의 광란적 꿈을 충족시키려는 무분별한 사회계층 간 싸움이 일어날 것입니다.

조지 워싱턴과 에이브러햄 링컨의 후예여! 한 집단이나 한 나라의 이익을 옹호하는 대신 모든 이의 대의를 살피십시오! 국민의 대표를 인류의 의회로 소집하십시오. 거기서 당신의 고귀한 도덕적 양심과 거대한 미국의 막강한 미래가 당신에게 보장하는 모든 권위로 회의를 주재하십시오. 모두에게 말하고 또 말하십시오! 세계는 종족과 계층의 경계를 초월하는 목소리를 갈구합니다. 자유민의 중재자가 되어주십시오. 그러면 당신은 미래에 세계 융화를 이끌어낸 분으로 기억될 것입니다.

푸에르토리코에서 보내온 편지들은 선생님 생에서 외부 환경과 이상(理想) 사이의 끊임없는 갈등이 없었던 유일한 시기의 이야기를 담고 있다. 하긴 이 시기조차 세계대전이 끼어들긴 했지만. 선생님이 그 '기쁨의 섬'을 떠나 걱정거리 가득한 환경으로 되돌아올 때 얼마나 내키기 않았을지 짐작이 된다. 선생님은 이제껏 즐겨 탐험해온 인생의 변화와 부침(浮沈)이 이제 더는 자신에게 열려 있지 않으리라는 것을 알았다. 선생님은 자신의 숙적이 자신의 세계에 남겨놓은 균열을 메울 방법이 없다는 걸 알았다. 선생님은 시야가 점점 흐려져서 세세한 활동에 제약이 오는 것과 자신의 불같은 성미와 싸워야 할 일을 걱정했던 것이다.

12

　내가 할리우드로 가서 내 생애에 관한 영화를 찍은 것은 오로지 선생님을 제대로 부양할 수 있으리라는 희망 때문이었다. 선생님은 건강이 완전히 회복되지 않은 탓에 일 년이 넘도록 강연을 할 수 없었으나 영화 작업에 참여하면서 얼마간 평정을 되찾았고 이 일에 완전히 몰두하느라 우울한 상념에 빠질 겨를이 없었다. 때는 1918년 여름이었고 무더운 나날이 이어지고 있었으나 밤에는 시원했다. 관목처럼 자라는 제라늄과 매혹적인 양귀비, 그리고 선생님이 새 지평을 향해 올라가는 내 영혼을 상기시킨다고 말하던 포인세티아는 우리에게 변함없는 기쁨을 주었다. 우리가 영화 촬영소에 갔을 때 예기치 않은 것들(알래스카의 지도에 표시되지 않은 지역을 다니는 에스키모와 이들의 썰매를 끄는 개들, 들판을 횡단하며 달리는 구식 조랑말 속달우편, 스키를 타고 산을 오르는 일군의 사람들)이 우리를 맞이했다. 우리가 포즈를 취하는 장면과 장면 사이에 선생님은 감독이나 다른 스태프들과 농담을 하며 이야기를 나눴다.
　선생님과 내가 공유한 일들이 영화에서는 지나치게 상징적으로 묘사된 탓에 선생님은 제작비를 지불하는 대표인 리브프리드 박사와 논쟁을 벌인 뒤, 이 영화를 볼 사람들의 흥미와 공감을 끌어내기 위한 새로운 방법을 찾으려는 우리의 노력에 헤르메스가 되어주겠다는 무지갯빛 약속을 받아냈다. 그러나 이 약속은 이루어지지 않았고, 그가 늘어가는 비용에 노하여 얼굴이 자줏빛으로 변할 때마다 선생님은 그가 약속을 어겼다는 사실을 참을성 있게 그러나 무자비하게 상기시키곤 했다. 그러면 그가 노발대발 화를 냈고 선생님은 예전처럼 앞뒤 가리지 않고 맞받아쳤다. 그럴 때면 그는 잠시 말싸움을 중단하고 나에게 사랑에 대한 일장연설을 늘어놓은 다음 다시 공격하곤 했다. 그는 상업적인 '스릴러'를 원했고 선생님과 나는 역사적 기록물을 요구했으므로 두 갈래로 나뉜 견해는 화합하기 어려워 보였다. 정말 우울한 코미디였으나, 선생님은 침착함을 잃고 얼굴을 붉히며 화를 낼 때에도, 나에게 가보지 않은 영역을 탐험하고 세상사에 대한 이해의 지평을 넓힐 기회를 주어야 한다는 신념을 잊지 않으셨다.

나는 선생님이 할리우드의 독특한 환경에서 참모습을 더 많이 드러낼 수 있으리라고 기대했으나, 선생님은 우리가 매리 픽퍼드 [1893~1979. 무성영화 시대에 '미국의 연인'으로 불릴 정도로 인기를 누렸던 배우], 더글러스 페어뱅크스[1883~1939. 미국의 영화배우], 캐리 제이콥스 본드[1862~1946. 유명 대중가요 작곡·작사가]를 만났을 때 너무 수줍어했다. 모두가 우리에게 친절했지만, 나에게 쏟아지는 이들의 찬사는 나에게 엉겁결에 내 것이 아닌 것까지 가로챈 것 같은 느낌이 들게 했다. 나로 하여금 내 한계를 뛰어넘을 수 있도록 힘들여 땅을 일구고, 인류의 귀중한 수확물을 내게 전해준 선생님이 특별히 칭송을 받아야 한다고 말하는 사람은 거의 없었다.

그럼에도 선생님은 찰리 채플린과 함께 있을 때면 생기 넘치는 매력을 발산하셨다. 이들은 둘 다 가난과, 가난이 육체와 영혼에 야기한 고난을 견뎌냈다. 두 사람 모두 교육을 통해 사회적 평등을 얻으려고 분투했고 성공이 이들의 노력에 왕관을 씌워주었을 때 이들은 혜택받지 못한 이들을 위해 다정하게 자신의 모든 것을 쏟아 부었다. 이들은 천성적으로 수줍음이 많았고, 운명을 이겨냈다고 해서 자만하지 않았다. 그래서 이 두 사람이 서로를 이해하고, 천재들에게 흔히 등을 돌리곤 하는 세상에서 위대한 예술가들이 서로를 위로하는 우정을 형성하게 된 건 당연한 일이었다.

하지만 선생님이 한 개인으로서 자아를 실현할 수 있기를 간절히 바라며 조용히 지켜보았건만 선생님에 대한 내 허영(사랑을 이렇게 부를 수 있다면)이 충족될 때는 드물었다. 만일 선생님이 내가 사람들의 과도한 찬사 속에서 행복했거나 거부감이 없었다고 생각한다면 선생님은 나에 대한 사랑에 눈이 멀어 제대로 감지하지 못한 것이다. 내가 선생님과 내 일에 부담이 되었던 그 어리석은 평가를 조망하는 것은 고마움을 몰라서가 아니라 뭔가 공정하지 않다고 느끼기 때문이다.

나는 이미 《얼음나라 왕》 표절 사건에 대해 밝힌 적이 있다. 이 사건과 관련해 내가 용서할 수 없는 일은 애니 설리번 선생님이 내 마음을 비뚤어지게 만들었다는 비난을 받았던 것이다. 내가 래드클리프 대학에서 공부할 때 자칭 '기독교도'이자 '시각장애인의 친구'라는 몇몇 사람들은 내가 볼 수 없고 들을 수 없다는 이유로 내가 가는 길마다 의심과 의혹을 흩뿌리는가 하면, 선생님의 이름은 밝히지 않고 내가 내 정신이 이해할 수 없는 주제를 공부하도록 강요받고 있다는 뜻을 내비치곤 했다.

렌섬에서의 행복한 시절에도 이런 일이 있었다. 내가 재미 삼아 셰익스피어와 베이컨의 논쟁을 모티브로 베이컨 편에서 글을 썼을 때, 《센추리 매거진》의 리처드 왓슨 길더 같은 친구들조차 경악했다. 길더 씨는 《돌담의 노래》는 물론 논란의 소지가 있는 《내가 사는 세상》조차 《센추리》에 실어준 분이었으나, 내가 셰익스피어와 베이컨에 관한 글을 보냈을 때에는 그런 주제에 관한 의견을 공개적으로 발표한다면 내가 상처를 입게 될 거라며 우려를 표했다. 심지어 길더 씨는 어떻게 내게 그런 글을 쓰게 할 수 있느냐면서 선생님과 존을 비난하는 게 아닌가! 어떻게 길더 씨가, 자유로이 원하는 글을 쓸 수 있는 내 권리를 선생님과 존이 침해한다는 상상을 할 수 있었을까! 내가 이 일을 언급하는 이유는 이 일이 특히 중요해서가 아니라 내가 독자적으로 생각한다는 것을 처음으로 외부에 알리는 계기가 되었기 때문이다.

내가 쓰는 글이 두 가지 주제에 국한되어 있다는 게 짜증이 났다. 첫 번째 주제는 너무 많이 이야기해서 완전히 질려버린 나 자신에 관한 이야기였고, 두 번째는 시각장애인에 관한 것이었다. 선생님은 《내가 살아온 이야기》에서조차 자신에 관한 어떤 내용도 쓰지 못하게 하셨다. 1906년 매사추세츠 주 시각장애인협회에서 나를 회원으로 위촉했을 때 나는 시각장애인을 위해 오랜 기간 일하면서 얻은 경험을 가지고 있는 선생님이 아니라 내가 발탁되었다는 사실에 실망했다. 그 오랜 세월 동안 장애인을 돕기 위한 방법을 경험을 통해 알아온 선생님의 조언이 아닌 내 조언을 구하다니 참 곤혹스런 일이었다. 게다가 렌섬의 우리 집을 방문한 숱한 사람들이 청각장애인이나 시각장애인, 또는 청각과 시각 이중 장애인의 갖가지 문제들을 의논할 때 이 문제에 효과적으로 대답할 수 있는 능숙한 선생님에게 조언을 구하지 않고 나를 찾으니 당황스러웠다.

선생님과 내가 처음 렌섬에 정착했을 때만 해도 나는 시각장애인을 돕는 일만을 할 생각이었지 시각 보호에 관한 일까지 하게 되리라고는 생각하지 못했다. 시각장애인 문제 하나만으로도 온 정신을 기울이기에 충분했으니까. 나는 이삼 년간 혼자 생활할 기회가 있었으나 시각장애인의 복잡한 문제에 봉착할 때마다 선생님께 자문을 구하곤 했다. 우리는 다양한 문제가 생길 때마다 오래도록 함께 이야기했고, 존은 시각장애인 문제를 미국, 영국, 프랑스, 독일 등지에서 어떻게 접근하고 있는지에 관한 책과 보고서를 읽어주었다(그중에는 프랑스어와 독일어로 된 것도 있었다).

당시 시각장애인을 위한 운동이 미국에서는 비교적 생소한 편이어서, 몇 안 되는 맹아학교에서 일하는 사람들을 제외하면 맹아 교육법에 대해 잘 아는 사람이 거의 없었다는 점을 여기서 기억해야 한다. 더 깊이 조사할수록 내 지식의 부족함을 더 많이 느꼈다. 사람들은 시각장애인을 하나의 집단으로 생각했고, 이런 경향은 지금도 여전하다. 사실 시각장애인 두 사람은, 정상인 두 사람이 다른 것과 마찬가지로 많이 달랐으므로 이들에겐 제각기 다양한 방식이 필요하다. 앞을 볼 수 없는 아기를 훈련하는 법이 있고, 시력이 제한적인 아이나 시각을 잃은 아이를 훈련하는 다양한 방법이 있다. 성인 시각장애인들이 특별한 작업장이나 자신의 집에서 하는 일이 있고, 노인이나 병약한 시각장애인을 보살피는 방법이 있다. 그리고 이들의 변하는 욕구를 충족시키기 위해 정부에서 해야 할 책임과 사람들이 해야 할 의무가 있다.

내가 장애인을 대변하여 일반 대중에게 연설을 하거나 의회에서 청원할 수 있기까지 선생님과 나는 이 일의 새로운 국면을 해결하기 위해 갖은 고투를 벌여야 했다. 우리가 함께 일할 때 내가 시각장애인들에 대한 풍부한 경험과 충분한 재원을 지닌 선생님을 여성 네스토르[일리아스에 나오는 현명한 칠순 노인으로 과거 경험담을 들려주며 병사들을 격려한다]로 여기고 나 자신을 하느님의 거룩한 계획을 이루기 위한 보조자로 여기는 것은 당연한 일일 것이다.

아기의 실명 원인이 되는 신생아 안염(Ophthalmia neonatorum)에 대해 아무도 말하려 하지 않던 시기에 나는 그 질병을 근절하기 위한 운동에 자발적으로 착수했다. 내가 이런 활동을 시작한 것은 선생님이 눈병으로 고통받는 것이 속상했기 때문이기도 하다. 하지만 내 친구 중 한 명은 내가 예방 가능한 시각장애에 관한 기사를 쓰고 연설을 하는 것에 대해 나를(그리고 선생님을) 나무랐다. "뭐 하러 그런 쓸데없는 문제에 골머리를 썩이는 거야? 아기의 눈을 망치는 건 순전히 인간의 부주의 때문이고, 인간을 변화시키려는 노력이 얼마나 가망 없는 일인지는 너도 잘 알잖아." 나는 그녀와 오래도록 논쟁을 벌였으나 아무런 성과 없이 끝났다. 그 후로 세월이 많이 흘렸고, 오늘날 예방 가능한 모든 실명을 막기 위한 더 좋은 방법을 논의하는 국제회의가 매년 열린다는 사실을 알고 있는 우리에게 이러한 편견이 있었다는 건 이제 믿기 어려운 일이 되었다.

시각 및 청각 장애인들에 관해 떠돌던, 지금도 여전히 존재하는 터무니없는 개념(이들이 세상과 세상사에 대해 아는 것은 불가능하다는 생각)을 비웃지 않을 수 없었던 경우도 여러 번 있었다. 이런 개념은 나에 대한 '여신'이니, '성인'이니, '어둠 속에 나타나는 대천사'니 하는 갖은 미사여구로 된 칭찬에 강타를 날린다. 여하튼 나는 선생님을 사랑했고, 그 사랑 때문에 그냥 두고 볼 수 없는 숱한 일들이 선생님한테 일어났다.

매사추세츠 주 시각장애인협회에 회원으로 위촉되었을 때 나는 훈련을 받고 일자리를 얻을 권리를 보장해주어 성인 시각장애인들이 스스로를 부양할 수 있도록 하기 위해 편견과 무지에 맞선 매사추세츠 주의 투쟁에 특별한 관심이 있었다. 나는 선생님이 퍼킨스 맹아학교의 학생이었다는 사실과, 매사추세츠 주에 거주하는 일할 수 있는 성인 시각장애인을 모두 고용할 시설을 설립하겠다는 계획을 세운 분이 이 학교 초대 교장인 하우 박사였다는 사실을 기억했다. 이 건설적인 아이디어는 결실을 보지 못했기 때문에 선생님과 나는 그 계획이 실현될 수 있도록 백방으로 노력했다.

그런데 나는 별안간 엄청난 충격을 받고 말았다. 나는 우연히 《스프링필드 리퍼블리컨(Springfield Republican)》의 편집자 F. B. 샌본을 알게 되었다. 그는 튜크스버리 구빈원을 관할한 복지시설 관리국의 직원이었고, 애니 설리번 선생님이 퍼킨스 학교로 가게 되었던 것도 그를 통해서였다. 나는 그가 애니 선생님이 용기 있게 자신의 교육을 위해 분투해오고 인도주의적인 일에 헌신해온 사실을 알게 되었을 때 선생님의 튜크스버리에 관한 침묵을 존중해줄 거라 생각했지만, 그게 환상이었음을 알게 되었다.

내가 매사추세츠 주 의회에서 성인 시각장애인의 요구에 관한 연설을 하고 나왔을 때 나의 충실한 친구들이 샌본 씨가 선생님을 모욕했다는 사실을 내게 알려주었다. 그는 선생님의 비천한 태생을 들먹이며 공격했고, 주에서 관할하는 학교에 학생으로 받아들여준 것에 대해 '감사의 표시'를 하지 않았음을 길게 설명했다.

선생님은 그 일에 대해 일언반구도 하지 않았지만, 나는 선생님의 소망과는 반대로 내 분노를 샌본 씨에게 보내는 편지에 거침없이 털어놓았다. 지금도 나는 그의 비열한 행동을 용서할 수 없다. 샌본 씨는 우리가 아무리 동료에게 화가 났더라도 우리는 한데 얽혀 있을 뿐 아니라 서로를 위해 살기도 하고 서로에 의해 살기도 한다는 것을 기억하지 못했던 것 같다. 가치 있는 일을 성취할 수 있는 기회가 인간의 존엄성을 끌어내리는 행동에 의해 손상을 입었다. 에머슨과 소로와 함께 이상(理想)을 숭배했던 사람이 가난하고 불운한 사람에 대해 호의를 보여주기는커녕 조롱할 수도 있다는 것을 알게 된 씁쓸한 경험이었다.

1914년에서 1916년까지 강연을 하는 동안에는 인간성이 흔히 내비치는 이런 잔인함과 추악함을 감지하는 끔찍한 일이 내 목덜미를 움켜쥔 적이 없었다. 어디서나 우리의 청중은 친절했고, 내 불완전한 말소리에 열심히 귀 기울이는 그들의 인내심에 나는 감탄했다. 그러나 나는 선생님이 제대로 인정받지 못한다는 느낌을 떨칠 수 없었다.

선생님은 사람들 앞에서 이야기하는 데 친부적인 재능이 있었으므로 선생님의 연설이 프로그램에서 주요 부분을 차지하게 되었고, 나는 선생님의 귀중한 선행(선생님이 하신 일)이 더는 숨어 있지 못하고 밖으로 드러나는 걸 보게 되어 흐뭇했다. 청중에게 질문할 때 나온 몇몇 시큰둥한 대답을 통해 나는 청중이 평화나 사회구조, 노동운동에 관한 연설을 좋아하지 않는다는 것을 알고 있었다. 청중이 듣고 싶어 했던 것은 오로지 시각장애인에 대해서나 아마도 행복에 관한 메시지였던 것 같다. 그럼에도 그들이 선생님의 말에 귀를 기울이는 것이 고마웠다. 선생님이 수수하고 품위 있는 모습으로 연단에 서 있을 때 나는 선생님의 (감각에 손상을 입은 아이들은 물론 정상적인 아이들에게도 적용되는) 참 교육에 관한 메시지가

꺼지지 않은 벽난로에서
불씨가 퍼져나가듯

널리 뻗어나가 세계 곳곳에서 새로운 생각을 불러일으키기를 기대했으나, 곳곳에서 실망을 하게 되었다. 비록 훌륭한 찬사가 선생님께 쏟아졌지만, 나는 대부분의 청중이 선생님의 생각을 이해할 만큼 예리하지 못하다는 것을 알아챘다. 언어가 얼마나 경이로운 것인지를 감지한 사람은 소수에 불과했고, 벨 박사님과 선생님처럼 언어를 진정으로 사랑하는 사람은 그보다 더 적었다. 나는 선생님이 더 널리 더 따뜻하게 인정받았으면 하고 바랐지만 선생님은 내가 그런 내

바람을 사람들에게 말하는 것을 허락하지 않으셨고 내가 선생님 뜻을 거역할 것처럼 보이면 다시는 강연하지 않겠다고 협박했다.

선생님과 내가 비교적 편안함을 느꼈던 사회주의자와 기타 진보 집단에서조차 선생님의 업적에 대한 정당한 평가가 이루어지지 않는다는 느낌이 들었다. 오랜 세월이 지나서야 나는 젊은이 특유의 조급함에서 벗어나 교육·정치·경제·과학 등 여러 시대에 걸쳐 숙고되어온 주제에 대한 사고방식은 서서히 진보한다는 것을 알게 되었다. 거대한 세쿼이아[미국 서부산 삼나무과의 거목]처럼 그것들은 자신의 뿌리를 1인치 1인치 인간의 의식 안으로 밀어 넣고 자신의 (계몽의) 나뭇가지가 너른 (생각의) 하늘로 뻗어나가게 한다. 선생님은 오래전에 이 사실을 간파했으나, 1차 세계대전의 비극과 일부 급진주의자에 대한 우리의 믿음 상실과 선생님 자신의 실의를 견디면서, 내가 가난하고 혜택받지 못한 이들과 평화를 위해 노력할 때 늘 내 곁에서 나를 지지해주셨다. 선생님의 모든 생각은 어떻게 하면 내가 인류의 일원으로서 완전한 자유의지를 얻을 수 있을까 하는 데로 모아져 있었다. 선생님은 사회문제에 대한 내 견해가 그 분야 전문가들에게 인정받았는지, 비난받았는지 알려주었고, 나는 자유로운 선택에 대한 책임을 받아들였다. 이 점에서 선생님은, 자기가 발전시키겠다고 공언한 특성을 고의로든 아니든 파괴하는 자기중심적인 사람들과 달리 자신의 개인적 성향에 의해 흔들리지 않았다.

처음에는 모든 상황이 선생님을 제대로 부양하고자 하는 내 소망을 거스르는 듯 보였다. 우리는 할리우드에 큰 기대를 하고 모험을 감행했으나, 실패로 끝났다. 이어서 우리는 희가극을 시작했다. 우리의 단막극에서 가장 중요한 부분이었던 내 목소리는 내가 바라는 만큼 향상되지 않았다. 나는 과거의 청중이 인정사정 봐주지 않았던 것처럼 이번에도 마찬가지일 거라 예상하고, 만일 우리가 실패하면 나보다도 선생님이 호랑이의 포효와 늑대의 가혹한 이빨에 고통을 당하게 되리라는 생각에 거의 용기를 잃은 상태였다. 하지만 상황은 우리에게 호의적이었다. 청중은, 심지어 깡패처럼 껄렁해 보이는 사람들조차 우리의 단막극을 재밌어했고, 사람들이 우리 안에 인류의 커다란 불운을 치유할 수 있는 선의와 지력이 충분하다는 걸 깨닫기만 한다면 세상에 놀라운 변화를 일으킬 수 있으리라는 내 메시지를 친절히 받아들여주었다.

나는 마치 슈만 하인크 부인[Madame Schumann-Heink(1861~1936) ; 풍부한 성량과 넓은 음역, 아름다운 목소리로 당대에 명성을 떨쳤던 오페라 가수]이 첫 무대에 섰을 때처럼 품위 있는 무대에서 돈을 벌었다는 사실이 뿌듯했고, 과도하게 예민한 감성이 충격을 받는 것은 내게 중요하지 않았다. 우리의 매니저 해리 웨버 씨는 우리가 편안히 무대에 설 수 있도록 각별히 신경을 써주었고, 드디어 나는 얼마 안 되는 돈이나마 선생님을 위한 기금을 마련함으로써 어려서부터 꿈꿔온 일을 이루었다. 나는 특히 웨버 씨가 우리를 비판하는 사람들을 다루는 법을 알고 있다는 게 고마웠다. 이들이 내가 강연장에서 연설하는 것에 반대하면서도 우리의 재정을 위한 실질적인 해결책을 내놓지 못할 때면 웨버 씨는 단 한 번의 질문으로 이들의 입을 막아버렸다. "그럼 당신이 대신 돈을 지불하겠소?" 우리의 연극에서 음악이 많은 부분을 차지하고 공연 시간은 한 시간 반이 아니라 이십 분이라는 것 역시 우리에게 이로운 점이었다. 게다가 우리는 한 장소에 일주일은 체류할 수 있었으므로 전에 강연을 다닐 때처럼 우리에게 일을 의뢰한 사람들의 좋은 의도에서 비롯된 그 피곤한 대접을 받을 필요가 없었다.

반면에 그 2년은 선생님께 끔찍이도 고생스런 기간이었다. 어디를 가든 사람들은 선생님의 목소리가 듣기 좋다고 말했지만 선생님은 대중 앞에서 연설하는 일을 즐긴 적이 없었다. 게다가 각광을 받으며 서 있을 때마다 눈에 가해지는 통증을 견뎌야 했다. 더욱이 선생님의 넓은 영혼은 제한된 환경과 보고 듣는 시시한 것들을 지겨워했다. 선생님은 희가극을 하며 보낸 그 지루한 시간들에 대해 이야기할 때마다 놀라운 비판력을 보여주었으나, 나는 선생님도 일반 청중이 그 진부한 희극을 재밌어한다는 사실에 놀라고 있다는 걸 알았다. 선생님의 삶은 수족관 속 물고기처럼 언제나 부질없이 돌고 도는 듯했고, 걸핏하면 우울증이 찾아와 선생님을 괴롭혔다. 고통을 견디며 노력하는 동안 선생님의 영혼은

> 하염없는 눈물로도
> 꺼지지 않는 열정의 불꽃 방울을

뚝뚝 떨어뜨렸다.

선생님은 모든 직업과 예술의 세계에서 맞닥뜨리게 되는 반목과 질시와 비열함을 혐오했다. 선생님은 자신의 결의를 행동으로 옮기지 않는 사람이나 자신의 신조나 교리를 반신반의하는 사람과 마주

칠 때마다 인내심을 잃고 소리를 질렀다. "무슨 일이 일어나든 포기하지 말고 계속해서 시작하고 실패하십시오. 실패할 때마다 다시 시작해야 합니다. 그러면 당신은 점점 더 강해져서 결국 목표를 이루게 될 것입니다. 설령 시작할 때의 목표를 이루지 못한다 하더라도 즐겁게 추억할 일이 있다는 점에서 목표를 달성한 거나 다름없지요." 선생님이 몇 번이나 시도하고, 실패하고, 이겨냈는지 누가 그 무수한 횟수를 헤아릴 수 있을까?

선생님이 쉬어야 할 나이에도 희가극 순회공연을 계속해야 했던 것을 생각하니 경탄과 함께 자책감이 밀려온다. 또한 대답하기 거북한 질문에도 좀처럼 겸양하는 법이 없는 내 성벽 때문에 선생님이 얼마나 곤혹스러웠을까, 하는 생각을 하니 가슴이 더욱 아리다. 건강이 계속 악화된 탓에 선생님은 폴리의 부축을 받지 않으면 자주 넘어지곤 하셨다. 자주 감기를 심하게 앓으셨고, 후두염이나 기관지염으로까지 번져 고생하셨다.

오르피엄 순회공연단을 따라다니는 동안 우리는 여러 도시의 안과 전문의들을 만났는데, 이들은 선생님의 눈을 검사하고 당장 쉬지 않으면 완전히 시력을 잃게 될지 모른다고 경고했다. 의사의 엄중한 경고에도 아랑곳없이 계속 강행군을 한 선생님은 1921년 토론토에서 지독한 독감에 걸려 몸져눕고 말았다. 폴리는 아직 이런 비상사태에 대한 준비가 되어 있지 않은 상태였으나 선생님을 대신하여 무대에 서서 선생님이 해왔던 역할을 가까스로 해냈다. 그 후 선생님은 몸이 회복되어 얼마간 일을 계속했으나, 1922년 초 기관지병이 도져 속삭이는 소리 외에는 낼 수가 없었으므로 일을 중단해야 했다. 폴리는 선생님 지시를 받으며 그 상황을 훌륭하게 헤쳐나갔고, 무대에서 나와 함께 능숙하게 일을 해냈다. 내가 선생님에게 육체적으로 의존하지 않고도 살아갈 수 있게 해주시고 내가 다른 사람과 계속해서 무대에서 일할 수 있도록 해주신 것보다 선생님의 사랑을 더 극적으로 보여주는 증거는 없을 것이다. 한동안 나는 의기소침하여 무대에 서고 싶은 의욕을 잃었으나 선생님이 나를 위해 견뎌내신 그 영웅적인 희생을 생각하면 감히 슬퍼하고만 있을 수는 없었다.

13

 우리 세 사람은 희가극 일을 마무리짓고 슬픈 심정으로 포리스트 힐스의 집으로 돌아왔다. 선생님은 보잘것없는 자신의 자활 자금을 늘려줘서 고맙다고 퍽 감동적인 몸짓으로 표현하셨으나, 나는 속지 않았다. 선생님이 풍족한 삶의 기쁨을 누릴 수 없게 되었음이 너무도 자명했기 때문이다. 선생님의 얼굴에서 뿜어져 나오던 광채가 사라져버렸다. 선생님은 혼자서 걷고 운전할 수 있고 도움 없이 책을 읽을 수 있을 때 누려왔던 독립적인 생활을 몹시 그리워했다. 이는 새로운 세계에서 살게 된 생활의 변화라기보다 기력과 능력을 축소시키는 잔혹한 운명이었다.
 그러나 선생님은 무력감에 압도되지 않았다. 선생님은 집에서 친구들을 접대할 때면 기운을 내어 명랑하게 다른 이의 기분을 돋우는 말을 하곤 했다. 선생님은 삶의 전당(殿堂)에 드리운 커튼 사이를 슬쩍 들여다본 뒤 안에 아무것도 없다는 걸 발견하고는 자신의 영혼의 눈이 흐릿할지 모른다는 의심은 해보지 않고 툴툴대며 떠나버리는 사람들을 조롱했다. 그러나 선생님은 제대로 보살피지 않고 혹독하게 부리기만 한 탓에 자신의 '에어리얼'이 조만간 자신의 시중을 들 수 없게 되리라는 사실을 받아들이지 못했다. 선생님은 새뮤얼 그리들리 하우 박사가 퍼킨스 학교에서 16년 동안 교장으로 재직하고 난 뒤에 말했던 것 — 시각 없이도 인격을 완전하고 조화롭게 발전시킬 수 있다고 생각하는 것은 하느님이 우리에게 그 소중한 감각을 과잉으로 주셨다고 생각하는 것이다 — 이 맞는 말이라고 생각했다.

선생님은 잃는 것이 있으면 그에 따른 보상이 있다는 사실을 부인하지 않았고, "가만히 서서 기다리는 자들 또한 잘 섬기는 거라네"라는, 밀턴이 자신의 실명에 관해 쓴 뛰어난 소네트의 한 구절을 기억했다. 하지만 선생님의 관점으로는 그러한 보상도 오랜 어둠의 밤을 견디기에는 충분하지 않았다. 선생님은 실명을 수치스럽다고 느끼는 예민한 사람들 가운데 하나였다. 이들은 실명을 어리석은 실수를 저지르거나 기형적인 팔다리를 가진 것처럼 창피하게 여긴다. 이들은 타인의 동정 어린 이해를 기대하지 않고, 불운에 맞서 분투하는 자신을 지켜보며 내뱉는 말에 움츠러든다. 실명은 이들의 자유와 자존심에 타격을 입힌다. 특히 이들이 늘 활동적이고 부지런한 사람이었다면 더욱 그렇다.

만일 선생님이 어렸을 때 암흑 상태에 적응하는 방법을 제대로 교육받았다면 자신의 독립적인 생활을 더 오래 유지시키는 기술을 개발할 수 있었을 것이다. 그러나 선생님은 가장 가까운 사람만이 감지할 수 있는 좌절감을 느끼고 있었다. 그런 사실을 알지 못한 사람들은 이따금 의도하지 않은 잔혹한 죄를 저지르곤 했다. 친구가 선생님한테 책을 읽어주고 싶어 할 때에도 선생님은 이어지는 상황

(선생님이 잉크로 인쇄된 책에서 원하는 대목을 찾을 수 없는 것)을 받아들이지 못하셨다. 선생님은 자신이 좋아하는 사람들을 괴롭히는 골칫거리나 짐이 되지는 않을까 걱정하셨다. 선생님은 예전에 경험했던 암흑 상태를 통렬하게 기억하고 있었고 자신의 두뇌가 '빛과 더불어 강력해졌으므로' 그 빛의 세계에서 다시 추방당하는 것을 쉽게 받아들일 수 없었다.

하지만 늘 그래 왔듯 선생님은 이 검은 짐승을 마음에서 몰아냈고, 하루 이틀이 지나자 좋은 일이나 행복으로 가는 길을 찾으려고 열을 내셨다. "내가 삶의 무익함에 대해 이러쿵저러쿵 이야기를 늘어놓는다면 어떻게 되겠니?" 선생님은 열정적으로 말했다. "내가 얼마나 변화에 적응을 잘하는지 너도 알잖니. 우리 서로에게 지워진 짐을 잘 견뎌내도록 하자. 현실에 잘 적응하자. 곡물의 낱알을 일일이 세지 말고 힘차게 씨를 뿌리자. 그리고 다른 이에게 도움이 되는 사람이 되자. 우리가 가진 감각을 다른 이를 돕기 위한 일에 사용하자. 스스로를 방어하는 일보다는 우리 주위를 밝고 따뜻하게 만드는 일을 중요시하자. 그러면 아마 우리는 우리의 경험을 신성하게 만들 수 있을 뿐 아니라 우리 삶에서 닥치는 슬픔과 기쁨에 대한 지혜를 얻게 될 거다."

충동적으로 괴팍한 행동을 할 때도 있었지만 선생님이 좋은 동무였다는 사실을 보여주기 위해 선생님이 내게 전하고자 했던 뜻을 말로 표현해보겠다. "좋은 친구는 가혹한 심판을 제어해준다. 혼자 있으면, 인간의 지성이 냉혹한 탓에 대부분의 사람들의 우둔한 언동에 안달복달하게 된다. 교양 있는 사람들도 시적인 상상력이 없다면 삶이 지루해진다. 오만하게 생각하는 사람들에겐 모든 평범하고 진부한 것은 지루함의 늪이 된다. 하지만 좋은 친구는 지각(知覺)의 냉정함을 완화시켜주고, 일반적으로 나타나는 지성의 결함을 부당하게 비판하지 않는다. 좋은 친구는 오만하지 않고, 인간의 개성과 불완전함을 따뜻한 해학으로 바라본다. 처세에 재간을 부리기보다 다른 이들이 고통받지 않도록 온화하게 증언한다. 좋은 친구는 천천히 자라는 나무에서 아름다운 꽃이나 귀중한 열매를, 모든 게 진부한 곳에서 희미한 광채를, 우중충한 분위기를 우아하게 바꾸는 오팔을 보여준다. 좋은 친구는 용기를 북돋워 숨은 잠재력을 발휘하게 한다. '그는 연기 나는 아마(亞麻)의 불씨를 꺼트리지 않을 것이다.'" 이런 참신한 생각들은 희가극 일을 하는 동안 선생님의 영혼이 얼마나 고상했는지를 보여준다.

강연을 하고 무대에 섰던 시기와 마찬가지로 포리스트 힐스로 돌아온 뒤에도 선생님은 온갖 독창적인 방법으로 나를 향상시키는 데 전념하셨다. 폴리가 집안일을 돌보고 요리를 하고 전화를 받고 문간에 벨이 울릴 때 나가보고 회계를 보는 동안 선생님은 내게 발음 연습을 시켰다. 오오, 내가 몇 시간 동안 이어지던 그 연습을 계속할 수 있기만 했다면 얼마나 좋았을까! 내가 선생님의 입술을 읽은 뒤 똑같이 흉내 내어 단어를 발음할 때 내 손가락들이 비밀을 드러내는 소리의 요정을 포획할 수 있었다면 얼마나 좋았을까!

이 세상 그 어떤 권력도 거대한 장애물(내 말소리의 단조로움과 억양 없음) 두 개를 제거하려는 선생님의 의지를 꺾을 수 없었을 것이다. 선생님은 다른 일에서라면 내지 못했을 인내를 가지고 이 일을 이루려고 애썼다. 선생님은 짧은 시나 산문의 일부를 읽어주었고 (선생님 입술을 더듬어 말을 이해하느라 내 팔은 기진맥진했다), 나는 소리의 울림과 선생님의 조음기관이 어떻게 움직이는지 파악하려 애쓰며 몇 번이고 반복하여 단어를 발음했다. 선생님은 내 말소리에서 익살이나 열의를 느끼면 즐거워했으나, 소리의 울림과 억양은 늘 나를 피해 달아났다. 선생님은 자신이 찾는 소리를 제시하려고 온갖 비유를 들어 설명하셨고, 시냇물의 잔물결, 새가 입을 벌리고 목청껏 지르는 소리, 악기의 음 등을 활용하기도 하셨다. 가끔 목구멍에서 낭랑하고 부드럽고 기분 좋은 느낌이 스칠 때면 나는 제대로 된 소리가 났을 거라 생각했다. 그러나 선생님은 듣기 좋은 소리가 나긴 했지만 단어가 명료하게 들리지 않았다고 알려주셨다.

선생님은 내게 오전과 오후, 그리고 저녁에 우리가 자는 다락방에서 연습하라고 당부하셨다. 나 역시 그럴 수 있기를 간절히 바랐으나, 사정은 여의치 않았다. 렌섬에 있을 때처럼 혼자서 큰 소리로 읽고 흥얼거리고 노래를 연습하고, 내가 발음하는 소리에 진동하는 갖가지 물질들에 손을 대보는 실험을 할 여가가 나지 않았기 때문이다. 만일 우리가 렌섬에서 더 오래 조용히 지낼 수 있었다면, 그리고 강연 일이 더 적었다면 내가 정상적인 발음에 훨씬 더 가까이 다가갈 수 있지 않았을까, 하는 아쉬움이 든다. 이곳저곳을 떠돌아다니느라 우리의 시간이 허비되었고, 강연을 하기 전에 서둘러 리허설을 해야 했기 때문에 내 목소리를 더 듣기 좋고 더 잘 이해하게 만들었을 건설적인 연습에 주의를 기울일 여가가 나지 않았다.

우리가 포리스트 힐스에 이주하여 정착했을 때, 정상적으로 말할 수 있게 되기를 바라는 야망을 이루지 못한 데 대한 좌절감과 연단에 오를 때의 불편함으로 인해 예전에 내가 말하기의 어려움에 달려들 때 가졌던 열정이 사그라들었다. 자연스러운 목소리라는 매혹적인 목표는 이제 물 건너 간 것처럼 보였다. 다른 일이 없었다면 나는 선생님을 위해서라도 기꺼이 집 안에 틀어박혀 기진맥진해질 때까지 연습을 했을 테지만, 처리해야 할 다른 일들이 너무 많았다. 시각장애인과 청각장애인, 평화와 전쟁 문제, 신간 서적, 사회주의 등에 관한 정보를 입수하느라 집에서 해야 할 일이 두 배로 늘었다. 게다가 답장을 쓰지 못한 편지들이 몇천 통 쌓여 있었고, 그 대부분은 일반적인 서법으로 쓴 것이거나 타자기로 작성된 것이었다. 우리에게는 집안일을 돌봐줄 하인이 없었기 때문에 폴리는 이 편지들에 신경을 쓸 여유가 없었다. 그래서 사랑하는 선생님이 아픈 눈으로 내가 긴급히 답장을 해줘야 할 편지를 골라내주었다. 다른 편지들에 대해서는 폴리가 집안일을 하는 틈틈이 짤막하게 답장을 써서 보내주었다. 그렇게 편지의 부담을 줄이려 헛된 노력을 하느라 시간이 쏜살같이 흘러가버린 탓에, 무엇보다 중요했던 내 말하기 연습은 거의 할 수가 없었다.

하지만 선생님은 내가 나를 좌절시킨 그 '나쁜 요정들'을 한없이 생각하도록 내버려두지 않으셨다. 선생님은 우리가 차를 타고 산속 어딘가를 지날 때 전나무 아래서 잠을 자며 밤의 향기와 머리 위에서 반짝이는 별빛에 얼마나 즐거워했는지를 기억해내고는, 1924년 여름 뉴잉글랜드를 횡단하는 새로운 여행을 계획했다. 폴리는 스코틀랜드로 휴가를 떠나고 없을 때였으므로 해리 램이 동행했다. 우리는 자동차에 텐트, 매트리스, 스토브, 아이스박스, 우리의 애인인 적금(赤金)색 그레이트 데인〔독일이 원산지인 초대형 경비견〕지그린데를 싣고 출발했다. 더위와 오랜 가뭄의 탄압에서 벗어나 쾌적한 초록빛 버크셔로 떠날 때 선생님의 활력이 되살아나는 것을 느끼고 나는 몹시 기뻤다. 스테이크와 캠프포테이토〔감자에 양파, 마가린, 버터 등을 섞어 만든 요리〕, 마지팬〔아몬드, 설탕, 달걀 등을 이겨 만든 과자〕 등으로 맛있는 저녁을 먹은 뒤 텐트에 누웠을 때 선생님이 내게 이렇게 말했다. "오로지 신의 손으로만 퍼부어줄 수 있을 만큼 청정한 공기를 마시는 것만으로도 참 좋구나. 그리고

> 올빼미와 줄무늬다람쥐가 밤의 서늘한 문 앞에서
> 고요에게 말을 건네고 있네."

다음날 아침 텐트에서 나와 목초지에 앉아 있을 때 젖소 몇 마리가 내 주위로 모여들었다. 소들이 내쉬는 향긋한 숨 냄새가 났고, 그 중 한 마리가 내 얼굴을 핥았다. 내가 자연의 산물과 직접 접촉하며 행복해하는 것보다 선생님을 기쁘게 하는 것은 없었다. 우리는 근처 차가운 시내에서 멱을 감았는데 세차게 흐르는 물살의 으스스한 기운은 내가 좋아하는 소박한 삶의 느낌이었다. 해리가 운전하는 차에 타고 메인 주로 가서 이른 아침에 케네벡 강의 격한 물살에 들어갔을 때 더 큰 기쁨이 우리를 기다리고 있었다. 물론 수영을 못하는 우리는 그저 물속에 몸을 담그고 옆으로 거대한 통나무들이 빠르게 지나가는 것을 느끼며 바위를 붙잡고 서 있었다. 그 짜릿한 순간에 우

리는 케네벡 강을 발견한 탐험가의 모험과 목재 산업의 거대함을 머릿속으로 그려보았다.

우리의 다음 캠핑 장소는 무스헤드 호수였다. 거기 도착하니 나무꾼들이 그들 특유의 자유롭고 따뜻한 방식으로 우리에게 인사를 건넸다. 우리가 호수에 들어갔다 나온 뒤 햇볕을 쬐며 앉아 있노라면 갓 베어낸 꿀과 들장미 향기가 바람을 타고 우리에게 흘러왔다. 실망스럽게도 메인 주와 캐나다에 많이 서식한다는 말코손바닥사슴과 삼림순록은 얼씬도 하지 않았다. 전나무와 소나무 숲으로 깊이 들어가자 그 부근에 살았던 소로의 멋진 글이 생각났고, 볼 수 없어도 우뚝우뚝 서 있는 나무들의 어두운 형체를 확연히 느낄 수 있었다.

뒤이어 우리는 몬트리올과 퀘벡을 향해 세인트로렌스 강을 따라 차를 몰았다. 선생님과 해리는 지문자를 쓸 수 있었으므로 내게 길가에 서 있는 기묘한 신전과 예수님 형체를 본떠 만든 작은 조각상에 대해 말해주었다. 선생님과 해리가 그 신전의 화려한 색을 설명할 때는 그들이 환영을 보는 게 아닌가 하는 생각마저 들었다. 나는 선생님이 차분하게 여행을 즐기는 것을 느끼며 그 평온함이 오래가기를 소망했다. 선생님 얼굴에 손을 대볼 때마다 선생님의 평온한 행복이 감지되었으므로 나는 내 자신의 행복이 비로소 완전해졌다고 느꼈다. 실연의 고통과 결핍감을 견뎌내야 하는 상황에서도, 선생님은 늘 머리에서 떠나지 않던 걱정과 포리스트 힐스의 생활을 이루던 지긋지긋한 일들에서 벗어난 기쁨에 들떠 즐거워하셨다. 그 거대한 하늘과 땅과 물이 온통 우리 것이었다. 우리는 마음 내키는 대로 말하거나 웃거나 묵묵히 있을 수 있었다. 사교적인 모임에 나가지 않아도 되었고 입고 싶은 옷을 입고 몇 시간이고 상상에 빠져 있을 수 있었다. 나는 나를 돌보느라 선생님의 개성이 묻혀버린 것만 같아(선생님은 평생 한 번도 그런 내색을 하지 않았지만) 마음이 불편했는데 얼마간 그런 양심의 가책에서 놓여났다. 사랑 속에서, 그리고 넓고 깊고 높은 우주의 품 안에서 교감하는 두 영혼의 동등함을 느끼는 것보다 더 만족스런 일은 없었다. 그런 이유로 우리가 그 여행의 아름다움과 평온함 속에서 동등하게 누렸던 기쁨은 내게 형언할 수 없을 정도로 귀중한 기억으로 남아 있다.

날씨는 더할 나위 없이 좋았으나, 우리가 뉴햄프셔 주를 지나 집으로 돌아올 때 하늘의 네 귀퉁이에서 불어오는 바람이 합세하여 우리를 공격했다. 밤에 자려고 눕기가 무섭게 바람이 악마처럼 흉포하게 우리를 덮쳤다. 텐트 문을 벌컥 열어젖히며 바람이 달려드는 통에 우리는 필사적으로 담요를 움켜쥐어야 했다. 네 기둥이 툭툭 부러지기 시작했고 가여운 지그린데는 애처롭게 울부짖었다. 이러다 날이 밝기 전에 바람이 텐트를 위니페소키 호수에 처박고 우리를 날려버릴 것만 같았다. 서둘러 옷을 꿰입고 지그린데와 그 외 모든 것을 자동차에 던져 넣은 뒤, 전속력으로 차를 몰아 그곳을 떠났다. 우리가 매사추세츠 주의 고요한 지점에 이를 때까지 바람이 무자비하게 우리를 뒤쫓아왔다.

잠시 한숨을 돌린 뒤 우리는 아침 식사를 준비했고, 선생님은 베이컨, 달걀, 버터 바른 토스트로 지그린데를 위로했다. 우리는 종일 느긋하게 쉬었고 밤은 무사히 지나갔다. 잠이 들기 전에 나는 텐트 밑에 손을 넣고 풀이 바스락대는 움직임과, 밤의 정적을 통과하여

꾸물거리며 기어가거나 쏜살같이 달려가는 곤충들의 가느다란 울음소리를 느껴보았다. 그리고 내 심장을 고동치게 하던 유랑의 나날에 다정한 작별 인사를 건넸다. 선생님은 여행을 끝내야 하는 게 아쉽지 않다고 말씀하셨지만, 나는 삶에 열정과 광명을 가져오는 영혼의 불과 빛으로 가득했던 그 나날들을 잊지 못할 것이다.

그 여행은 그 뒤에 이어진 힘겨운 몇 년을 견디는 데 없어서는 안 될 활력소가 되었다. 미국시각장애인재단(시각장애인을 위해 일하는 모든 의식 있는 사람들이 오래전부터 설립되기를 소망해온 시각장애인에 관한 정보 교환소)이 1921년에 출범했다. 이 재단이 처음 우리에게 연락해왔을 때 선생님과 나는 아직 희가극에 출연하고 있었다. 당시로선 이미 정한 약속들을 파기하는 게 불가능했으나, 1923년이 되자 우리는 뉴욕 인근에서 열리는 회의에서 연설을 하기 시작했다. 물론 나는 그전에 개인 자격으로 강연을 하고 희가극에서 연기를 했던 많은 경험이 있었으므로 장애인을 위해 더 광범위한 봉사를 할 수 있을 만큼 준비가 되어 있었다.

하지만 아직 모든 게 '목표만 선명하고 과정은 암흑 속에 있는' 상태였다. 고백하건대 나는 불투명한 전망에 뒷걸음질쳤고 선생님도 그러셨다. 내가 처음으로 매사추세츠 주 의회에서 성인 시각장애인들에게 자활 훈련 기회를 줘야 한다고 촉구하는 연설을 할 때 우리는 둘 다 이상(理想)을 이룰 수 있으리라는 포부로 가득한 젊은 여성이었다. 나는 그 주의 모든 일할 수 있는 시각장애인들이 신속하게 연락을 받고 여러 일터에서 유능한 일꾼으로 따뜻이 받아들여질 거라 확신했고, 선생님은 대중에게 시각장애인의 어려움을 교육하기 위한 조직적인 노력(사실 이게 시각장애인을 돕는 유일하게 효과적인 방법이다)이 없기 때문에 천천히 향상될 거라고 예견했다. 야심찬 시각장애인 소수(과거에 비하면 많아졌지만 아직 소수에 불과했다)만이 몇몇 일터에서 불만족스런 임금을 받으며 일할 수 있을 뿐 앞을 볼 수 있는 정상인들과 함께 일할 기회는 거의 얻을 수 없는 실정을 접하니 너무 안타까웠다. 시각장애인들을 위한 더 밝은 세상이 도래하리라는 꿈이 늘 내 앞에서 빛났고 나는 선봉에서 그 꿈을 따라갔지만, 내 생전에 그토록 많은 시각장애의 불모지가 '밝고 명료하고 꽃이 만발한 작은 창조의 섬'으로 바뀌는 것을 보게 될 줄은 예견하지 못했다.

하지만 시각장애인재단 활동은 우리에게 여러모로 생소한 일이었다. 규칙적이지 않고 돌발 상황이 많은 일이라 자신이 가지고 있는 모든 침착함과 인내와 스포츠맨십을 동원해야 한다. 삶의 갑작스럽고 기묘한 상황들은 사람을, 머뭇거릴 새 없이 해결해야 하는 위기로 던져 넣기 때문에, 신속하게 자신의 모든 능력을 한데 모아 생각을 재조정하고, 다른 이와의 관계를 바로잡고, 삶의 방식을 바꿔 나가야 한다. 선생님은 거의 생을 마칠 때까지 이 방식을 고수했는데, 특히 재단 활동에 참여하실 때에는 더욱 그랬다.

선생님은 자신의 운명을 자유로이 선택할 수 있었다면 결코 시각장애인을 위한 대의에 자신의 활동을 제한하지 않았을 것이다. 선생님이 자신의 풍부한 정신과 마음을 다해 내 일에 동참한 것은 오로지 그 일에서 쓸모가 있으리란 가능성을 보았기 때문이다. 그리고 내가 그 일을 하게 된 것은 나 자신의 시각장애나 고통받는 사람들에 대한 특별한 애정 때문이라기보다 시각장애인이나 나 할 것 없이 우리 모두의 내면에서 공통적으로 고동치는 인간성에 대한 애정 때문이었다. 시각장애인들에게는 마음으로 볼 수 있는 마음의 눈이 있다. 게다가 이들은 다른 인간들과 마찬가지로 자신의 열정과 의지로, 그리고 다른 이의 도움으로 자신의 삶을 살 가치가 있는 것으로 만들 수 있는 방법을 찾으려고 이 세상에 태어났다. 나 역시 이렇게 형성되었으므로 지체부자유자건, 극빈자건, 고통 속에 있는 사람이건 동등한 열정으로 도와주려 애썼을 것이다.

시각장애인재단에서 일한 처음 몇 년 동안 선생님의 새로운 면모가 드러났다. 회원들이 선생님에게 자주 자문을 구했고 나는 선생님의 의견과 비판, 예리한 기지가 그들이 추구하는 정책에 뚜렷이 반영되는 것을 보았다. 회원들 가운데 시각장애인에 대해 진보적인 견해를 가진 헌신적이고 훌륭한 매사추세츠 주 출신 회원은 선생님을 어둠 속 시각장애인들에게 길을 알려주는 별이라고 열정적으로 칭송하며(사실 선생님은 진즉 이런 대접을 받았어야 했다), 시각장애인들의 문제를 진정으로 해결하려면 이들이 자신들 삶을 스스로 일궈낼 수 있도록 도와줘야 한다고 말했다.

선생님은 눈에 빛이 꺼지기 전에 본 적이 없다면 '시각'이라는 말은 시각장애인들에게 아무런 의미가 없으므로 이들이 사용할 수 있는 감각(촉각)으로, 볼 수 있는 정상인들의 삶에 대해 되도록이면 많은 것을 배워야 한다는 것을 알았다. 선생님은 자신의 어린 제자에게 손으로 만질 수 있는 물체에 대해 말로 설명하는 대신, 제자의 손을 그 물체에 갖다 대게 하고 이름을 가르쳐주었다(개, 고양이,

닭, 비둘기, 책, 시계, 망원경 등등). 그리고 갖가지 표정을 짓는 자신의 얼굴을 손으로 만져보게 했다. 이런 식으로 선생님은 내 손이 닿을 수 있는 모든 것의 특징을 나 스스로 파악하게 했다.

선생님은 시각장애인의 앞길을 가로막는 가장 심각한 장애물(자기보다 못한 이에게 베푸는 동정심)의 유해성을 제일 먼저 감지한 사람들 가운데 한 분이었다. 이런 동정심으로 시각장애인들을 위한 학교가 설립되었으나, 이 건물들은 학교라 불리지 못하고 보호시설이라 불린다. 이런 태도는 참된 선의에서 우러난 행동을 거의 무효로 만들어버린다. 불행한 사람을 위해 흘리는 눈물과 인간의 운명에 대한 격렬한 감정에는 시적 감흥이 있을지 모른다. 하지만 그것은 하느님께서 우리가 이들의 영혼을 고양시켜 육신의 나약함을 초월하게 하기를 바라는 방식과 다르다. 심각한 장애를 지닌 사람은 정상인처럼 대우받고 자신의 삶을 스스로 일궈가도록 격려를 받을 때까지는 자신에게 힘의 원천이 숨어 있다는 것을 모른다. 이런 까닭에 시각장애인을 위해 일하는 의식 있는 이들은 선생님에게 조언과 의견을 구했다.

선생님은 어떤 부류에게든, 심지어 정신박약아들에게도 자선을 베풀기보다 교육을 해야 한다고 믿었다. 앞서도 이야기한 적이 있지만, 선생님은 내 능력에 한계가 있음을 의식한 적이 없었다. 선생님은 나를 인생의 탐험가로 여겼고, 내 노력이 정상적인 아이들이 할 수 있는 최고 수준에 이르렀을 때에만 칭찬을 하고 머리를 쓰다듬어주셨다. 선생님은 내가 세상을 탐색할 수 있도록 방법을 고안해냈고, 내가 세탁물 바구니에 충돌하거나 머리를 부딪히거나 블랙베리나 장미를 따다가 손가락이 가시에 찔려도 지나치게 놀라는 법이 없었다. 선생님은 내가, 세계의 적대적인 요소에 맞서 스스로를 보호하고 심지어 그것들을 갖고 노는 방법을 터득하기를 바랐다. 마음껏 새로운 상황과 새로운 경험에 접해본, 참을성 있고 생각할 줄 아는 모든 시각장애인들은 자립을 일궈냈고, 삶을 가장 충만하게 누리는 데 자립심이 얼마나 도움이 되는지를 보여주었다. 이런 사례는 무수히 많고 몇몇 사례는 영웅적일 정도로 대단하며, 전 세계적으로 증가하는 추세다.

그러나 지금 내가 쓰는 건 선생님에 대한 것이며, 선생님의 복잡한 성격의 특정 측면을 내가 느낀 그대로 자유로이 그릴 수 있게 된 것은 이번이 처음이라 특히 기쁘다. 나는 선생님의 일생에 관한 내 첫 번째 원고가 불타버린 일을 마치 회복할 수 없도록 기운이 쭉 빠져나가버린 듯 오랫동안 슬퍼했으나, 어느 날 문득 그 원고는 사실 내가 선생님에 대해 쓰고 싶었던 게 아니라는 걸 깨달았다. 사실 나는 선생님 감독 하에 그 원고를 쓰기 시작했다. 선생님은 자신의 시련과 질병에 관해 자유롭게 묘사하도록 내버려두지 않았고, 사람들이 나를 광명과 아름다움의 세계로 이끌어준 존재로 선생님을 알아주지 않고 무시하던 일을 일절 언급하지 못하게 하셨다. 선생님에 대한 내 애정은 지금도 여전하지만 나는 자유로이 이 글을 쓰며 우리의 두 영혼, 정신, 마음, 능력 등에 대해 이야기하고자 한다. 나는 선생님이 이 세상에서 자신의 운명을 다한 뒤 다른 세상에서 행복한 삶의 노정을 따라가며, 결정적인 순간이 닥칠 때마다 그곳에서 내게 찬성의 웃음을 보내거나 경고의 몸짓을 보여주신다고 생각한다.

지금껏 내가 해오고 있는 일을 시작한 해인 1923년은 시각장애인을 위한 좋은 의도들이 혼선을 빚는 상황이었다. 볼 수 있는 이들을 교육할 때 쓰기와 읽기 체계의 통일성이 필수적이라는 게 널리 알려졌는데도 시각장애인을 위한 점자에는 다섯 가지 체계가 있었고, 각 체계를 옹호하는 사람들은 자신이 옹호하는 체계만이 유일한 구제 수단인 양 조금도 양보하려 하지 않고 맹렬하게 싸웠다. 선생님과 나는 진력이 날 때까지 그 토론을 경청하다가 투사들에게 이제 그만 무기를 내려놓고 시각장애인 전반을 위한 타협점을 찾아 일을 계속해나가자고 설득해보았지만 소용없었다. 각 측은 얼마나 격정적으로 맞섰던지 공개회의에서는 차마 그 주제를 꺼낼 수도 없을 정도였다.

나중에 미국실명예방협회라는 명칭으로 불린 협회가 결성된 1915년까지 미국에는 시각장애인을 위한 전국 단위의 단체가 하나도 없었다. 미국 시각장애인용 점자책 출판국을 전국적인 단체로 간주하지 않는 한 그랬다. 해리 베스트 박사의 《시각장애인 현황과 직업(The Blind, Their Condition and the Work Being Done for Them)》은 내가 기사를 작성하는 데 유일하게 도움을 받은 실로 정보가 많은 논문이었다. 나는 선생님이 어떻게 그걸 다 읽어주셨는지 알 수 없다. 다만 선생님은 워낙 해박한 지식과 뛰어난 직관력, 책의 요점을 놀랍도록 빨리 파악하는 능력을 갖고 있어서 책을 처음부터 끝까지 읽을 필요가 없었을 거라는 추측만을 할 수 있을 뿐이다.

처음에 만났을 때는 위니프레드 홀트 양이었던 루퍼스 그레이브스 마터 여사가 이끄는 뉴욕 시 시각장애인 라이트하우스 같은 사립 기관이 있기는 했으나 전반적으로 시각장애인을 위한 미국 연구소와 단체는 소수에 불과했고 여러 곳에 흩어져 있어서 맹아 학교들은 교육 방법을 공유할 수 있는 장이 거의 없는 실정이었다. 어느 지역에서건 시각장애인을 위해 일하는 이들은 다른 활동가들이 무슨 일을 하는지 알지 못했다. 결과적으로 비조직적인 노력으로 인해 수많은 돈과 시간, 선의가 허비되었다. 몇몇 주에서는 신생아와 어린이의 눈을 보호하기 위한 법률을 통과시킨 뒤 시행했으나, 대개의 경우 시각장애인들의 분투는 끊임없는 좌절을 겪어야 했다.

　드디어 시각장애인들 자신의 열렬한 요구로 미국시각장애인재단이 발족되었다. 인간의 협동심과 지혜가 비록 점진적이지만 확실히 진보하고 있다는 내 믿음이 뿌리 깊지 못했다면 1차 세계대전이 끝난 격동의 시기에 이런 일이 일어났다는 사실에 의아했을 것이다. 선생님은 이 재단을, 조만간 무수한 시각장애인들을 변화시켜 이들을 볼 수 있는 정상인들 못지않게 유용한 역할을 할 수 있게 만들 훌륭한 일들을 상징하는 것으로 보고 환영했다.

　적절한 처치를 해줄 때 라듐이 어둠 속에서 저절로 빛을 발하듯, 이들이 장애인이기 때문이 아니라 이들이 교육을 받을 수 있는 정신과 일을 하며 의미 있고 행복한 삶을 살도록 훈련을 받을 수 있는 능력이 있는 인간이기 때문에 이들의 능력이 실현될 수 있다고 믿는 장애인 봉사에 관한 제대로 된 철학은 이들의 능력에 빛을 부여할 것이라고 선생님은 생각했다. 이들의 더 나은 자아가 발현될 때 이들은 '아픈 생물' 상태에서 솟아올라 음울한 인간의 상태를 기품 있고 아름다운 하느님의 자녀로 변모시킬 수 있을 것이다.

　어떤 의미에서 선생님과 내가 행한 일은 영국의 절벽이 자그마한 생물의 껍질 몇백만 개 위에 또 몇백만 개가 쌓여 이루어졌듯이 몇

세기에 걸친 노력과 아이디어로 이루어진 토대 위에 올려진 하나의 보잘것없는 성취일지 모르나, 또 다른 의미에서 선생님은 시각장애인 및 청각장애인 교육에서 선구자 가운데 한 분이었고 나는 미래로 뻗은 오랜 노정에서 기운을 돋우는 영약으로 선생님의 모습을 늘 마음에 간직할 것이다. 그것은 선생님이 내게 심어준 이상(불완전한 육체를 지녔지만 온전한 정신으로 세상에 유용한 사람이 되는 것, 창세기의 정당성을 입증하는 것, 동시에 하느님께서 가장 흡족하실 일을 하는 것)에 다가가는 길이기도 하다.

재단에 가입하는 것은 우리 둘 다에게 새로운 세계로 들어가는 것을 의미했다. 우리는 개인적으로 하는 일에 익숙했다. 우리는 성인 시각장애인들이 어디에서 훈련을 받고 자활을 위한 직업을 찾을 수 있는지 묻는 편지에 답장을 하고, 시각을 잃은 아이를 둔 부모에게 자녀를 보살피는 최선의 방법에 관해 제언을 하고, 실명 예방을 위해 호소하는 일을 했다. 그리고 나는 시각장애인 학생들이 대학을 무사히 졸업할 수 있도록 격려하는 글을 써 보내는가 하면 내가 래드클리프에서 사용했던 점자책을 보내주거나 더 많은 책을 구할 수 있는 도서관 이름을 알려주었다.

그러나 선생님과 내가, 분열에서 통합으로 서서히 전진하는 재단에 들어가 일하게 되면서부터 상황이 아주 달라졌다. 우리는 다시 위아래로 오르내리고 좌우로 대륙을 횡단하는 여행을 시작했다. 각 도시에서 하루 이틀만 머무르고 또 다른 도시로 이동해가며 재단에서 강조하고자 하는 목표를 대중에게 설명하는 회의를 개최했다. 각 도시나 마을의 성직자들은 이 일을 축복하는 기도를 했고, 저명한 지역 유지들은 미국의 시각장애인을 위한 대의에 동참해줄 것을 청중에게 호소했고, 재단에서는 전국 규모의 계획을 홍보했고, 나는 사람들에게 눈이 보이지 않으면 어떨 것 같은지 상상해보라고 호소하며 능력 있는 시각장애인들에게 훈련을 받고 일할 기회를 주어야 한다는 연설을 했다. 우리와 함께 돌아다닌 시각장애인 음악가들이 모금을 하는 동안 음악을 연주했다.

나는 거의 모든 지역에서 보여준 사람들의 자발성에 감동했다. 신문과 잡지에서는 내 메시지를 동정적 요소 없이 명석하게 전달해주었고, 내가 편지를 써 보낸 각계각층 유력 인사들은 거액을 기부해주었고, 심지어 어린이들조차 자신의 자잘한 즐거움을 포기하고 동전을 모아왔다. 이 나라의 진정한 자산인 사랑의 마음을 지닌 사람들이 한 푼 두 푼 모아준 기부금으로 이 단체의 기금을 조성하며 보낸 그 몇 년은 잊지 못할 추억으로 남아 있다.

그래도 선생님과 나는, 우리가 시각장애인들을 구걸해야 하는 처지에서 끌어올리려고 온 힘을 기울여 노력하는데도 많은 사람들에게 구걸하는 사람으로 비칠 때마다 수치감을 느끼곤 했다. 자선 활동에는 온갖 칭찬과 요란스런 공언이 쏟아졌으나 시각장애인들이 지난 시대와 마찬가지로 경시되는 실정은 변하지 않았으므로 선생님 내면에는 늘 분노의 화산이 부글부글 끓었다. 이 말은 고의적으로 이 나라 시각장애인들을 고통과 모욕을 견뎌야 하는 부류로 경시했다는 뜻이 아니라 이들을 자선 대상으로 여기는 관습을 깨기가 너무나도 어려웠다는 뜻이다.

재단은 풍부한 입증 자료를 가졌으면서도, 충분한 훈련을 받아 정상인들과 함께 일할 능력을 갖춘 시각장애인들에게조차 일자리를 주도록 고용주들을 설득할 수 없었다. 시카고 같은 곳에서는 재능 있는 맹인 음악가들조차, 시각장애인 음악가의 연주를 들으러 오는 사람은 동정심에 압도된 나머지 연주를 제대로 즐길 수 없다는 생각 때문에, 계약을 하기가 어려웠다. 그래서 우리는 미국의 시각장애인들을 둘러싼, 그리고 세계 많은 지역 시각장애인들이 행복한 삶을 살지 못하도록 가로막는 편견과 무지에 맞서 오랜 싸움을 계속해야 했다.

그 기간 내내 우리 옆에서 우리 뜻을 지지해준 용감한 선의 투사들이 있었다. 그러나 선생님은 내가 이 일을 잘 해낼 수 있도록 도와주려고 온몸을 던지는 엄청난 열정을 보여줬다는 점에서 과연 독보적인 존재였다. 나는 선생님을 추동하는 신비로운 힘을 느끼고는 이렇게 물었다. "선생님은 시각장애인의 'ㅅ' 자에도 관심이 없으면서 왜 나를 위한 이런저런 계획에 그토록 열성적으로 끈질기게 노력하시는 거죠?"

"넌 늘 상상을 잘하더라." 선생님이 황급히 말했다. "말하기 훈련을 계속하자꾸나."

뒤에 이어진 일들로 판단하건대, 선생님으로 하여금 내 길을 방해하는 것들에 총을 겨누도록 촉발한 것은 시각장애와 청각장애, 정신이상, 그리고 그 외의 숱한 질병을 일으키는 가난에 대한 선생님의 적개심이었다. 나는 절친한 동료에게 이런 글을 쓴 적이 있다. "앤 자매는 기사들이 오고 있는지 보려고 탑으로 올라갔다가 침울한 표정이 되어 내려와서는 아직 그들이 나타날 기미가 보이지 않는다고 말합니다." 하지만 늘 그렇듯 선생님은 어떤 거센 바람도 꺼트릴 수 없을 것 같은 열정으로 활활 타올랐다. 캘리포니아를 아주 좋아했던 선생님은 거기서 여가가 날 때면 우리를 모두 차에 태우고 몬테레이, 델 몬트, 산타 바바라 등지로 환상의 드라이브를 떠났고, 우리는 산속이나 바닷가에서 아름다운 풍경을 즐기며 준비해간 음식을 먹곤 했다.

"내가 여기에 살지 않는 단 한 가지 이유는," 선생님은 이렇게 말씀하시곤 했다. "이 모든 아름다움에 정신을 못 차릴 정도로 매혹되어 일을 조금도 못하게 될까 봐서야."

하지만 선생님을 유심히 관찰하면 선생님이 아픔을 견디고 있다는 것을 알 수 있었다. 선생님의 눈이 선생님의 지시를 따르는 걸 자주 거부했고, 심한 기관지염을 동반한 감기에 걸려 고생하셨다. 게다가 평소에는 내가 아름다운 향기에 탐닉하는 것 못지않게 향기를 그토록 즐기셨건만 가끔 후각을 사용하지 못할 때도 있었다.

선생님의 또 다른 탁월한 점은 내 미래에 대해 사려 깊게 생각하셨다는 점이다. 선생님은 내 곁에 그리 오래 있지 못하리라는 것을 예감했으므로 폴리가 당신 일을 대신하도록 조치를 하셨다. 폴리는 밤마다 선생님 가르침에 귀를 기울였고 선생님의 이야기를 3인칭 단수로 말하는 법을 배웠다. 그녀는 일반적으로 많이 받는 질문이 무엇일지는 물론 어떤 질문을 받게 될지도 잘 알았다. 때로 나는 참신한 아이디어를 곁들여 대답할 수 있는 새로운 질문을 제안하곤 했다. 일의 속성상 나는 선생님 자리를 대신할 수 있는 사람이 없을 거라 생각했지만, 폴리의 깊은 성실성은 선생님에게 폴리의 노력과 내 노력이 결합하면 절대 끊어지지 않는 좋은 유대가 형성되리라는 믿음을 주었다. 이렇게 해서 선생님이 자꾸 병에 걸릴 때마다 폴리가 선생님의 부담을 덜어드렸고, 우리의 청중 대부분은 우리를 따뜻하게 맞아주었다.

14

 원칙적으로 대중에게 나서는 것을 중단했던 1927년에 선생님은 내게 말했다. "한 일 년쯤 일을 접고 네가 살아온 이야기를 이어서 써보는 게 어떠니? 더블데이 출판사에서 그렇게 오래도록 부탁해왔는데 이제 그만 청을 들어주렴."
 "아뇨. 저는 선생님의 전기를 쓰고 싶은 걸요." 내가 흥분해서 대꾸했다. "선생님의 생애에 대해 기록해놓은 것들이 이렇게 많은데 선생님에 관한 책을 집필하지 못한다면 무척 실망하게 될 것 같아요."
 "오, 헬렌, 정말 끔찍한 소리를 다 하는구나! 네가 네 자신에 대해 쓰면 그게 곧 나에 대한 글이란다."
 나는 본능에 이끌려 대답했다. "그건 한 가지 측면에서만 맞는 말씀이에요. 선생님은 제 삶에서 가장 중요한 부분을 차지하고, 그래서 저는 한없이 고마워하죠. 하지만 선생님과 저는 별개의 인격체잖아요. 모든 이에게 자신의 독자적인 개성을 가질 권리가 있다고 믿는 저로선 선생님이 그 권리를 희생하는 건 너무 지나친 일이라고 생각해요." 선생님은 내 요구에 응하려 하지 않았고, 잠시 우리는 옥신각신 의견을 주고받으며 주저하다 내 후기 생애에 관해 글을 쓰는 주제도 흐지부지되었다.

뒤이어 나는 새교회의 목사님에게서 에마누엘 스베덴보리와 그의 교리가 내 정신에 미친 영향에 관한 글을 써보라는 권유를 받았다. 그것은 내가 걱정하는 일에서 벗어나, 내 열정과 기쁨의 원천이자 행동 원칙이고, 내 육체적 조건에서 부분적으로 독립하게 해준 신앙의 메시지를 사랑의 제단에 올려놓을 수 있는 기회였다. 나는 기쁨에 겨워, 언젠가 선생님이 내게는 내가 믿고 싶은 것을 선택할 자유가 있다는 것을 이야기하며 읽어주신 시를 떠올렸다.

……오 영혼이여, 달리기 주자가
바람이 휘몰아치는 오후에 옷을 훌훌 벗어던지듯,
당신을 괴롭히는 것을 훌훌 던져버리고
의연하게 일어나
거센 바람을 받으며 당당하게 나아가라.

나는 이렇게 활기찬 기분으로 스베덴보리의 교리를 받아들였고 그분의 용감하고 경건하나 해와 구름과 바다처럼 자유로운 성서 해석을 마음껏 들이켰다. 선생님은 종교를 믿지 않았으므로 나는 선생님한테서 도움을 기대하지 않았으나, 선생님이 내 처지가 되어 내 신앙이 무엇을 의미하는지 상상하고 내 손바닥에 스베덴보리와 새교회(스베덴보리는 자신이 주창자로 간주되는 것을 바라지 않았다)

에 관해 긴 글을 써주었을 때 눈물이 났던 것 같다. 선생님은 또한 그의 저작이 엘리자베스 배렛 브라우닝, 윌리엄 딘 하우얼스, 그리고 윌리엄 제임스와 헨리 제임스의 아버지인 헨리 제임스 등에게 끼친 영향에 관한 글을 읽어주었다. 나는 그전에 스베덴보리가 포함된 에머슨의 《위인전(Representative Men)》을 브라유 점자로 읽은 적이 있었다.

하루는 선생님이, 예전에 존 메이시의 표현력 풍부한 음성으로 즐겨 들었던 윌리엄 제임스의 《교사에게(Talks to Teachers)》를 다시 읽고 계시는 걸 발견했다. 희미해져가는 선생님의 시력을 생각하면 가슴이 에이는 듯 아팠으나, 선생님이 그 책과 함께 간직하고 계신 사랑 가득한 추억을 생각해서 여느 때처럼 항의하고 싶은 걸 참았다. 내가 《나의 종교》를 탈고했을 때 선생님은 나를 구슬리듯 말했다. "너는 늘 우리가 별개의 인격체라고 주장해왔지. 하지만 나는 너를 위해 나 자신은 뒷전으로 밀쳐두고 살아왔어. 이제 우리 서로 자신 안에 있는 최선의 것을 교환하면 좋지 않을까? 내 처지에서 지난 20년간 우리가 해온 일을 기록해보지 않을래? 시각장애인의 궁극적인 해방에 도움이 되지 않는 한 우리 자신에 대해서는 쓰지 말고 말이야." 이렇게 해서 선생님은 두려운 내 의무를 사랑의 행위로 바꿔주셨다.

그러나 《나의 중년》의 종반으로 다가갈수록 선생님은 분별을 잃었다. 선생님은 내가 '나의 수호천사'라 제목을 붙인 장에서 부자연스러울 정도로 억제할 것을 강요하셨다. 선생님 자신의 초라한 태생이나 구빈원 시절, 자신의 고통과 실망에 대해 언급하지 못하게 하셨던 것이다. 정말이지 나는 하느님께 거짓말을 한 것처럼 창피했으므로, 나 자신에 대한 혐오감을 일으켰던 그 일이 있고 나서는 선생님께 《나의 중년》에 관해서는 한마디도 하지 않았다. 선생님은 사랑했지만 선생님에게 속한 나 자신은 사랑하지 않았기 때문이다.

1927년부터 1930년까지를 빼곡하게 채운 무수한 일들(집필 작업, 쇄도하는 편지에 답장하는 일, 한없이 타자기로 단어를 쳐내는 일에서 놓여나 확실하게 머리를 식힐 수 있었던 집 안과 집 주변에서의 활동, 그리고 선생님께 큰 소리로 책을 읽어주는 기쁨 등)은 괴롭지 않았다. 다만 선생님이 완전히 시력을 잃어간다는 사실이 내 마음을 무겁게 했다. 선생님은 맨눈이나 보통 안경으로는 책을 읽을 수 없었다. 선생님은 뉴욕의 콘래드 E. 베렌스 박사의 정성 어린 치료를 받았다. 이분은 병원 진료를 끝낸 저녁이면 정기적으로 왕진을 오셨다. 그는 안약과 이중 렌즈 타입의 망원안경을 처방해주었다. 안경은 선생님의 얼굴을 무겁게 내리눌렀고, 어지러움까지 겹쳐 선생님은 짧은 시간 동안만 겨우 책을 읽을 수 있었다. 흰색 식탁보조차 심한 통증을 유발했고, 촛불과 갓 없는 램프의 불빛은 선생님의 눈알을 찌르는 듯 아프게 했다.

폴리가 스코틀랜드의 고향집에 가 있는 동안 선생님은 나의 간절한 애원을 받아들여 책을 읽지 않았다. 그리고 선생님은 되도록이면 스토브를 덜 들여다보고, 촉감으로 빵이 노르스름하게 구워진 것을 확인하고, 커피물이 언제 끓는지 귀를 기울여가며 용케 우리의 식사를 준비하셨다. 아침 식사가 차려지면 사랑스런 지그린데는 우리 사이에 앉아 자신의 몫을 달라는 듯 벨벳처럼 부드러운 코를 우리 손에 갖다 댔다. 선생님의 식사하는 즐거움은, 음식의 일부를 훔쳐가거나 구걸하는 개가 곁에 있을 때에야 비로소 완전해졌다. 그러므로 지그린데는 우리에게 더없이 사랑스런 존재였다. 녀석은 강아지였을 때부터 우리와 함께했고 선생님은 마치 성경에 나오는 가난한 이가 자신의 어린 암양을 대하듯 다정하게 녀석을 보살폈다. 지그린데는 감동을 자아낼 만큼 다정하게 선생님 기분을 잘 이해했다. 선생님을 귀찮게 하는 사람이 집에 들어올 때면 녀석은 그걸 어떻게 알았는지 슬그머니 그 방문객에게 다가가 밀어내려 했다.

녀석은 셰틀랜드산 조랑말만큼이나 몸집이 컸는데, 내 손끝에 남아 있는 가장 사랑스러운 기억 중 하나는, 어느 날 오후 녀석이 선생님의 두 어깨를 짚고 서서 선생님의 얼굴을 핥으며 마치 선생님의 눈이 아프다는 걸 아는 듯 자신의 부드러운 귀를 살며시 들어 올려 빛을 차단해주는 것을 발견한 것이다. 순간 녀석이 어찌나 사랑스러운지 엘리자베스 배렛 브라우닝의 시 〈나의 개 플러시에게(To Flush, My Dog)〉의 각 시행이 생생하게 떠올랐다. 그러나 아쉽게도 그 천사 같은 지그린데도 가끔 음식을 훔쳐 먹곤 했다. 하루는 선생님이 라비올리〔밀가루 반죽을 얇게 밀어 만든 피 안에 저민 고기, 치즈, 달걀 등을 넣어 빚은 이탈리아식 만두〕 한 냄비를 부엌에 놔두고 식료품상과 이야기하는 사이에 지그린데가 슬그머니 부엌으로 다가가 우리의 그 맛있는 식사를 다 먹어치워버렸다. 그때는 어찌나 분했던지 녀석이 살아남았다는 게 신기할 정도다.

그즈음 선생님은 넓은 마음으로 상냥한 여성 한 분(이분은 자신이 시각장애인이면서도 나중에 버몬트의 시각장애인을 위해 일했다)을 고용하여 넬라 헤니가 선생님에 관한 책을 쓰는 데 도움이 될 만한 글들을 옮겨 적게 했다. 이것은 포리스트 힐스의 우리 집에 시각장애인과 청각장애인을 반갑고 따뜻하게 맞이했던 한 가지 예에 불과했다. 내가 전에 라이트 휴메이슨 농아학교에 다닐 때 같은 학급에서 공부했던 몇몇 친구들이 우리 집에서 멀지 않은 곳에 살고 있었는데, 선생님은 내가 순회강연 중이 아닐 때면 가끔 그들과 만나 즐거운 시간을 보내기를 바라는 마음에서 그들을 내 생일 파티나 그 외의 사교 모임에 초대하곤 하셨다. 지문자로 주고받은 명랑한 이야기로 가득했던 그 만남을 떠올리면 마음 깊숙한 곳에서 기쁨과 즐거움이 솟아오른다.

부분적으로 청각을 상실했지만 시에 재능이 있고 활달했던 한 젊은 캐나다인 친구는 시내에 일자리를 얻을 때까지 우리 집에 머물렀다. 서부의 훌륭한 마지막 보안관을 아버지로 둔 엘리자베스 개럿은 뉴욕에서 유명한 성악 교사 위더스푼 씨한테서 레슨을 받으면서, 자주 우리를 방문했다. 나는 앞을 볼 수 없으면서도 풍부한 표정과, 명랑함, 유쾌함, 선생님을 깔깔거리고 웃게 하는 풍성한 이야기를 선사해주는 그녀를 사랑했다. 엘리자베스는 용감하게 혼자서 전국 곳곳을 돌아다니며 노래 공연을 했다. 하지만 그때도 우리는 그녀가 자랑스러웠지만, 그녀가 나중에 자신의 고향인 뉴멕시코의 유명한 음악가가 되자 더욱 자랑스러웠다.

이외에도 여러 가지 방법으로 선생님은 우리의 집 분위기를 밝게 유지하는 동시에 눈의 극심한 통증을 잊으려고 애쓰셨다. 선생님은 내게 늘 신의 심부름꾼이 되어야 하고, 삶을 싱싱하게 유지해야 하고, 다른 이를 위해 더 많은 분야에서 능력을 키워야 하므로 당신을 걱정하느라 시간을 허비하지 말라고 다그쳤다. 선생님의 용기에 힘을 얻은 내 영혼은 여느 때보다 더 굳세고 꿋꿋해졌다. 존슨 박사도 말하지 않았던가. 용기가 없으면 다른 미덕들을 지켜낼 수 없으므로 용기야말로 모든 미덕 가운데 가장 중요한 것이라고.

하지만 나는 선생님이 눈을 혹사하지 않았다면 앞을 볼 수 있는 기간을 더 늘릴 수 있었다는 생각을 떨칠 수 없었고, 베렌스 박사님이 눈물을 글썽이며 자신의 지시를 잘 따라야 하며, 무엇보다 휴식이 중요하다고 선생님께 신신당부했다는 것을 알고 있었다. 박사님이나 나, 어느 누구도 선생님이 스스로의 몸을 아끼도록 설득할 수 없었다. 선생님이 무엇을 하고 계신지 팔을 뻗어 선생님께 손을 대볼 때마다 책에 얼굴을 묻고 있었으니 만져서 알 수 없을 때는 더 말해서 무엇 하랴. 당시 독서는 선생님의 생명이었으므로, 나의 걱정은 불처럼 솟아올랐다가도 자연히 소멸할 수밖에 없었다.

선생님은 내게 날마다 도착하는 우편물 가운데 중요한 편지들을 추려내어 읽어주었고, 나는 그 편지에 답장을 썼다. 나머지 편지들은 나중에 폴리가 외국 여행에서 돌아왔을 때 꺼내 볼 수 있도록 캐비닛과 서랍에 넣어두었다. 폴리가 없는 동안에는 전화벨과 초인종이 아무리 울려대도 그냥 내버려두었다. 나는 그 소리를 들을 수 없었고, 선생님은 벨 박사님이 그러시듯 벨이 울리거나 말거나 상관하지 않았다. 선생님의 독서는 병이 나서 몸져누울 때까지 계속되었다.

그 무렵 《나의 종교》의 초고가 끝나자, 선생님은 뒤늦게 베렌스 박사님의 지시에 따르고자 며칠 휴식했다. 그런 다음 원고를 읽으며 내 손바닥에 써주는 일을 시도하셨다. 나는 그 글을 쓰는 동안 갑자기 전류가 끊겨 정전되는 것처럼 생각의 흐름을 끊어놓는 방해를 숱하게 받았던 탓에 집필을 끝냄과 동시에 내가 쓴 내용이 머릿속에서 '바람과 함께 사라져버렸다.' 게다가 선생님은 망원안경을 쓰고도 한 단어도 읽어내지 못하셨다! 선생님은 뒷일을 생각하지 않고 그때그때 기분에 따라 행동하는 어린아이 같았다. 선생님은 프레드릭 틸니 박사님이 선생님의 훌륭하고 현명한 가르침이 내 정신을 무지의 속박에서 해방시켜주었다고 말씀하셨듯이, 한 사람의 감각기관이 제대로 사용되었을 때 다른 이의 감각기관을 도와줄 수 있다는 것을 망각하셨던 것이다. 우리는 좌절했고, 끔찍한 침묵이 우리를 덮쳤다. 다행히 우리의 인자한 친구 F. N. 더블데이 씨가 우리의 사정을 듣고 넬라 브래디를 보내 선생님과 나의 눈을 대신하도록 조치해주었다. 그 잊지 못할 날부터 지금까지 그녀와의 소중한 우정은 우리의 삶에 은총이었다.

선생님은 이제 다시는 혼자 힘으로 책을 읽는 즐거움을 누릴 수 없다는 사실을 알고 침울해하는 것 같았다. 하지만 선생님은 끊임없이 일을 벌이지 않고는 못 배기는 성격을 어찌 할 수 없어서, 매사추세츠 주 코해셋 부근 작은 섬에 있는 오두막에서 여름을 보내지 않겠느냐는 권유를 받아들였다. 넬라도 얼마간은 우리와 함께 지냈다.

선생님의 변화를 향한 욕구가 이번에는 A. E.〔조지 윌리엄 러셀(1867~1935)의 필명〕가 〈무상(Transcience)〉에서 묘사한 것과 비슷한 감정에서 촉발되었다. 선생님은 늘 완벽한 아름다움을 추구했지만, 찾아낸 아름다움에 무척 황홀해하면서도 또 다른 아름다움을 열망했다. 선생님의 격언 가운데 하나는 모든 것은 지나가게 마련이고 우리는 어디에 있든 다른 곳을 원한다는 것이었다. "아마도" 선생님은 말씀하시곤 했다. "그런 특성 때문에 우리는 때가 되었을 때 기꺼이 이 세상에 이별을 고하고 더 아름답고 완벽한 저승으로 떠날 수 있는 게 아닐까." 그러나 내가 선생님이 변화에서 즐거움을 찾는 것을 본 것은 그게 마지막이었다. 선생님의 말에는 여전히 쾌활함과 재기가 번득였고 웃을 때면 건강한 신체에서 명랑함이 뿜어져 나오는 것을 느낄 수 있었다. 선생님은 우리와 함께 섬을 돌아다니며, 따사로운 햇볕과 소금기 머금은 공기 속에서 고즈넉함을 만끽하셨다.

지그린데는 그 전해에 죽었는데, 그때 선생님은 슬픔을 주체하지 못하며 내 손바닥에 이렇게 쓰셨다. "그토록 매력적인 사랑의 화신을 잃다니, 아이를 잃어도 이보다는 슬프지 않을 거야!" 물론 충동적으로 한 말씀이었다. 나중에 선생님은 여건만 되면 모든 개와 친구가 되고 싶다며, 몸집이 작은 검은색 테리어 한 마리와 독일산 그레이트데인종 한스를 기르기 시작했다.

우리와 한가족이 된 이 개들은 섬의 흰 모래사장과 단단한 바위들과 부드럽게 물결치는 파도 사이를 서로 쫓고 쫓으며 우리와 함께 뛰어놀았다. 선생님이 돌아가실 때까지 이 개들은 선생님의 평안에 없어서는 안 될 중요한 존재였다. 다양한 국적과 혈통(그레이트데인, 테리어, 셰틀랜드 콜리)을 지닌 개들은 혀와 발과 꼬리로 사랑을 표시했고 기품 있는 몸짓과 장난기 있는 애교로 선생님을 즐겁게 해 주었다. 그 섬에 있을 때 우리는 어느 폭풍우가 치는 밤에 오두막에 모여 있었는데, 바람이 어찌나 거셌던지 파도가 우리와 바다 사이에서 있는 시멘트 벽을 후려 갈겼다. 개들은 마구 짖어댔으나, 넬라가 《나의 중년》마지막 장을 다 읽어주었고 선생님이 내 손바닥에 마지막 장을 다 써주었던 참이어서 우리는 너무 기뻤다.

이제 《나의 중년》집필을 끝내고 홀가분했으므로 선생님과 나는 미국시각장애인재단의 정기적인 활동을 다시 시작하기 전까지 이따금 우리의 개인적인 생각과 느낌을 주고받으며 오붓한 시간을 보냈다. 나는 《나의 중년》에서 경제, 사회, 정치적 주제에 관해 자유롭게 내 의견을 피력했고 선생님은 자신은 다른 경로로(인생을 날것으로 직접 경험함으로써) 나와 같은 결론에 도달했다고 말씀하셨다.

"헬렌, 네가 하나의 완전한 통일체로 인지하는 세계에는 시각장애와 청각장애가 존재하지 않는다는 것을 네 철학은 알려주더구나. 그러니까 너는 인간의 어떤 경험도 이해할 수 있는 것이고, 너의 참 자아가 채택한 사상과 이념을 포기하지 않아도 되는 거겠지. 시각장애인에 관해 글을 쓰는 저술가이자 그들의 권익을 위해 싸우는 투사로서 너는 내 어릴 적 이야기를 언급하는 것을 허락받지 못했지만, 너는 어릴 적 가난의 공포, 질병, 장애, 또 그 장애가 일으키는 결핍감 등에 대해 나만큼이나 잘 알고 있어. 나 역시 가난이 사람들을 사회적 곤경의 나락으로 떨어뜨리는 걸 바라보며 고통스러워했지만, 어느 누구도 다른 이가 다치는 것을 의도하지는 않았다고 믿어. 그리고 아무도 산업사회에서의 삶이 얼마나 끔찍하고 경악스럽고 인간을 노예화하는지 예견하지 못했다고 생각해. 노동자는 물론 고용주와 지주, 자본가 들도 인간의 예측을 능가할 정도로 빠르게 증대되는 경제 및 기계 시스템에 붙들려 고역을 겪는 상황이니까."

그럼에도 선생님은 베이철 린지[Vachel Lindsay (1879~1931) ; 미국 민중시인. 흑인 및 민중의 삶을 주제로 리드미컬한 시를 써서 유명해졌음]로 하여금 "흐리멍덩한 눈을 하고(The Leaden-eyed)"라 묘사하게 만든 상황을 용서하지 못했다. 그것은 선생님이 숭배한 문학과 음악, 그림, 조각 등의 훌륭한 재능과 지적인 생활을 억제해야 하는 것을 의미했기 때문이다. 이런 이유로 선생님은 내가 부유한 권력가들에게 모금을 호소하는 일을 마뜩찮아 하셨다.

"그러나 세상의 혼란과 증오, 기만, 충돌, 편견, 강자의 권리 등을 당연한 것으로 받아들이기를 거부하는 사람들이 있는 한 인류는 살아남을 가능성이 있을 거야. 우리는 지상에서는 물론 천상에서도 역사를 바라볼 수 있고 영원한 천상의 음악으로 우리의 목표와 결의를 새롭게 다질 수 있지"라고 선생님은 단언했다.

1928~1929년 겨울, 나는 아이들이 학교에 입학하기 전에 갖춰야 할 정상적인 습관을 훈련시키기 위한 모금을 하고, 시각장애인 대학생들을 위한 장학회에서 일하고, 의회에서 시각장애인용 점자책 제작을 위한 연간 예산을 증액해달라고 간청하는 연설을 하는 등 일에 거의 파묻혀 지냈다. 폴리는 나와 함께 회의에 참석했고, 선생님은 내가 쓰고 말한 모든 것을 새롭게 손질했다. 선생님은 새로운 의미를 지닌 간단한 단어들을 활용하여 마법을 부리듯 절묘한 솜씨를 발휘했는데 마치 그 단어들을 가장 찬란한 빛을 낼 수 있도록 적절한 곳에 계획적으로 디스플레이한 것 같았다. 볼 수 있는 정신을 지닌 시각장애인들이 내 말을 듣고 어떻게 느낄지 선생님은 기이할 정도로 정확히 감지했다. 선생님은 잃어가는 시각 대신 그것을 훨씬

능가하는 직관력을 얻은 듯했다. 나는 선생님의 명확한 표현이 마치 화살처럼 내 활에서 튕겨져 나가 과녁을 맞힐 때마다 자랑스러웠다.

1929년 여름 베렌스 박사님은 선생님의 오른쪽 눈을 수술하셨고, 뒤이어 폴리와 나는 애디론댁 산맥의 롱 레이크에 있는 오두막을 찾아냈다. 그곳은 내가 로프를 따라 호숫가까지 산책을 하고 또 다른 로프를 이용하여 수영을 할 수 있었던 기쁨의 장소였으나, 선생님은 폴리와 내가 전나무 숲으로 산책을 가거나 물놀이를 할 때 더는 함께할 수 없었다. 선생님은 전처럼 건강이 좋지 않았고, 우리는 책을 읽지 못하게 하려고 선생님과 승강이를 벌여야 했다.

이 휴가 기간 동안 내게 유난히 많은 요청이 들어왔으나, 선생님은 내가 수영을 하고, 내 로프 길을 따라 날개를 파닥이며 날아다니는 벌새들의 움직임에 주시하고, 고슴도치를 괴롭히다 주둥이를 가시에 호되게 찔린 개들의 이야기를 들으며 보내기에도 빠듯한 시간에 일을 하게 하여 내 즐거움을 망치고 싶어 하지 않으셨다.

커다란 곰이 오두막 옆의 사과나무에 올라가서 열매를 우적우적 씹어 먹는 소리가 들리자 선생님은 나만큼이나 즐거워하셨다. 선생님의 눈을 고통스럽게 하는 햇빛이 없을 때면 우리는 모두 모터보트를 타고 호수 위를 떠다니거나 질주했다. 선생님은 우리 주위에 펼쳐진 아름다운 풍경을 오래도록 감상하며 예의 명랑함을 되찾으셨다. 선생님은 완벽함과 엉뚱함(이 두 요소는 상반돼 보이지만 예술가들에게 곧잘 공통적으로 나타나는 속성이다)을 사랑하셨다. 그러나 일단 포리스트 힐스로 돌아오자 이렇게 말씀하셨다. "오, 헬렌, 자신이 쇠락하는 걸 느끼는 것만큼 슬픈 일이 또 있을까! 몸에서 힘이 빠져나가는 걸 보니 이제 곧 죽음보다 더 괴로운 쇠락이 닥칠 것 같구나. 인생의 계단을 다시 내려가야 하다니, 너무 끔찍하지 않니?

    흙의 품으로 돌아갈 날이 머지않은 듯
    오, 천상에서 태어난 힘이 나를 떠나는구나.
    이제 곧 풀과 바위의 형제가 되겠지."

15

1930년 봄과 여름, 선생님과 나는 (살아가는 모양새는 어디서나 엇비슷하므로 새로운 삶이라고는 말하지 않겠다) 미국과는 다른 역사와 다른 분위기, 다른 식물상과 동물상을 가진 나라들을 돌아보며 풍성한 시간을 보냈다. 선생님의 왼쪽 눈을 완전히 쉬게 하려면 여행이 꼭 필요했으므로 나는 재단에 휴가를 냈다.

나는 죽 끓듯 하는 선생님의 변덕과 기분에 어지간히 적응이 되었다고 생각했다. 그러나 이 무렵 자신을 그토록 공정하게 분석할 수 있는 사람에게서 볼 수 있을 거라고 예견하지 못했던 심술을 발견하고 충격을 받았다. 처음에 우리는 프랑스에 가기로 되어 있었다. 선생님은 소리 내어 웃으며 말했다. "오, 안 돼, 프랑스에는 절대 가고 싶지 않아."

"뭐라고요!" 내가 소리쳤다. "파리에 가고 싶지 않다고요? 선생님은 걸핏하면 파리의 스타일에 경탄하셨고, 센 강과 노트르담 성당, 튈르리 궁전, 베르사유 궁전은 물론이고 선생님이 나한테 설명해주셨던 혁명의 기억이 서린 수많은 역사적인 명소들을 볼 수 있는데도요?"

"난 안 간다." 선생님은 손을 내저으며 말했다.

친구들까지 합세하여 애원하다 보니 아무래도 도가 지나쳤던 듯하다. 선생님은 당혹스러워하더니 버럭 화를 내며 분별과 예의에 어긋나는 행동을 하셨다. 선생님은 몸이 아프고 지치고 노쇠해지는 자신의 신세를 한탄하면서 우리가 독서와 오락, 자연의 즐거움을 누리지 못하게 하여 삶이 더 지루하다고 불평하셨다. 나는 선생님의 욕설을 잠자코 받아주었고, 선생님은 온갖 말을 쏟아내고 나자 우리의 청에 따르려는 듯 잠잠해졌다. 폴리와 나는 선생님의 마음이 바뀌기 전에 하딩 호를 타고 항해하려고 서둘러 준비했으나, 출발하기 몇 시간 전 어떤 설득이나 강요도 소용이 없다는 것을 깨달았다. 결국 우리는 그 여행을 취소해야 했다.

얼마 후 선생님은 마치 잠에서 깨어난 듯, 폴리가 지치고 우울하고 풀죽은 모습으로 한마디도 하지 않는 것을 알아차렸다. 나 역시 책상에서 내 일을 하며 아무 말도 하지 않았다. 선생님은 자신의 행동을 뉘우친 듯 다음 배는 언제 떠나느냐고 물었다. 다행히 루스벨트 호가 4월 1일에 출항할 예정이었다. 배가 뉴욕 항을 떠나 미끄러지듯 바다로 나갈 때 선생님은 아름다운 날씨에 감탄했다. 우리는 어디서 묵어야 할지도 정하지 못한 상태였으나, 선생님은 그런 건 아무래도 좋다는 듯 마냥 즐거워하셨다. 오래지 않아 세찬 폭풍우가 배를 뒤흔들기 시작했다. 우리가 탄 특등실의 탁자며 의자들이 침대에 쿵쿵 부딪혔고, 커다란 과일 바구니가 뒤집히는 바람에 폴리는 이리저리 굴러다니는 오렌지며 사과를 황급히 주워 담아야 했다. 선생님이 울부짖었다. "그냥 집에 있을걸 그랬어!" 그러나 선생님은 뱃멀미를 하지 않았으므로 몇 시간 잠을 자고 일어나자 다시 우리와 함께 웃고 즐기는 여행을 계속할 수 있었다.

영국 최남단 리저드 반도에 도착하자 우리는 너무나 설레고 흥분되었다. 사람들의 언어, 보이는 풍광, 들리는 소리 모두 영국 땅이라는 것을 실감하게 해주었다. 플리머스에서 폴리의 자매에게 콘월의 작은 마을 루에 가면 편안하게 휴양할 수 있을 거라는 말을 들었다. 그날 날씨는 더없이 좋았다. 차를 타고, 우리 선조들이 신세계를 향해 출발한 곳이었던 그 유명한 플리머스를 가로질러 달릴 때 감격으로 심장이 두근거렸다. 거리에는 수선화와 나리꽃을 비롯한 갖가지 봄꽃을 잔뜩 실은 수레들이 널려 있었고 선생님은 이런 모습에 열광적으로 기뻐했다. 그 결과 선생님은 우리가 탄 자동차에 발 디딜 틈 없을 정도로 많은 꽃을 사들였다. 길 옆으로 강이 흘렀는데 그 주위에는 보라색 제비꽃 무리가 지천으로 피어 있었다. 마침내 우리는 갈매기들이 그 주위를 끼룩거리며 날아다니는 절벽 위에 있는 작은 방갈로에 당도했다. 선생님은 미국 갈매기의 울음소리와는 사뭇 다른 이곳 갈매기의 울음소리에 매료되었다.

두 달쯤 이런 황홀경 속에서 지내는 동안 선생님은 건강을 많이 회복했고, 예전의 명랑함을 되찾았다. 따뜻한 날이면 선생님은 방갈로에서 양떼들이 노니는 초원으로 이어지는 오솔길을 따라 나와 함께 산책을 나가서는, 초원 한복판에 앉아 양들과 시간을 보냈다. 그럴 때면 양 몇 마리가 내게 다가와 내 파란색 드레스에 코를 대고 마치 맛있는 음식 냄새를 맡기라도 하듯 킁킁거리곤 했다. 선생님은 폴리에게 콘월 지방에 대해 찾아낼 수 있는 모든 시와 전설을 읽어달라고 부탁하고는, 그 이야기들을 내 손바닥에 옮겨 적어주었다.

나는 선생님이 나를 가르치기 시작했던 어린 시절로 돌아간 것 같았다. 예스런 향취가 배어나는 친절한 주막들, 물가까지 이어진 어촌의 오두막들, 그 사이에 난, 거리라기보다 배다리〔gangplanks ; 배에서 내릴 때 흔히 사용하는 편평한 널빤지로 만든 작은 다리 같은 장치〕라고 해야 더 적합할 것 같은 좁다란 길들, 오래되고 아담한 선술집들, 세월의 풍상을 견뎌낸 석조 예배당들, 들쭉날쭉한 해안선, 내륙 쪽에 위치한 바람 부는 황무지 등 모든 것에 깃든 아름다움을 전해주실 때 선생님의 얼굴에는 기쁨이 넘쳐흘렀다.

이따금 우리는 양털 깎는 사람에게로 모아드는 양떼들 사이를 걸을 때가 있었는데, 그럴 때면 양들이 떼지어 지나가며 스치면서 따스하고 폭신한 양모 감촉이 느껴졌고 선생님과 나는 그 기묘한 느낌에 신기해하곤 했다. 우리가 실잔대며 꽃무, 이외에도 울타리와 정원 담벼락에서 자라는 갖가지 꽃들(이 모든 꽃들은 햇빛과 이슬을 머금은 채 소금기 어린 공기 속에서 몸을 흔들고 있었다)의 향기로 가득한 꼬부랑길을 따라 몇 시간이고 드라이브를 할 때면 선생님은 마치 해님처럼 활짝 웃었다. 그리고 가끔 차를 세우고 밖으로 나가서, 나에게 초가지붕을 이고 서 있는 아담한 집들을 만져보게 했다. 우리가 드라이브를 할 때 선생님은 아서 왕과 모건, 엑스캘리버가 있다는 호수, 올드 아트풀〔Old Artful : '교활한 늙은이'라는 뜻〕의 비행과 못된 장난에 관한 이야기를 들었는데, 그 모습이 어찌나 진지한지 마치 어릴 적에 아일랜드의 기사도 그 "자그마한 종족"에 관한 이야기를 들을 때 그러지 않았을까 싶었다. 이 전설들은 너무나도 재미

213

있고 신비로워서 우리는 미국의 시각장애인들에게도 알려주고 싶었다. 그래서 선생님은 그때껏 들은 모든 이야기를 내게 해주는 수고를 마다하지 않으셨고, 나는 타자기를 빌려다 단숨에 원고를 써내려간 다음 시각장애인들이 보는 《지글러 매거진(Ziegler Magazine)》에 보냈다.

우리는 또한 평온하고 차분한 데번 주까지 드라이브를 하기도 했다. 길가의 사과나무에 흐드러지게 핀 꽃들이 봄바람에 살랑거렸다. 사방이 초록 잔디였고, 나무가 늘어선 길, 초원, 언덕, 흥겨우면서도 구슬픈 소리로 노래하는 새들이 인상적이었다. 한번은 토머스 하디〔1840~1928. 영국의 소설가〕의 고향인 에그던 히스를 방문했다. 우리는 장미가 담을 타고 창문까지 기어 올라간 하디의 오두막에 들어가서 생전에 그가 틀어박혀 글을 썼던 간소한 방을 둘러보았다. 우리는 인간의 고통에 대한 다채로운 동정심으로 고동쳤던 그의 심장이 묻혀 있는 자그마한 교회묘지로 갔다.

그해 6월, 선생님과 폴리와 나는 발리 코튼(Bally Cotton)이라는 멋진 이름을 가진 화물선을 타고 아일랜드의 워터퍼드로 여행을 떠났다. 선원들과 즐겁게 이야기했던 일이 떠오른다. 특히 배에 타고 있는 동물들을 무척 사려 깊게 보살폈던 한 선원은 영국의 정치뿐 아니라 전 세계의 사회적인 문제에 관해서도 해박했고 취미가 고상했기 때문에 선생님께 깊은 인상을 남겼다. 솔직히 나는 아일랜드에 가면 선생님 부모님의 흔적을 발견하게 될 거라는 생각에 슬펐다. 나는 아일랜드 곳곳의 아름다움에 관한 글을 읽은 적이 있었고, 아일랜드의 딸이 허기와 갈증에 허덕이던 내 삶을 기쁨과 충만함으로 채워주었다는 점에서 이 나라에 무한한 고마움을 느꼈다.

그러나 오랫동안 이 나라를 괴롭혀왔던, 가망 없어 보이는 가난에 대해 선생님이 느끼는 고통이 내 영혼에 고스란히 전해왔다. 나중에 선생님이 써줘서 알았지만, 선생님은 "빛바랜 검은색 숄을 두른 여자들과, 발을 질질 끌면서 힘없이 걸어 다니는 남자들, 초라하고 풀죽은 당나귀의 야윈 잔등, 마치 태양조차 너무 비참한 모습을 보고 싶지 않다는 듯 구름 뒤에 숨어서 떠오르는 것 등을 생각하면" 진저리가 난다고 하셨다. 선생님은 언덕배기의 음산한 바위들과, 사람들이 불을 때기 위해 이탄을 캐내는 늪지, 그리고 카운티 클레어〔아일랜드 섀넌 강 서북쪽에 위치한 지역〕의 참혹한 실상을 혐오했다.

선생님은 어려서부터 자신의 꿈에 자주 등장했던 섀넌 강을 "아일랜드의 불행을 보고 하느님께서 흘린 눈물"이라고 말했다. 그러면서 자기도 모르는 사이에 얼마 전까지만 해도 그토록 매료되었던 영국에 대한 적의를 터뜨리곤 했다. 누구와 왜 싸워야 하는지도 모른 채 맹목적으로 전투를 벌이는 군대처럼 폭력적인 힘이 그녀 내부에서 속박을 끊고 터져 나오려 했다. 선생님은 명징한 사유 과정을 통해 국적이나 민족을 초월하여 생각할 줄 알았고, 고통받는 모든 인류를 구분 없이 동정할 줄 아는 분이었다. 선생님은 아일랜드의 경제적 어려움이 근본적으로 아프리카나 아시아나 필리핀의 경제적 어려움과 다르지 않다는 것을 알았으나, 그때만은 혈통적 본능 때문에 너무나 비통한 나머지 이성적으로 생각할 수 없었다. 선생님은 누구도 자신에게 비이성적이라고 말해줄 필요가 없다고 말했다. 자신도 그걸 알지만 마치 가위에 눌린 듯 거기서 벗어날 수 없다는 것이었다. 선생님은 평상시 모습과 달랐다. 그래서 나는 우리가 아일랜드에 작별을 고하고 잉글랜드의 한결 화창한 나날로 돌아올 때 내심 다행이다 싶었다.

우리는 포리스트 힐스로 돌아오기 전 운 좋게도 인디언 서머[늦가을의 화창한 봄날씨]의 아름다움을 만끽할 수 있었다. 그 덕택에 나는 시각장애인재단이 1931년 4월 뉴욕에서 개최하는 제1회 세계시각장애인총회를 위한 모금운동에 모든 에너지를 쏟아 부을 수 있었다. 이렇게 시각장애인에 대한 기대가 커지면서 할 일이 너무 많아진 탓에 우리의 일상은 뒤죽박죽 엉망이 되었고 때로는 유명세가 우리를 구속하기도 했으나 이 일은 시각장애인의 역사를 더 넓고 밝은 쪽으로 한 걸음 더 전진시키는 영광스러운 경험이었다.

1931년에는 또 다른 흐뭇하고도 고마운 일이 있었다. 제를 지낼 때 피우는 향에 신들이 그런 마음일까. 이 일을 떠올릴 때면 고마움과 흐뭇함이 내 마음 가득 차오른다. A. 에드워드 뉴턴 씨를 비롯한 여러 분이 간절하고도 끈질긴 요청을 해주신 덕분에 템플 대학 측이 선생님께 인문학 박사학위를 수여했던 것이다. 교육 분야에서 이룬 선생님의 업적이 제대로 대접받기를 바랐던 뉴턴 씨의 공정한 식견을 생각하면 늘 고마운 마음이 든다. 벨 박사님은 선생님이 농아뿐 아니라 정상 아동을 가르치는 일에도 지대한 공헌을 했다고 말씀하셨다. 마리아 몬테소리 박사님은 1915년 샌프란시스코에서 열린 박람회에서 만났을 때 선생님을 교육학의 '진정한 선구자'라고 일컬으며 아름답고도 진심 어린 찬사를 해 주셨다. 다음은 뉴턴 씨의 말을 인용한 것이다.

제가 당신이 템플 대학에서 수여하는 학위를 받을 거라고 믿는 또 다른 이유는 이렇습니다. 이번 학위 수여는 어느 부문에서든 보기 드문 성취가 발견되면 그것을 격려하고자 하는 템플 대학의 소망을 세상에 알리는 기회가 될 테니까요. 특히 학위 수여자가 그 대가로 무언가를 해줄 수 있는 위치에 있지 않은 경우이니 더욱 그렇겠지요. 요즘은 대학에서 대가를 바라고 학위를 수여하는 일이 너무 많아요. 그러나 템플 대학은 이런 추세에 휩쓸리지 않습니다. 그러므로 당신에겐 이번 학위 수여를 거절할 권리가 없어요. 당신이 한 일의 가치는 당신보다 켈러 양과 당신의 친구들이 더 올바로 평가할 수 있지 않을까요?

그러나 뉴턴 씨는 템플 대학이 직업전선에 있는 소년 소녀들에게 삶의 가능성을 열어주기 위해 설립되었다는 제법 설득력 있는 사실을 덧붙이지 않았다. 나는 이미 그 학위를 받았지만, 처음에 선생님은 학위를 받지 않으려 했다. 이런 선생님의 태도는 일견, 선생님에게 혈통을 물려준 아일랜드인들의 정신과 인간애는 물론, 선생님으로 하여금 가혹한 운명에서 벗어나 더 넓은 지평으로 나아가게 해준 자신의 능력을 무시하는 것으로 보였다.

그러나 선생님은 기회가 있을 때마다 다른 교사들이 행한 일들에 대해 사람들에게 이야기했다. 우리가 스코틀랜드 교육연구소의 특별 회원 자격을 받았을 때 선생님은 이렇게 말했다.

"나는 내가 자신의 학생들을 위해 최선을 다하는 다른 선생님들보다 더 많은 찬사를 받을 만한 일을 했다고 생각해본 적이 없단다.

헬렌은 설리번을 설득하여 템플 대학에서 수여하는 명예박사 학위를 받도록 했다. 선생님이 명예학위를 받았으나, 헬렌은 자신이 받은 것처럼 기뻤다.(1931년)

만일 그분들의 노력으로도 나무에 감금되어 있던 에어리얼을 해방시킬 수 없다면 그것은 분명 나무 안에 에어리얼이 없기 때문일 거야.

 선생님들이 정성 어린 노력과 최고의 독창성으로 가망 없을 정도로 우둔한 아이들을 가르치고 있는 걸 본 적이 있단다. 나는 그분들이 단조롭고 재미없어 보이는 그 일에 헌신하려고 더 즐거운 일을 포기했다는 걸 알아. 나는 그분들이 흙과 바다와 하늘을 즐길 기회를 줄이고, 별로 뛰어난 일을 할 수 있을 것 같지 않은 아이들을 도우려고 자신의 모든 것을 쏟아 붓는 걸 보았어. 그분들은 마치 예수님처럼 사랑과 인내로, 방치된 아이들과, 지체발달 아동, 불행한 아이들을 기꺼이 보살피고 있었지."

나는 선생님이 지닌 수많은 장점 가운데 이런 훌륭한 인품을 사랑했고, 그건 지금도 변함없다. 내가 나를 한층 높은 차원으로 끌어올린 이 고매한 정신에 부응하려고 노력하는 것도 다 선생님 때문이다.

이제 선생님의 인품에 대해 솔직하게 털어놓을 생각이다. 시각장애인들이 정상적인 생활을 영위할 수 있도록 이들에게 재활 훈련을 시키자는 운동은 아직도 생소한 편이어서 이런 개념을 이해하는 사람은 소수에 불과하다. 언제부터인지 가늠할 수도 없을 정도로 오래 전부터 시각장애인들은 인류와는 다른 별도의 생명체로 간주되어왔다. 물론 여러 시대를 지나는 동안 비범한 능력과 예리한 지성을 갖춘 시각장애인들이 있기는 했으나 그건 아주 드문 경우였다. 호메로스〔《일리아스》, 《오디세이아》의 저자라 전해지는 기원전 8세기경의 그리스 시인〕와 밀턴〔1608~1674. 《실락원》을 쓴 영국의 시인〕은 암흑 속에서 세계적인 존경을 받는 시들을 써냈다. 로마 역사에서 가장 열악한 시대에 살았던 위대한 시각장애인 법률가 아피우스 클라디우스 카이쿠스는 노예를 포함하는 모든 사람의 권리를 보호하는 법령을 만들었고, 이외에도 모든 어둠을 환하게 밝힌 찬란한 업적을 남긴 수많은 시각장애인들이 있었다. 하지만 이들의 천재성이나 재능이 존경받는 것은 이들이 시각장애인이기 때문이 아니다.

교육받지 못한 시각장애인들 대다수는 '볼 수 있는(seeing)' 정신에서 나온 생각들로 불타오르기를 기다리는 나무와 석탄과 같다. 사실 시각이 있는 사람도 '볼 수 있는' 정신을 갖추지 못한 경우는 너무 흔하다. '볼 수 있는' 정신은, 남은 육체적 감각을 활용하는 방법을 찾아내려 애쓰는 대신 정상적인 활동을 잘할 수 있도록 배우는 시각장애인들에게 특별한 능력을 부여한다. 청각장애와 지체부자유와 기타 신체장애자들의 경우도 마찬가지다.

선생님은 무지하고 아둔한 물질에 불과했던 내게 영감과 격려의 햇불을 비춰주었다. 선생님은, 소리 내어 말하는 대신 내 손바닥에 철자를 써서 뜻을 전달했던 것만 빼면, 볼 수 있고 들을 수 있는 정상적인 아이를 대하듯 나를 대했다. 선생님은 누구도 나를 불쌍히 여기거나 과잉보호하여, 나로 하여금 앞을 볼 수 없다는 게 몹시 슬픈 일이라고 느끼게 하는 걸 용납하지 않았다. 선생님은 내가 잘하지 않는 한 사람들이 어떤 칭찬도 하지 못하게 하셨고, 만일 누군가가 정상적인 아이를 대하듯 내게 말을 건네지 않고 대신 선생님께 말을 건네기라도 하면 발끈하셨다. 선생님은 내가 더 빨리 언어를 습득할 수 있게 하려고, 어떤 것에 대해서든 내게 자유로이 말하도록 내 가족과 친구들을 격려했다. 터스컴비아에서 선생님의 지혜로운 교육 방침을 이해한 유일한 사람들이었던 엄마와 라일라 사촌언니조차 그렇게 하기 위해선 많은 용기가 필요했다.

몇 년 뒤 기하학 선생님이 내가 명제 18을 이해하는 게 너무 더디다고 화를 내실 때 나는 오히려 그 선생님이 고마웠다. 코플런드 교수님이 나의 서투른 《라 퐁텐》 번역문을 신랄하게 비판하실 때에도 나는 정상 학생으로 간주되고 있다는 사실을 느끼고 기뻤다. 내 성공과 실패에 대한 선생님의 사려 깊은 분별력 덕분에 나는 정신의 균형을 유지할 수 있었다. 그때 선생님은 시각장애인에 대한 일반적인 오해에 관해 선생님 자신이 알고 있는 사실을 내게 누설하지 않았다. 이런 까닭에 나는, 볼 수 없고 들을 수 없는 내가 달빛과 별빛, 음조(이건 촉각으로 감지할 수 있다), 색깔과 풍경 같은 단어를 사용하는 것은 어불성설이라고 비난하는 비평가들의 말에도 아랑곳하지 않고 즐겁게 《내가 사는 세상》을 쓸 수 있었다. 내가 유추와 상상을 통해서만 뜻을 추측할 수 있는 단어를 활용하여 글을 쓰는 것은 정말 즐거운 일이었다. 선생님은 내가 육체적 제약에 숨어 있는 아름다움을 끄집어낼 수 있도록 내 삶을 이끌어주려고 무진 애를 쓰셨고, 일반적인 편견과는 다른 견지에서 시각장애인과 청각장애인들을 바라봄으로써 내 책을 읽는 독자들이 이들에 대한 더 건강한 견해를 가지게 할 수 있을 거라 여겼다.

 내가 말하고 싶은 것은, 나는 내가 이룬 성취에 과분한 찬사를 받을 때 그 찬사를 내가 응당 받을 만한 것이라고 생각해본 적이 없었다는 것이다. '천재'의 승리감은 내 몫이 아니었다. 천재에게는 무한한 노력을 할 수 있는 능력이 있다고 한다. 하지만 내게는 그런 능력이 없었다. 나는 그저 삼중 장애 때문에 보통 일을 할 때에도 더 많이 노력했을 뿐이다. 다행스럽게도 선생님과 나는 둘 다 영어와 문학을 사랑했다. 이제껏 나는 언어를 습득하는 과정에서 선생님이 어떻게 나의 눈과 귀 역할을 해주셨는지, 어떻게 내게 글을 쓰도록 격려해주셨고, 그 글과 연설을 통해 장애인들에게 봉사할 수 있는 최선의 방법을 제시해주셨는지 이야기했다.

볼 수 있는 정상인들의 시각장애인에 대한 잘못된 사고방식에서 오해는 비롯된다. 내가 만난 사람들 가운데 선생님의 독창적 능력(과거의 관습에 맞서 새로운 방법을 생각해내고 용기 있게 실천하는 능력)을 알아보거나, 나를 그저, 다른 누구라도 육체적 결핍을 메우기 위해서라면 하려고 했을, 그리고 할 수 있었을, 정신적 능력을 활용하는 보통 인간으로 여기는 사람이 거의 없었던 건 필연적인 일이었던 것 같다.

선생님은 모든 인간에게는 발견되기를 기다리는 잠재력이 있다고 믿었기 때문에 나에게 완전한 미래를 열어줄 수 있었다. 선생님은 독수리가 포획물을 움켜쥐고(grasp) 공중으로 날아오르듯 나에게 알맞은 생을 파악하고(grasp) 자신의 포획물과 함께 침착하게 창조적 활동의 세계로 날아올랐다.

성취는 즐거운 일이고 어떤 즐거움보다 큰 만족감을 주지만, 용감한 싸움의 대가를 치러야만 얻을 수 있다. 그것은 창조하는 자의 머리에 씌워지는 월계관이다. 성취는 길들여진 삶의 한계를 넘어서는 일이다. 선생님은 공장에서 물건을 찍어내듯 자신의 한계 안에서 판에 박힌 삶을 살기보다는 끊임없이 자신의 능력을 확장시키며 삶을 일구어나가려 노력하셨다. 선생님은 내 장애에 자신의 행동을 맞추려 하는 대신, 내 정신적 능력을 끌어올리려고 애썼다. 선생님은 자신이 시각장애인이나 그 외의 불운한 사람들보다 높은 위치에 있다고 생각하는 거만한 사람들이나 분별 있는 사랑이 결핍되어 삶을 소생시킬 행동을 할 힘과 의지를 약화시키는 이들의 자선 행위를 참지 않았다. 되도록 자주 선생님은 이들의 정신에서 나오는 잘못된 동정심의 나쁜 기운을 몰아냈고 이들이 장애인에게 주려 하지 않았던 당당한 인간애로 맞섰다.

사포〔기원전 610~580년경에 활동한 그리스 서정시인〕가 되려면 사포의 영혼이 되어야한다. 진정한 정신의 어머니가 되려면 선생님이 그랬듯 실천적인 이상(理想)과 결혼해야 하고 영혼을 낳는 자궁이 있어야 한다. 앞에 쓴 표현을 되풀이해 미안하지만 선생님의 개척자 정신은 정상인과 장애인 모두의 능력을 정당하게 평가하는 곳에서는

헬렌이 한때 농아학교 교사였으며, 평생 청각장애인들에게 관심을 기울여온 캘빈 쿨리지 부인의 입술을 읽고 있고, 설리번이 이 모습을 바라본다.

어디서든 결국 지성이 생겨날 것이고, 굳건한 편견의 빗장이 벗겨질 것이고, 새로운 사고가 놀라운 샘물을 샘솟게 할 것이고, 교육의 낡고 오래된 정원이 어린 싹을 틔우며 밝아오는 새벽을 맞이할 것이고, 꽃밭은 화사한 꽃들로 넘쳐날 것이고, 시냇물은 다가올 새로운 세상의 노래를 부르며 흐르게 될 것이라는 꿈에 의해 인도되었다.

 시각장애인을 위해 일하는 사람들이 아무리 헌신적이고 끈기 있게 노력하고 있더라도, 이 목표에서 얼마나 멀리 떨어져 있는가! 어떻게 해결해야 할지 실마리도 찾을 수 없는 문제들이 이들에게 끊임없이 닥친다. 이를테면 자신의 모든 시간과 에너지를 완전히 눈이 먼 아이들이나 빛만을 감지하는 아이들에게 바치는 특수교사들과 공립학교에서 이루어지는 교육만으로는 도움을 얻을 수 없는 약시 아동들을 가르치는 교사들에게는 긴급히 해결해야 하는 문제가 있다. 설리번 선생님은 이 복잡한 문제에 대해서 충분히 알고 계셨을 뿐 아니라, 만족스런 결과를 얻으려면 맹아들을 개인적으로 다뤄야 한다는 사실도 잘 알고 계셨다. 그러나 맹아를 위해 일하는 사람들과 교육자들이 전체적으로 이런 식의 교육을 시작하게 된 것은 불과 얼마 되지 않은 일이다.

 선생님은 또한 "시각이 단일 요소가 아니듯 시각장애 역시 그렇다……. 실상은 그 반대다. 주의 깊게 다뤄야 할 여러 가지 변수가 따른다"는 사실을 직관적으로 알고 계셨다. 선생님은 경험을 통해 광학적으로 측정되는 시력보다 일상의 특정 과업을 수행할 수 있을 정도로 충분한 시력을 갖고 있느냐가 각 개인에게 더 중요하다는 사실을 알고 있었다. 선생님은 실명이 인격과 공간 지각력, 방향감각,

창조성 등에 미치는 영향에 관심을 기울였고, 사람들이 인류 전반에 대해 깊이 있는 인식을 하게 되어 시각장애인을 특이한 부류로 보는 편견이 사라질 날이 오기를 간절히 바라셨다.

내가 이런 말을 하는 것은 일의 속성상 직접 이해하기 어려운 여러 가지 일에 관해 사람들이 선생님에게 자문을 구한 적이 거의 없었다는 게 유감스럽기 때문이다. 선생님은 당신 스스로 시인했듯, 사회운동의 기수도 아니었고, 물론 자유로운 여성으로서 어떤 주제에 대해서든 말하거나 입을 다물 권리가 있었으나, 몇몇 사람들이라도 선생님의 판단을 구하고 귀중한 조언과 독창적 견해에 도움을 받았다면 나는 조금 더 납득하기가 쉬웠을 것이다. 다만 나는 시각장애인을 비롯한 모든 장애인들의 행복을 바라는 선생님의 소망이 미국뿐 아니라 전 세계에서 일하는 성실한 동료들에 의해 이제 실현되어간다는 사실에서 위안을 얻을 뿐이다.

16

1931년 봄 우리는 제1회 세계시각장애인총회를 준비하고 참석하느라 몹시 지쳐 있었기 때문에, 여름에는 좀 쉬면서 답장하지 못한 편지에 답장을 쓸 작정으로 프랑스 브르타뉴의 콩카르노로 갔다. 그런데 곧이어 유고슬라비아에서 시각장애인 재활을 위한 자금을 모금하는 일(내가 해외에서 활동한 첫 사업이었다)에 우리가 필요하다는 사실을 알게 되자 선생님은 그 일을 마다하지 않으셨다. 그 결과 일을 끝내고 한여름 더위가 기승을 부리는 브르타뉴로 다시 돌아왔을 때 선생님은 병이 나고 말았다. 게다가 어렴풋하게나마 볼 수 있었던 눈이 더 나빠졌기 때문에 침울해하셨고, 거의 매일 비가 내렸다. 우리가 유고슬라비아에서 벌인 활동은 아주 고된 일이었고, 여행 자체도 선생님에게는 무척 성가신 일이었다. 선생님은 변덕이 심하고 모순적이고 일관성 없는 아일랜드인의 기질을 모두 지녔으면서도 이리저리 떠돌아다니기 좋아하는 그들의 욕구는 닮지 않았다고 말씀하셨다. "집, 아늑한 집이야말로 내가 있을 유일한 곳이지." 선생님은 일 년 전 영국에서 그토록 행복해했던 기억을 잊은 듯

헬렌 켈러가 가는 곳마다 이처럼 수많은 사람들이 몰려들었다. (오스트레일리아 멜버른)

인도와 동아시아 순방길에 오른 헬렌과 폴리.(1955년 2월)

이렇게 탄식하곤 하셨다. 나는 말이 통하지 않는 것 덕분에 우리가 방해받지 않고 쉴 수 있다고 생각했으나, 선생님은 프랑스어라는 언어의 장벽을 한탄하셨다.

그러나 선생님은 유쾌하고 장난기 어린 기지로 그 장벽을 깨부쉈다. 우리가 세낸 작은 집을 돌봐준 상냥한 여성은 영어를 한마디도 할 줄 몰랐지만 우리와 퍽 잘 지냈다. 손짓 발짓 손가락질을 섞어가며 어림으로 대충 짐작하면서 박장대소를 하기도 하고 내가 중간에서 영어와 프랑스어를 통역해주기도 했으므로 별 어려움 없이 편안했다. 루이스는 우리와 우리의 스코틀랜드산 테리어의 멋진 친구였을 뿐 아니라 뛰어난 요리사이기도 했다. 그녀는 민감한 표정을 지녔고, 브르타뉴 전통의상이 참 잘 어울렸다. 우리 사이에는 정말 서로를 아끼는 따뜻한 애정이 있었다. 차를 마시거나 화창한 날씨에 소풍을 가거나 오래된 브르타뉴 교회에 갈 때 그녀가 동반하면 더욱

인도 수상 판디트 네루와 함께.(뉴델리)

즐거웠다.

그녀는 콩카르노에서 25마일〔약 40킬로미터〕밖으로는 나가본 적이 없으며 프랑스는 물론 전 세계 역사와 예술과 아름다움을 상징하는 도시(파리)에 가보는 게 소원이라고 했다. 그래서 우리가 떠나야 할 때가 다가오자 선생님은 루이스와 함께 파리로 드라이브를 가자고 하셨다. 우리가 렌의 명소들, 루아르의 성들, 오를레앙의 잔 다르크 동상을 지날 때 루이스는 그때껏 내가 만난 어느 누구보다 경이감과 환희에 찬 표정으로 대상에 몰입했다. 우리가 저녁 늦게 파리에 도착했을 때 찬란한 야광이 우리를 맞이했다. 루이스는 그날 밤을 우리와 함께 묵었고, 이튿날 아침 식사를 마치고 난 뒤 우리는 그날 오후 집으로 돌아가기 전까지 되도록 파리의 많은 것들을 그녀에게 보여주려 했다. 그날의 화창한 날씨 덕에 더욱 아름다웠던 센 강, 노트

르담 대성당, 나폴레옹의 무덤과 기타 사적지를 돌아보는 내내 루이스는 기쁨에 겨워 안절부절못했다. 그토록 감수성이 풍부한 친구와 헤어지려니 많이 섭섭했다. 이렇듯 선생님은 우리를 위해 성실하게 일해주는 일꾼들과도 우정을 나눴고 이들을 매우 친절하게 대했다.

잉글랜드와 스코틀랜드에서 우리가 누렸던 따뜻한 환대와 인정, 장애인들을 도울 기회, 그리고 지친 몸과 마음을 치유해주는 자연의 품속에서 평화롭게 쉴 수 있었던 기회 등을 추억할 때마다 더없이 흐뭇한 기분에 젖곤 한다. 1932년 우리는 글래스고 대학에서 수여하는 명예학위를 받기 위해 스코틀랜드에 갔다. 그때 위대한 이과(耳科醫)이자 오랜 친구인 제임스 커 러브 박사님이 달빈에 있는, 장미로 뒤덮인 매력적인 별장에 우리의 거처를 마련해주셨다. 특히 연설을 준비할 수 있는 사적인 공간이 있어서 마음에 들었다. 창문으로 몸을 내밀면 갓 피어난 꽃봉오리들을 만질 수도 있었다. 매일 아침 나는 정원으로 나가 거닐었고, 때로 선생님은 나와 함께 산책을 하며 물망초며 아네모네꽃을 손끝으로 만져보곤 했다(선생님의 아픈 눈은 이제 어렴풋하게만 사물을 식별할 수 있었다).

처음에 선생님은 자연이 최고의 아름다운 언어로 선생님께 말을 걸어왔던 콘월에서 여름을 보냈으면 하셨다. 그러나 일 때문에 부득이 계획을 변경하게 되었지만, 선생님은 흔쾌히 받아들였다. 선생님은 내가 글래스고 대학에서 수여하는 학위를 받게 된 것을 몹시 기뻐하셨고, 달빈에서 일을 하면서도 우리 주위에서 노래하고 지저귀고 피어나는 모든 것을 즐길 수 있었으므로 행복해하셨다. 재미난 일들을 생각해내는 선생님의 기지가 없었다면 나는, 학위 수여 소식이 알려지면서 쇄도하는 인터뷰와 편지들, 전보와 사진, 글래스고 대학 임원들과의 회의들을 견뎌낼 수 없었을 것이다. 우리는 15세기부터 저명한 학자들과 천재적 재능을 지닌 인물들을 배출해온 눈부신 역사를 자랑하는 그 위엄 있는 대학의 으리으리한 기념식에 어떻게 참석할지 다소 걱정을 했다. 하지만 러브 박사님은 놀라울 정도로 우리의 마음을 잘 헤아려주셨고 모든 일을 우리에게 편하도록 처리해주셨다. 그래서 선생님은 분별 있는 지성과 이해력으로 따뜻하고 친절하게 대해주신 그분과 그분의 부인께 고마워했다. 그분들은 늘 우리와 함께하면서, 선생님이 얼마나 훌륭하게 나를 도와주었고 나의 일부가 되었는지 분명히 파악했고, 날줄과 씨줄이 되어 조화롭게 엮인 우리의 삶을 이해한 몇 안 되는 분들에 합류했다.

첫 초대에 응하고 나자 다른 초청을 거절하는 게 예의에 어긋나는 것 같아 우리는 힘이 닿는 한 모든 초대에 응하려고 했다. 우리는 갖가지 즐거운 행사에 초대되어 흥미로운 사람들을 만났다. 나는 지면을 통해 알고 있고 어린 시절 이래 내게 관심과 애정을 표시해온 맹아 및 농아 단체들을 방문했다. 처음 돌아본 단체 중에는 에든버러농아협회가 있었는데 스코틀랜드 교육부의 W. W. 맥케크니 씨가 뛰어난 재치와 달변으로 선생님에 대해 이야기했던 일이 특히 기억에 남아 있다. 맥케크니 씨는 늘 내게 쏟아지던 생각 없고 무지한 찬사를 뛰어넘는 높은 통찰력을 보여주었고 선생님의 확고한 신념과 헌신, 그리고 건설적인 노력이 내 삶을 되살려 거기에 형체와 아름다움을 부여했다고 말했다. 그토록 탁월한 연설은 흔히 들을 수 있는 게 아니었다. 그가 말할 때 나는

> 마치 호메로스가 살던 시대에서
> 신들이 다시 소리치는 것처럼

느꼈다. 정말이지 그날 맥케크니 씨의 연설로 우리의 노력과 승리는 신성한 품위를 지니는 것으로 격상되었다.

　달빈을 떠난 뒤 우리는 런던으로 갔다. 런던에서는 하루에 너덧 군데를 돌며 모임에 참석했는데, 지금 와서 생각해보면 그때 선생님이 어떻게 나의 그 많은 연설을 통역하는 피곤과 긴장을 견뎌냈을지 놀랍기만 하다. 하원에서 열리는 만찬에 참석하는가 하면, 버킹엄 궁의 아름다운 정원에서 열리는 파티(거기서 선생님과 폴리와 나는 조지 5세와 메리 여왕을 만났다)에 참석하고, 햄프턴 궁전을 방문하고, 영국시각장애인협회에 참석하는 등 갖가지 행사에 불려갔다. 당시 이 협회의 회장이었던 W. 이거 씨는 우리가 런던에서의 빡빡한 일정을 잘 치러낼 수 있도록 자신의 비서들까지 동원하여 적극적으로 우리를 도와주었다. 설리번 선생님에 대한 열렬한 존경과 우정을 보여주었던 이거 씨 또한 훌륭한 교육자였다.

　우리는 서리 주 레더헤드의 왕립맹아학교에서 잊을 수 없는 하루를 보냈다. 선생님은 이 학교의 교장 E. H. 그리피스 목사님과 여러 선생님에게 정말 아름답고도 통찰력 있는 찬사를 받았다. 그때 나는 레더헤드에서 선생님께 쏟아진 말해진 찬란한 표현들과 시각장애인과 청각장애인에 관해 피력된 건설적인 아이디어들을 미국인들도 들을 수 있기를 바랐다. 그러나 여기저기 급하게 돌아다니는 일이 우리에게 너무 버거웠는지, 일이 다 끝나자 선생님은 기관지염에 걸렸고, 폴리와 나는 너무 열성적으로 모든 것을 보려고 돌아다닌 탓에 기진맥진했다. 고도가 높은 곳에서 요양하는 게 선생님의 병에 좋을 것이라는 의사의 조언에 따라, 우리는 비행기를 타고 스코틀랜드의 고원지대로 날아갔다.

우리는 초조하고 들뜬 마음으로, 폴리의 형제와 그의 가족이 휴가를 보내던 산속 마을인 테인으로 황급히 올라갔다. 마침 사냥과 낚시 시즌이어서, 잠시 우리가 묵을 숙소가 없을까 봐 걱정을 했으나 마침내 로스셔의 뮈 오브 오드 부근 사우스 아칸에 있는 한 농장에 여장을 풀었고, 그러자 마치 짐을 내려놓은 기독교도 같은 기분이 들었다. 스코틀랜드 언덕의 울긋불긋한 풍경을 보자마자 선생님의 건강은 놀라울 정도로 빠르게 좋아졌다.

우리가 원했던 것은 그저 조용한 곳에서 내게 보내온 편지에 답장을 쓰며 편안히 쉬는 것뿐이었으나, 우리는 주위에 펼쳐진 아름다운 풍경을 놓치고 싶지 않았다. 너른 옥수수밭 사이의 오붓한 길, 자홍색 헤더꽃으로 수놓은 황야, 실개천의 노랫소리 등 자연을 사랑하는 사람을 기쁘게 하는 매력으로 가득했다. 선생님은 검은색 앵거스 소의 음매 소리와 새끼양의 울음소리, 갖가지 새들의 날개 퍼덕이는 소리만이 간간이 끼어드는 그곳의 고요를 즐겼다. 거기서 나는 양치기의 지팡이를 짚어가며 참나무 그늘이 드리워진 오래된 담벼락과 측백나무 울타리와 디기탈리스, 달콤한 향기를 흩뿌리는 금작화(손끝을 대보면 튀어나온 꼬투리들이 미세하게 흔들리고 있었다)를 따라 산책을 했다. 선생님과 내가 우리의 스코틀랜드산 테리어를 데리고 이리저리 거닐 때면 선생님은 그 개가 자고, 뇌조, 꿩, 지빠귀, 비둘기 떼를 놀라게 하는 모습을 설명해주곤 하셨다. 선생님의 기관지염이 어느 정도 진정되자 우리는 전원으로 신나는 드라이브를 떠났으나, 우리처럼 평범한 사람들에게는 어울리지 않을 것 같은 유유자적한 태도로 황홀하게 지낸 나날들은 너무도 빨리 지나갔고, 우리의 가차 없는 양심은 우리가 겨울 캠페인이 계획되어 있는 뉴욕으로 향하게 했다.

나는 시각장애인을 위한 활동이 빠르게 미국을 넘어 퍼져나가고 있으며, 그런 만큼 미국시각장애인재단의 필요를 충족시키려면 많은 돈을 모금해야 한다는 것을 알았다. 그해 순회 여행은 폴리와 나 둘이서만 떠났다. 강연 일정을 관리하고 언론의 너무도 흔해빠진 질문들에 대답하는 일을 거들어주려고 재단 직원 한 명이 따라오긴 했지만. 우리가 시각장애인들에게 가장 필요한 것만을 말하면 대다수의 기자들은 시각장애인을 돕는 일이 간단하다고 여기는 듯했는데, 나는 선생님처럼 적절하고도 재치 있게 응수할 수는 없었다. 그러나 나는 갖은 방법으로, 시각장애인들을 위한 일에는 정해진 공식이 없다는 것과 시각장애인의 수만큼이나 장애의 차이에 따라 필요한 도움도 천차만별이라는 사실을 기자들에게 설명하려 애썼다.

나는 선생님이 포리스트 힐스의 집에서 눈을 쉬게 해야 하는데도 책을 읽고 개들을 돌보며 혼자서 대부분의 시간을 고통에 시달리며 보내고 계신 것을 생각하면 마음이 아팠다. 우리에겐 하인이 없었으므로 선생님이 어떻게 식사를 하고 계신지, 혹시 식사를 하지 않고 지내시는 건 아닌지 걱정이 되었다. 나는 선생님을 편하게 해줄 방법을 궁리하느라 숱한 밤을 뜬눈으로 새웠다. 폴리와 나는 멀리 여행을 갔다가 자정쯤에 포리스트 힐스로 돌아올 때면 선생님이 혼자 지내느라 외롭지는 않았을까, 혹시 선생님께 무슨 끔찍한 일이라도 일어나지는 않았을까 하는 걱정으로 애를 태웠는데, 돌아와보면 선생님은 자지 않고 깨어 계시며 우리의 악몽 같았던 걱정을 비웃곤 했으나 우리를 속일 수는 없었다. 우리는 선생님의 체력이 점점 소진되어가는 것을 알았다. 하지만 선생님은 우리가 당신을 돌보려고 어떤 약속이든 보류하거나 연기하는 걸 허락하지 않았다.

내가 생각해낼 수 있는 유일한 방법은 마치 알을 품은 새가 자신의 날개 아래 새끼들을 끌어안듯 스코틀랜드의 아름다움이 선생님의 영혼을 어루만져줄 수 있으리라는 것이었다. 그래서 1933년 6월에는 재단에서 벌이는 캠페인을 최대한 빨리 마친 뒤 사우스 아칸의 농장으로 서둘러 선생님을 모시고 갔다. 처음에 선생님은 회복되어가는 듯했고, 그래서 나는 어떤 봄이나 여름도 선생님 생의 가을에서 내가 느낀 그 풍부함과 원숙한 온화함을 드러낼 수 없을 거라고 생각했다. 그렇게 감미로운 희망이 운명의 '어두운 시간과 구불구불한 통로'를 지나 우리에게 다가왔다.

다시 칼레도니아[브리튼 섬 북부의 옛 지명으로 지금의 스코틀랜드 지역을 가리킴]의 아름다움이 선생님을 매혹시켰고, 나 역시 이 지역보다 더 매력적이고 평화롭고 치유력이 풍부한 곳은 없을 거라는 선생님의 생각에 동의했다. 이 무렵 선생님은 고원의 고요 속에서 느긋하고 평온하게 지낼 수 있었다. 선생님은 새들의 노랫소리에 귀 기울이기를 좋아하셨고, 새들이 문간에 모여들 때마다 빵 부스러기를 던져주곤 하셨다. 선생님은 황야의 헤더에서 기쁨을 되찾았고, 눈에 드리운 커튼이 감춰버린 언덕과 시내의 광채를 머릿속으로 상상할 수 있었다. 은백색 자작나무와 마가목, 휘파람 소리를 내는 낙엽송, 꽃이 흐드러지게 핀 산사나무 사이를 걸을 때면 선생님은 형언할 수 없을 정도로 기뻐하셨다. 가끔 선생님은 멀리까지 드라이브를 하곤 하셨는데 황야의 정기가 우리의 영혼을 얼키설키 엮어서 공감대라는 직물을 짜는 듯 느껴졌다. 그때 선생님은 내게 이렇게 말했다.

    초록색 땅이 비스듬히 기울어 하늘과 맞닿아 있구나.
    우주의 광채에 뒤덮인 채.

    그리고 저 멀리 태양은 고요의 껍질에 싸인 것 같아.
    나를 위해 길가에 얼룩덜룩 그늘을 드리운 채.

  선생님이 삶을 그토록 만족스럽게 느끼게 된 것은 자신이 따뜻하고 친절한 세계에 속해 있다는 것을 발견했기 때문인 듯하다. 우리가 그 전해에 만났던 수많은 친구들이 농장으로 우리를 보러 왔고, 이들의 신실함, 호의, 진심 어린 친절, 환대를 선생님은 소중하게 생각했다. 그때껏 오랜 세월을 앤 설리번 메이시는 늘 경계하고 긴장한 채 살아왔던 터라 분별 있는 이들과 교감하며 느긋하게 쉬는 일이 선생님에게 큰 위로가 되었다. 선생님은 제 스스로 소생하여 상처를 치유하고, 마음에 희망을 불어넣고, 정신의 통찰력을 예민하게 벼리는, 우리 안에서 솟아오르는 생명력에 관해 내게 말씀해주셨다. 그리고 내 마음에 드리운 그늘을 알아차리고 이렇게 덧붙이셨다.

"지금껏 자주 이런 일이 있어왔으니 앞으로도 그러지 않겠니?"

선생님은 노령이었지만 재미있고 즐거운 일을 하는 데 열성적이었다. 폴리의 가족이 자주 우리를 방문했고, 러브 박사님 부부와 이거 씨를 비롯한 여러 사람이 우리 집에서 며칠을 보내기도 했다. 뮈오브 오드, 인버네스는 물론 그 외의 여러 지역에서 친구들이 찾아와 우리를 위해 아름다운 일을 해주는가 하면, 선생님을 즐겁게 해주고, 선생님께 존경과 애정 어린 말을 건넸다. 선생님은 늘 하층민을 따뜻하게 대해왔듯이 소작농들을 친절히 대했다. 이들의 질박하지만 인정 어린 환대를 떠올리면 마음이 훈훈해진다.

폴리 형제와 내가 선생님을 모시고 오크니와 셰틀랜드로 항해를 떠날 때, 나는 이 항해가 선생님의 건강에 도움이 되기를 바랐다. 우리는 오크니 제도에 배를 정박하고 스카라브래의 석기시대 유적지를 둘러보았다(선생님은 몸이 편찮으셔서 배에 있어야 했다). 가파르고 좁다란 계단을 내려가다가 나는 어설프게 발을 디디는 바람에 발이 틈새에 끼여 되올라가지도 내려가지도 못하는 상태가 되어버렸다. 잠시 나는 먼 과거의 신비 속에 영원히 붙들려 있게 되지는 않을까 하는 걱정을 했으나 다행히 구출되어 안전하게 아래로 내려왔다. 지붕이 너무 낮아 우리는 고개를 수그린 채 돌아봐야 했다. 나는 그 단단한 돌로 어떻게 침상이며 찬장, 옷 시렁, 무기, 장신구 등을 그토록 매끄럽게 만들 수 있었는지 석기시대 사람들의 솜씨에 매료되었다. 또한 이들이 생선 같은 음식물을 소금에 절여 저장하려고 만든 칸막이와, 한가운데에 있는 화덕이며 연기가 나가도록 지붕에 뚫어놓은 구멍 등을 손으로 만져보았다. 오크니 제도에 대한 기억이 좋게 남아 있는 것은 그 섬들이 클로버 향으로 가득했기 때문인 듯하다.

항해를 시작할 때만 해도 선생님은 즐겁게 이것저것 둘러볼 생각이었으나, 물에 반사된 햇빛이 견딜 수 없을 정도로 눈에 통증을 일으켰기 때문에 우리가 갑판에 나와 앉아 있는 동안에도 선실에 누워 잠을 청해야 했다. 나는 선생님이 기운을 차리지 못해 셰틀랜드 제도의 독특한 바이킹 분위기를 느낄 수 없을까 봐 걱정했으나 셰틀랜드에 도착하자 선생님은 자리를 털고 일어났다. 러윅의 거리를 걸을 때 선생님은 반은 육안으로 반은 상상으로 그 예스런 집들이며 말린 생선을 지붕에 매달아놓은 모습을 둘러보았다. 내가 조랑말이며 양, 콜리 등 셰틀랜드의 작은 동물들을 만져볼 때 선생님은 더욱 즐거워하셨다. 우리가 모터보트를 타고 여러 섬을 둘러볼 때 갈매기와 도둑갈매기, 바다오리 등이 우리 주위에서 시끄러운 소리를 내며 떼지어 날아다니자 선생님의 손가락은 흥분으로 떨렸다. 낮이나 밤이나 한결같이 비추는 뜨거운 햇볕을 느끼고 시장에서 혹은 어망 앞에서 일하는 사람들이 새벽까지 자지 않고 활기차게 움직이는 진동을 느끼는 것은 참 기묘한 경험이었다.

우리는 오크니 제도를 경유하여 돌아왔는데, 우리가 그 제도를 지날 때 별안간 선생님의 얼굴이 기쁨으로 환하게 빛났다. 석양이 바다를 은은한 색조로 물들이며 물결 따라 흔들리는 그림자 속으로 가라앉고 있었다. 선생님은 잔광이 모두 사라질 때까지 홀린 듯 그 모습을 응시했다. 그것은 선생님이 빈약하나마 육지 혹은 바다에서 아름다움의 수확물을 거둬들일 수 있었던 마지막 기회였다. 어떤 것도 선생님의 내면에서 상상력이라는 보물을 빼앗아갈 수는 없었고, 선생님의 열정은 무한한 빛으로 주위를 환하게 했지만, 지나친 고집은 마지막까지 이어졌을 희미한 빛을 꺼트리고 말았다. 그리고 다른 이에게 의존하지 않는 독립을 여왕의 왕관보다도 더 소중히 여겼던 선생님은 이제 그럴 수 없게 되었다.

가을이 왔는데, 선생님의 건강은 좋아질 기미가 보이지 않았다. 그래서 나는 시각장애인재단에 안식년 휴가를 신청했다. 선생님을 회복시키기 위해서라면 무엇이든 다 해보기로 결심했다. 우리는 그 친숙한 농장에 오래 정주하기로 했고, 이런 표현이 오해를 살지도 모르지만, 나는 갓 풀려난 갤리선의 노예 같다고 느꼈다. 사실 나는 대학 시절 이후로 휴가다운 휴가를 누려본 적이 없었다. 물론 나는 재단의 활동에 기꺼이 참여했으나 집필과 강연, 희가극 등으로 선생님은 물론 내 기운도 많이 떨어진 상태였고, 선생님의 눈과 건강에 대한 불안한 생각이 여러 해 전부터 나를 괴롭혀왔다. 뉴욕에서의 생활과 거기에 따르는 유명세는, 남부의 너른 농장에서 태어나고 자란 내 취향에 맞지 않았고, 내 영혼은 스코틀랜드의 고원지대에 더 오래 머물고 싶다고 아우성을 쳐댔다. 재단에서 내게 1년을 쉬어도 좋다는 허가를 보내왔을 때는 마치 동화 속 나라에 와 있는 것 같았다. 며칠 동안 나는 W. H. 허드슨〔William Henry Hudson(1841~1922); 《녹색의 장원》을 쓴 영국의 작가·박물학자·조류학자〕이 오랜 기간 글을 쓴 뒤에는 아무런 생각도 하지 않았던 것처럼 그저 몇 시간이고 목초지에 평온하게 누워 있곤 했다. 지친 뇌에 활력을 불어넣고 팽팽해진 신경을 완화해주는 고요함을 맘껏 누렸다. 너무나 고맙고 흐뭇하여,

내게 새롭고도 행복한 기분을 느끼게 해주는 햇빛과 오린 강과 덤불에 입을 맞추고 싶은 마음마저 들었다. 들판을 거닌 뒤 머리에 고사리나 트위드 드레스에 헤더를 꽂고 집에 돌아올 때면 더없이 행복했다. 호수와 만과 고성의 도시 인버네스에서 18마일〔약 29킬로미터〕밖에 떨어져 있지 않으면서도 번잡한 세상사에서 완벽하게 벗어날 수 있다는 게 신기하기만 했다.

하지만 겨울이 다가오고 있었고, 선생님은 몹시 쇠약해져 질병의 고통에 시달리기 시작했다. 크리스마스 시즌이 되자 우리는 글래스고로 가서 몇 주간 체류했다. 러브 박사님은 선생님이 훌륭한 의사에게 진료를 받을 수 있도록 애써주셨는데, 그의 충실하고 진심 어린 우정은 우리를 감동시켰다. 하지만 운명은 선생님의 고통을 덜어주려는 온갖 노력을 좌절시켰고, 우리는 의기소침하여 사우스 아칸으로 돌아왔다. 선생님은 1년 동안 부스럼에 시달렸고, 폴리 또한 오랜 휴식이 필요했지만 계속 선생님을 간호하며 선생님께 책을 읽어드리는가 하면, 집안일을 하고, 셰틀랜드산 콜리 다일리아스와 늘 집토끼나 산토끼를 사냥하러 다니는 레이크랜드 테리어를 돌보느라 눈코 뜰 새 없이 바빴다. 이 개구쟁이들은 한바탕 뛰어놀다 들어오면 선생님의 침대로 뛰어들어 선생님의 음식을 빼앗아 먹곤 했다. 목둘레와 발만 흰색 털이고 나머지는 갈색인 다일리아스는 바닥을 쓸고 다니는 폼폰〔방울 술 모양의 꼬리털〕이 근사했고, 마이다는 기이하게 생긴 얇은 푸른색 머리와 초롱초롱 사랑스러운 눈을 가진 검은색 개였다. 선생님은 이 두 녀석이 없었다면 어떻게 그 지루한 겨울을 났을지 모르겠다고 말씀하셨을 정도로 녀석들을 좋아했다.

선생님은 심하게 아프지 않을 때면 당시 내가 《타워즈(Towers)》 매거진에 기고하던 기사의 주제를 제안해주시곤 했다. 이외에도 나는 선생님의 전기를 계속 써나갔다(그러나 그 원고는 우리가 웨스트포트에 처음으로 마련한 집에 화재가 났을 때 불타버렸다). 선생님은 병 때문에 어쩔 수 없이 일을 쉬어야 했고, 그러다 보니 세상의 혹독함 속에서는 움츠러들고 말았을 생각들이 떠올랐던 것 같다. 선생님은 특유의 민감함으로, 일반인들의 경우에는 세상의 떠들썩함 때문에 듣지 못하고 놓쳐버리는, 우리 각자의 내면에 있는 힘을 감지하셨다. 선생님은 자신을 화나게 하는 것들에는 관심을 줄이는 대신 다른 이의 어려움에 전보다 더 많은 관심을 기울였다. 그렇게 선생님은 겨울을 났는데, 그곳의 겨울은 뉴욕에 비하면 짧은 편이었으나, 습하고, 안개와 서리가 내리고, 가끔 북극에서 불어오는 바람으로 모든 게 꽁꽁 얼어붙는 날씨는 마찬가지였다. 눈은 거의 내리지 않았으나, 우리는 양들이 추위 속에서 우는 소리, 검은색 앵거스 소들 특유의 구슬프고도 끝을 길게 끄는 울음소리를 들을 수 있었다.

봄이 오자 선생님은 나와 함께 제비꽃이며 실잔대, 수선화 사이로 몇 걸음 걸을 수 있었는데, 내가 하듯이 손끝을 대고 꽃을 만져보며 내 손바닥에 이렇게 쓰셨다. "헬렌, 너와 함께 우리의 겟세마네 동산[예루살렘 동쪽에 있는 동산으로 그리스도가 유다의 배반으로 붙잡히기 전 고뇌하던 장소]을 걸으며 이렇게 흐드러지게 피어난 꽃을 만져볼 수 있으니 정말 기쁘구나." 병에 차도가 좀 있다 싶으면 선생님은 몇몇 친구들을 초대하여 파티를 벌였는데, 이들의 햇볕처럼 따사로운 온화함과 이슬처럼 신선한 이해력 덕분에 우리 모두는 그 시간들을 행복하고 유쾌하게 보냈다. 그러나 안 좋은 일이 일어날 것 같은 불길한 예감을 내 마음에서 몰아낼 수는 없었다.

그전에 시각장애인재단에서 이런 편지를 받은 적이 있었다. 시각장애인용 오디오북(녹음책)을 만들 계획인데 이 새로운 독서 방식을 보급하기 위한 기계 제작에 필요한 기금을 모금하는 일에 나도 합류해주었으면 좋겠다는 내용이었다. 선생님은 대부분의 노인 시각장애인들이 읽기 어려워하거나 귀찮아하는 브라유 점자보다 이 녹음책이 그들에게 훨씬 쉽게 읽힐 수 있음을 간파하고는 내게 그 자금을 확보하는 데 기여하라고 당부하셨고, 나는 그 이듬해 겨울에 그 운동에 합류했다. 그러나 나는 선생님의 불만을 감지했다. 선생님은 내가 참여하고 있는 모금운동이 얼른 완성되는 것을 보고 싶어 하셨다. 게다가 재단에서 시청각 이중 장애인을 위한 사업을 전혀 추진하고 있지 않다는 사실에 실망하셨다(시청각 이중 장애인들의 참혹한 운명이 내 마음을 무겁게 한다는 것을 선생님은 알고 계셨다).

포리스트 힐스에 있을 때 선생님은 시각과 청각을 잃은 또 한 명의 아이를 가르치며 삶을 다시 시작해봐야겠다는 생각을 하셨다. 방치된 그 시청각 장애아가 켄터키 주 루이빌에서 발견되었을 때 마치 영원한 젊음의 열정이 선생님의 지친 몸으로 들어가기라도 한 듯 그 아이에게 빛과 기쁨의 음악을 전해주고 싶다는 생각이 선생님의 머리에 떠올랐던 것이다. 우리는 만류하고 싶지 않았으나 선생님의 건강이 나빠지고 있다는 걸 알았기 때문에 여러 차례 논쟁을 벌인 끝에 겨우 선생님으로 하여금 그 아이를 입양하려는 생각을 포기하게 할 수 있었다. 하지만 선생님의 심장은 그 소망에 대한 숨은 열정으로 고동쳤고, 해방될 날을 기다리는 전 세계 시청각 장애인들에 대해 자주 말씀하셨다. "그들을 향해 네 두 손을 내밀어라. 너 자신의 일보다도 그들을 먼저 생각하고, 그들의 권익을 위해 끝까지 최선을 다해라. 그게 나를 진정으로 추모하는 일이 될 거야, 헬렌. 너와 그들 사이에 벽이 놓여 있을지도 모르지만, 설령 그렇더라도 그걸 조금씩 깨부숴나가야 한다. 그 일이 너무 고되고 힘들어서 플로렌스 나이팅게일의 몇몇 간호사들이 피로로 사망했던 것처럼 지쳐서 쓰러지는 일이 있더라도 말이야."

집에 돌아오니 수많은 일들이 우리를 기다리고 있었다. 끊임없이 밀려드는 애원의 편지와 기타 서한들 외에, 뉴욕 인근에서 열리는 회의 및 다과회에 참석해달라는 요청을 받았다. 폴리와 나는 또 선생님 없이 둘이서만 일을 나갔고, 잠시 선생님과 함께 지내는 즐거움을 느낄 때마다 나는 시각장애인을 위해 해야 할 긴급한 일을 소홀히 하고 있는 건 아닌가 하는 걱정에 사로잡히곤 했다. 지붕 밑 선생님 방 옆 내 서재에 있을 때조차 나는 선생님과 아주 먼 곳에 있는 것처럼 느꼈다.

그러나 더는 선생님을 혼자 내버려두지 않아도 되었다. 젊은 청년 허버트 하스가 우리 팀에 합류했기 때문이다. 허버트는 아주 유쾌하고 다정해서 우리의 마음에 쏙 들었다. 허버트는 명랑하고 유머 감각이 있었을 뿐 아니라 다재다능했고, 얼굴은 마치 빙그레 웃는 빨간 사과 같았다. 우리가 집에 없을 때에도 허버트가 선생님을 즐겁게 해줄 수 있었고, 그들 사이에는 돈독한 우정이 생겨났다. 나중에 우리 집의 방 하나에 들어와 살게 되었을 때 허버트는 진짜 자기 집이 생긴 것처럼 말할 수 없이 기뻐했다. 허버트의 부모님은 돌아가시고 안 계셨다. 허버트의 아버지는 음악가였고, 어머니는 보통 간호사였다. 허버트는 어머니한테서 다른 사람을 따뜻하게 보살피는 능력을 물려받은 듯했다. 선생님은 허버트의 그런 점을 특히 좋아했다. 허버트는 집을 관리했고, 집안일도 썩 잘 처리해서 폴리의 어깨에서 짐을 많이 덜어주었다. 그는 (우리가 승용차를 갖고 있을 때는) 운전을 해주었고, 사무적인 일도 잘 처리했으며, 내 타자기와 브라유 점자 기계도 고쳐주었다. 그는 내 손바닥에 철자를 써서 의사를 소통하는 법을 배웠고 브라유 점자로 기록하는 법도 익혀서 (전에는 폴리가 다른 데에 보내 옮겨 적게 했던) 시각장애인에 대한 기사와 문서를 곧바로 옮겨 적어주었다. 우리 집 개들도 그를 잘 따랐으므로 선생님은 더 바랄 게 없으셨다. 허버트의 활달한 태도는 사람들로 하여금 진심으로 호감을 갖게 했다. 허버트는 총명하고 정직하고 일도 잘했을 뿐 아니라, 다정한 웃음과 퉁명스러울 정도로 솔직한 말, 농담과 이야기를 좋아하는 성격은 그를 아는 모든 이를 기쁘게 했다.

한편 폴리와 나는 시각장애인용 녹음책에 관심이 있을 것 같은 사람들에게 우리의 계획을 알리려고 백방으로 노력했다. 내가 좋아하는 철학자이자 재담가 윌 로저스는 다정하게 호소하는 방송을 해주었다. 선생님과 내가 오래전부터 시각장애인에 대한 이분의 진심 어린 관심을 소중하게 여겨온 윌리엄 무어 여사는 어마어마한 액수의 기부금을 내게 기탁해주었다. 그 외에도 수많은 분들에게서 조그만 기부금들이 답지한 덕분에 마침내 재단은 이 사업의 가치를 인정받을 때까지 시험 삼아 운영할 녹음 스튜디오를 열 수 있게 되었고, 의회는 점자책 출판은 물론 녹음책 제작에 충분한 예산을 할당해주었다.

1935년 봄, 선생님은 여러 가지 병을 치료하려고 뉴욕 닥터스 병원에 입원했고, 병원에서는 선생님이 안정되도록 조용하게 해주는 게 무엇보다 중요하다고 했다. 선생님은 내 일에 대해 너무 열광적으로 반응하셨기 때문에 나는 가끔, 그것도 몇 분간만 면회가 허락되었다. 그런데 이는 선생님께 오히려 불행한 결과를 초래했다. 나중에 선생님은 자신의 눈이 멀어버린 것에 대해 쓸데없이 반항하곤 했다고 털어놓으셨다. "나는 마치 못된 아이처럼 행동했어. 불가능한 것을 요구하고, 장애를 용기의 기회로 대하라는 나 자신의 명령을 거역했지." 게다가 선생님은 내가 대신 기록해주기를 간절히 바라는 생각들이 자신의 머릿속에 무리 지어 떠올랐지만, 내가 선생님을 볼 수 있을 때는 생각들이 모두 사라져버려 기억해낼 수 없었다고 하셨다. 가여운 선생님, 선생님에게는 암흑 속에 있는 것(눈이 멀어 아무것도 볼 수 없는 것)보다 영혼의 창조적 힘의 위대함에 관한 힘찬 글을 쓸 수 없고 자연의 음악이 불러일으키는 생각이나 기분 좋은 공상을 할 수 없다는 게 더욱 고통스러웠다.

그래서 그해 여름 폴리와 허버트와 나는 선생님을 캣스킬로 모시고 갔고, 선생님은 산과 나무와 호수에서 위안을 찾았다. 또 한 번 선생님의 삶에 대한 의욕이 체력의 쇠약을 압도했다. 폴리와 나는 파티를 별로 좋아하지 않았지만 선생님의 기운을 북돋우기 위해 조촐한 모임을 마련하여 즐거운 기분을 내려고 애썼다. 손님 중에는 시각장애인재단 회장 미겔 씨와 베렌스 박사님이 있었는데, 우리(선생님을 제외한)는 가끔 송어를 잡으며 시간을 보내기도 했다. 선생님은 내게 《나의 종교》보다 더 일반 독자들이 읽을 만한 책을 써보라고 강력하게 권고하셨다. 그래서 나는 여가가 날 때마다 《황혼의 평화(Peace at Eventide)》를 집필했다.

    선생님의 건강은 회복되지 않았고, 가만있지 못하는 성격 때문에 더욱 쇠약해졌다(새로운 일을 벌이는 성격이 선생님을 괴롭히는 원수였다). 선생님은 늘 '기쁨의 섬' 푸에르토리코를 그리워하며 그 비슷한 곳이라도 가봤으면 하고 바랐다. 1935년 10월 우리 넷은 서인도제도의 자메이카로 떠났다. 그곳은 열대 정원과 야자수, 깎아지른 듯한 산, 화려한 색상의 교회 들이 있는 멋진 섬이었지만, 선생님은 푸에르토리코에서 선생님을 매혹시켰던 아름다움을 느낄 수 없었고, 안타깝게도 너무 피곤해하셨다. 늙어간다는 게 죽는 것보다 더 어려운 일이라는 고정관념이 선생님의 머리에서 떠나지 않았다. 작은 것들을 하나씩 포기해가는 게 생명과 생명에 수반되는 은총을 일시에 포기하는 것보다 더 어렵다고 하셨다. 선생님은 자신의 기력이 점점 소진되어가는 걸 슬퍼하시며, 눈이 안 보이게 되자 스스로를 늙은이라고 여겼다. 하지만 나는 선생님의 진짜 비극은 그게 아니라고 생각했다. 진짜 비극은 선생님이 어릴 적에 눈을 조심히 다루는 법과 이치에 맞는 조언에 귀 기울이는 법과 훨씬 더 오래 자립을 누리는 법 등에 대해서 훈련받지 못했거나 그런 인생관을 갖지 못한 데 있었다. 나는 정신과 육체가 늙어간다는 건 불행한 일이라는 선생님의 생각에 동의하면서도, 소위 젊은이 가운데에도 가난에 쪼들리는 것도 아니면서 구제할 수 없을 정도로 늙어버린 나약한 젊은이들이 있다는 사실을 일깨웠다. 나는 이렇게 말했다.

현명한 이들은 사랑이 부족하고, 사랑하는 이들은 지혜가 부족하죠. 다시 말해 모든 최선의 것에도 부족한 점이 있어요.

"전통과 관습에 비춰볼 때" 내가 이어서 말했다. "젊은 사람이건 늙은 사람이건 마음에 주름살이 지고 생각이 비틀린 사람들은 인류의 일에 영향을 미칠 수 없었어요. 어려운 환경을 이겨낸 선생님의 빛나는 사례는 일하고 생각하는 모든 사람들을 북돋우는 엄청난 자극일 뿐 아니라, 앞길을 가로막는 비관적 생각은 물론 맹목적 낙천성이라는 쓰레기를 깨끗이 치워 없앨수록 이상주의의 원천과 진실을 열린 마음으로 받아들이는 젊은 열정과 지성의 세계를 만들어낼 힘이 더 커진다는 것을 입증해주는 증거예요."

"헬렌, 나도 그렇게 믿을 수 있으면 좋겠구나." 선생님이 지친 기색으로 대답했다. "너는 정신으로 보고 들을 수 있는 통찰력을 지녔으니 그 투쟁의 선봉에서 끝까지 역할을 다해주기를 바란다."

폴리와 나는 다시 재단의 예산을 모금하기 위한 운동에 참여했고, 그래서 우리는 집에 있을 때가 드물었다. 마침 집에 머무를 때 일본시각장애인협회의 지도자 다케오 이와하시가 우리를 만나러 왔다. 미국에서 시각장애인의 어려움을 어떻게 해결하고 있는지 연구한다는 그는 놀라울 정도로 영어를 잘했다. 그 자신도 시각장애인이었는데 아름다운 열정으로 가득했다. 그는 내게 일본에 와서, 온힘을 다해 분투하고 있는 시각장애인들의 마음에 희망의 빛을 불어넣어달라고 거듭 간청했다. 나는 선생님의 상태(당시 선생님은 너무 편찮으셔서 그를 만날 수조차 없었다)에 대해 설명하고 그런 선생님을 두고 멀리 떠날 수 없다고 말했다. 우리가 다케오와 만난 이야기를 전하자, 선생님은 우리가 그의 고매한 인격과 훌륭하게 계발된 능력에 깊은 인상을 받은 걸 알아보시고 이렇게 말씀하셨다. "놓쳐서는 안 될 귀한 기회로구나."

"하지만 전 선생님 없이는 절대 못 가요. 선생님이 함께 갈 수 없다면 초청을 받아들일 수 없어요."

"헬렌, 그럼," 선생님이 간절히 애원했다. "내가 저세상에 가고 난 뒤에라도 폴리와 일본에 가서 그곳의 장애인들에게 희망의 빛을 주겠다고 내게 약속해주렴."

"노력해볼게요, 선생님, 하지만 지금 당장은 알지 못하는 곳에 뛰어들 엄두가 나지 않아요."

선생님은 그전부터 베렌스 박사님께 눈을 수술해달라고 설득해왔다. 박사님은 수술을 해봐야 효과가 없을 거라고 솔직하게 의견을 말했다. 선생님은 박사님을 부둥켜안고 눈물을 흘리며 수술을 해달라고 간청했다. 마침내 박사님은 그러자고 했고, 결과는 박사님이 예견했던 대로였다. 선생님의 시력은 좋아지지 않았던 것이다. 선생님이 아파서 고통스러워하고 편히 쉬지 못하는 것도 마음 아픈 일이었지만 실망하고 낙담하여 풀죽은 모습을 대하자 가슴이 미어지는 듯했다. 선생님이 병원에 계시는 동안에 알렉산더 울컷〔Alexander

Woollcott(1887~1943) ; 미국의 작가·비평가·배우. 재치 넘치는 입담과 글재주로 유명했음)은 날마다 선생님께 유쾌한 쪽지와 손에 들 수 있는 향기로운 부케를 보내왔다. 선생님은 전부터 그의 기발함과 기지를 좋아하셨지만, 그가 맨 처음 포리스트 힐스를 방문했을 때 선생님이 얼마나 수줍어했는지를 폴리와 나는 기억한다. 선생님은 그토록 멋지고 활동적이고 유명한 사람이 선생님에게 관심을 가질 거라고는 생각하지 않았다. 그러나 그는 선생님에게 끊임없이 말을 건네고 책을 읽어주었다. 그래서 선생님은 차츰 그와 편히 지낼 수 있는 사이가 되었다. 선생님이 돌아가셨을 때 우리는 그에게 장례식에서 관 옮기는 일을 맡아달라고 부탁했으나 그는 좀 서운하다 싶을 정도로 무뚝뚝하게 거절했다. 나중에 알고 보니 그건 자신이 그런 영광스런 일을 할 자격이 없다고 생각했기 때문이었다. 나는 언제까지나 그분을 선생님을 가장 잘 이해했던 다정한 분들 중 한 분으로 기억할 것이다.

선생님의 건강이 회복되지 않아 우리가 몹시 걱정하고 있다는 것을 눈치 챈 선생님은 기운을 내어 폴리에게 우리가 여름을 날 장소를 알아보라고 부탁했다. 마침내 우리는 허버트가 운전하는 차를 타고 퀘벡에서 좀 떨어진 곳에 위치한 로렌시아 산맥의 라 코르니시 마을로 떠났다. 그러나 그 여행은 선생님께 무리였다. 선생님은 추위에 맥을 못 추며 침대에서 꼼짝도 하지 않으셨다. 우리는 호수가 내려다보이는 숲속에서 야영을 했다. 허버트가 군소리 하나 없이 품삯도 계산하지 않고, 개들과 내가 매일 산책할 수 있도록 길을 내주었던 일이 기억에 남아 있다. 그곳은 너무 아름다워서 오히려 괴로웠다—선생님과 함께 그 기쁨을 누릴 수 없다는 게 마음 아팠다. 선생님은 그런 내 마음(무엇이든 완전히 즐기려면 선생님과 함께해야 한다고 생각하는)을 헤아리지 못하셨던 것 같다. 선생님은 그토록 빼어나게 아름다운 곳에 있으면서도 너무 아픈 탓에 즐거움을 누릴 수 없었기 때문에 선생님 자신은 물론 나에게도 골을 냈다. 선생님은, 자신이 정말 좋아했던 일은 미래에 대한 걱정은 모두 잊고, 상처를 어루만져주고 지혜를 들려주는 자연을 떠돌며 방랑하는 게 아니었을까, 하고 말했다. 얼마나 비합리적이고 선생님다운 말인지! 우리는 내 생일을 선생님 방에서 보냈고, 나는 그게 선생님과 보내는 마지막 생일이 될 것 같은 불길한 예감을 명랑한 얼굴 뒤에 감췄다. 선생님은 좀 힘겨운 조치를 해야겠다고 말했다(집으로 돌아가서 새로운 마음가짐으로 어떻게든 계속 살아가겠다고 말했다).

이런 선생님의 말에 우리는 속지 않았다. 나는 선생님이 이미 죽었다는 것을 알고 있었다. 선생님이 다시는 볼 수 없다는 것을 알게 되었을 때 삶의 의욕을 상실했다는 것을 나는 직감으로 알 수 있었다. 선생님은 말을 거의 하지 않았고, 나는 선생님과 이야기를 하고 싶은 마음이 몹시 간절했지만 막연한 두려움 때문에 선생님이 닫아버린 문을 열고 들어설 수 없었다. 8월쯤 우리는 뉴욕으로 돌아왔는데, 채텀 호텔에서 며칠 묵는 동안 롱아일랜드의 그린포트 해변에 괜찮은 오두막이 있다는 것을 알게 되었다. 그것은 선생님이 기운을 차려 선생님의 삶이 괜찮아지기를 바라는 우리의 필사적인 마지막 노력이었다. 하루는 선생님이 걸어 내려와 물속으로 들어가는 걸 보고 나는 소스라치게 놀랐다. 아마 바닷물의 염분으로 물에 쉽게 뜰 수 있을 거라 생각하셨던 것 같다. 물속으로 걸어 들어가던 선생님이 갑자기 비틀거리며 쓰러졌다. 우리는 선생님을 반은 들고 반은 끌다시피 하여 오두막으로 모시고 와 침대에 눕혔다. 선생님은 "내 너를 위해서라도 살아보려고 무진장 노력하고 있단다"라고 흐느끼며 말했다.

나는 예측 불허의 그 몇 년간 선생님 내면에 일어났던 숱한 변화 가운데 하나가 일어났음을 알아보았다. 비록 선생님의 지친 육체에서는 불빛이 차츰 사위어가도, 내면에서는 생명력의 불길이 더 선명하게 높이 타올랐다. 선생님은 내 일에 필요한 조언이나 제안을 해주려고 프로메테우스(그리스 신화에 나오는 인물로, 제우스의 명을 거역하고 올림푸스에서 불을 훔쳐 인간에게 전해준 벌로 바위에 묶여 독수리에게 간을 쪼아 먹히는 고통을 당하면서도 견뎌냈다)의 의지로 고통과 무기력에 맞서 싸웠다. 하지만 그 다음날 선생님은 구급차에 실려 병원으로 가야 했다. 선생님은 떠나기 전에 내게 다정하게 말씀하셨다. "내 아픈 눈을 슬퍼하느라 시간을 너무 허비한 것 같아. 그게 아주, 아주 유감스럽지만 이미 지난 일이니 어쩔 수 없구나. 나는 이미 내 운명의 잔에서 가장 쓴 한 모금을 맛보았지만, 하느님과 영원불멸에 대한 네 생각이 옳다면, 그분은 '끝까지 지속되어야 할 위대하고 중요한 생각들'이 사라지는 걸 그냥 내버려두시지는 않을 거야."

선생님은 정성스럽고 면밀하게 검사를 받았고, 그 병원의 의사와 간호사 들은 선생님께 더없이 친절하다고 선생님은 내게 말했다. 나는 날마다 선생님을 찾아갔는데 하루는 이렇게 말씀하셨다. "여기 병원에 누워 있으니 하느님의 발치에 있는 것 같은 기분이 드는구나." 병원에서 할 수 있는 모든 처치를 한 뒤 우리는 선생님을 집으로 모시고 왔다.

그 후 며칠간은 마치 심장이 멎는 것 같았다. 선생님은 발작적으로 변덕을 부렸고, 절망에 항복한 나머지 폴리와 내가 몹시 걱정하고 있다는 것도 개의치 않는 것 같았다. 누군가 방을 정리할 때 선생님은 내게 죽음의 사자(Angel of Death)가 곧 도착할 테니 모든 걸 정리해야 한다고 되풀이해 말했다. 그런 다음, 선생님은 방금 한 말은 잊어버린 듯 재단에 기부해달라고 호소하는 편지에 답장을 받았느냐는 둥 내 일에 관해 물었다. 이렇게 말씀하실 때도 있었다. "편지 쓰는 일은 뒤로 미뤄두고 내가 떠날 때까지 내 옆에 있어주렴." 그러나 선생님은 내가 그렇게 하도록 허락하지 않았다. 한번은 내가 선생님의 침대 옆에 앉아 있을 때 재단의 직원 한 명이 급한 일로 나를

1930년대 초의 설리번. 사실상 앞을 볼 수 없는 상태였고 평생의 과업을 거의 이룬 때였다. 설리번은 1936년 10월, 유명을 달리했다.

방문했다. 선생님은 반쯤 의식이 깨어 있었는데 화들짝 잠에서 깨어서는 직원이 내 손바닥에 쓰는 내용을 큰 소리로 말해달라고(직원이 곤혹스러워할 텐데도) 고집을 부리더니, 직원이 가고 난 뒤에는 나더러 심의 중인 그 문제를 먼저 처리하고 오라고 성화를 부렸다.

임종 일주일 전이 되어서야 선생님은 너그러우면서도 굴복하지 않는 영혼과, 너무 쉽게 상처받는 마음을 있는 그대로 우리에게 내보이셨다. 폴리의 일을 덜어주려고 간호사 한 명이 왔는데, 선생님은 그래서 폴리가 우리를 떠날 거라고 생각했던 모양이다. 나는 선생님이 애처롭게 소리치며 비틀비틀 걸음을 옮기는 걸 발견했다. "폴리, 폴리, 가지 마!" 폴리는 선생님을 껴안고 등을 토닥이며 침대에 다시 모시고 가면서 말했다. "전 선생님께 차 한잔 갖다 드리려고 아래층에 내려갔던 것뿐이에요." 선생님은 내게 몸을 돌리고는 이렇게 내 손바닥에 썼다. "내년 봄에 스코틀랜드에 가지 않을래? 그 사랑스런 땅은 늘 내 마음을 포근하게 감싸주는 느낌이었지. 거기에 가면 평온하게 지낼 수 있을 것 같구나." 나는 약속했다.

선생님이 내가 아는 선생님 본연의 모습을 보여주었던 마지막 기억은 10월의 어느 날 저녁이었다. 그때 선생님은 잠에서 완전히 깨어 안락의자에 앉아 계셨고 그 주위에 우리가 둘러앉아 있었다. 선생님은 허버트가 방금 보고 온 로데오 경기에 대해 말하자 소리 내어 웃으며 허버트의 말을 내 손바닥에 적어주셨는데 그 손길이 얼마나 다정했던지! 무한한 자애로움이 느껴져서 하마터면 울음이 나올 뻔했다. 선생님의 손 감촉은 아름다웠다. 그것은 소통의 즐거움과, 나를 나와 비슷한 사람과 연결해주는 사랑의 힘, 그리고 내 한계 안

253

에서 새로운 감각을 되살려낸 지성 등을 키워낸 창조적 불꽃이었다. 그 후 선생님은 혼수상태에 빠졌고 영영 깨어나지 못하셨다.

선생님의 장례식은 뉴욕 매디슨 애비뉴에 있는 장로교회에서 거행되었다. 친구들은 물론 낯선 사람들도 많이 참석했다. 포즈딕 [Henry Emerson Fosdick(1878~1969) ; 20세기 초 미국의 저명한 침례교 목사·저술가] 박사님은 교육계에 남긴 선생님의 업적과 한 시청각 장애아의 개성을 만들어낸 섬세한 예술가적 솜씨에 대해 감동적인 추도사를 해주셨다. 알렉산더 울컷은 선생님의 어린 시절에 관한 가슴 찡한 기사를 써주었는데, 그 특유의 따뜻하고도 힘찬 방식으로 씌어진 선생님의 이야기는 많은 이들의 심금을 울렸다.

장례는 10월 21일에 치러졌다. 선생님의 시신은 화장되어 워싱턴 D. C. 국립대성당에 안치되었다. 모든 절차가 끝나자 폴리와 나는 스코틀랜드로 떠났다. 스코틀랜드에 살고 있던 폴리의 오빠는 너그럽게도 우리를 자신의 집에 받아주었고, 내가 마음의 평정을 찾을 때까지 약 3개월 동안 거기서 지내게 해주었다.

나는 지금껏 인간 영혼이 영원불멸하다는 믿음을 의심해본 적이 없지만, 선생님이 돌아가시고 나자 내 삶은 뒤죽박죽 혼란스러워져서 몇 달이 지난 뒤에야 새로운 상황을 받아들일 수 있게 되었고, 아직도 완전히 적응이 된 것은 아니다. 나는 선생님의 영혼을 독립적인 존재로 인식하고 있었으므로, 선생님이 동생의 육신에 집착했던 것처럼 선생님의 육신(이승에서의 껍데기)에 집착하지 않았고, 그렇다고 선생님이 내 안에 계속 살아 있는 것 같았다고 말할 수도 없다. 선생님은 주님께서 나로 하여금 암흑과 침묵을 뚫고 나 자신을 계발할 수 있게 하려고 내게 빌려주신 분이었으므로, 나는 주님께, 나한테 더 가치 있는 능력을 달라는 요구를 제외하면, 감히 더 많은 것을 요구할 수 없었다.

나는 마치 그리스 전설에 나오는 멜레아그로스〔멜레아그로스가 태어났을 때 그 아이가 난로에 타고 있는 어느 장작과 같은 운명이라는 예언을 들은 그의 어머니는 얼른 장작을 빼내 숨겨두었다. 하지만 멜레아그로스가 자신의 동생 둘을 죽였다는 사실을 알고 괴로워하던 끝에 숨겨두었던 장작을 꺼내 마저 태워버림으로써 멜레아그로스를 죽음으로 이끌었다〕처럼 무기력한 느낌이었다. 멜레아그로스처럼 살해되지는 않았지만, 내게 삶의 빛과 음악과 영광을 그토록 생생하게 경험할 수 있게 해주었던 열정적인 선생님의 정신이 마치 사라져버린 것 같았기 때문이다. 선생님이 내 손에 전해주신 언어의 경이감은 여전히 남았지만, 그것을 느끼게 해준 신비의 에너지는 사라지고 말았던 것이다. 항상 나를 짓누르고 있던 어둠을 걷어내준, 독특한 개성을 지닌 분과 날마다 함께 지내면서 받았던 그 무엇으로도 대체할 수 없는 자극과 영감 또한 모두 사라져버렸다. 당시의 나는 그 어둠을 혼자서 걷어낼 만한 충분한 내적 빛을 가지고 있지 못했다. 폴리와 내가 아사마 마루 여객선을 타고 일본으로 간 뒤에야 자활의 불꽃이 내 마음속 빈 공간에 빛을 비추기 시작했다.

17

나는 그 땅에서 훅 끼쳐오는 기운을 감지했을 때 마치 누군가 다정하게 손을 내미는 것 같은 느낌을 받았다. 폴리는 후지야마 산이, 위안을 주는 큰 사상(思想)처럼 봄 햇살을 받으며 웅장하게 솟아 있다고 말했다. 배에서 내리자 다케오 이와하시와 정부 관료들, 맹아 및 농아 학교 모임의 대표들, 그루 주일대사 등 여러 저명인사와 마이니치신문 기자들이 맞아주었다. 시각이나 청각을 잃은 아이들을 어떻게 재활시키는 것이 옳은 과정인지에 관해 고위 인사들과 논의하고, 다카마츠 왕세자 부부를 방문하고, 도쿄의 왕궁에서 열리는 가든파티에 참석하여 왕과 왕비의 접견을 받고, 장애인 단체에서 연설을 하는 등 서둘러 일을 시작해야 했기 때문에 개인적인 슬픔에 빠져 있을 틈이 없었다. 대도시 곳곳에서는 서양 문명에 잠식된 모습이 감지되기도 했지만, 폴리와 나는 우아한 고대 문화의 숨결이 스며 있는 분위기에 싸여 있었다.

다케오 씨 부부는 우리를 산으로 둘러싸인 아늑한 마을로 데리고 갔고, 우리는 최대한 자연스럽게 보이려 애쓰며 무릎을 꿇은 자세로 일본 음식을 먹은 뒤, 우리를 초대해준 그분들의 집에서 묵었다. 다다미방에 누워 있으면 참 기묘한 매력을 느낄 수 있었다. 먼지 한 톨 없이 깨끗한 양탄자가 만져졌고 미닫이문과 창문이 열릴 때 나는 진동과, 톡톡 하고 울리는 여성들의 가벼운 발걸음, 이 여성들이 입은 기모노의 바스락거림 등이 느껴졌다. 나는 일본인들이 신사(神社)에서 향을 피우고 '영혼의 막대기'에 불을 붙인 다음 참배할 때 이들의 신앙을 가까이서 느꼈다. 비록 우리의 신앙과는 형식이 달랐지만, 나는 저세상으로 떠난 조상을 기리고 다시 만날 날을 고대하는 이들의 따뜻한 마음을 느낄 수 있었다.

또한 일본인들도 선생님 못지않게 아름다움을 좋아한다는 것을 주위에서 흔히 느낄 수 있었다. 찻잔과 부채, 병풍, 젊은 일본 여자들이 기모노 위에 두른 색색의 오비, 꽃이 만개한 벚나무의 형언할 수 없는 아름다움, 바위와 연못과 키 작은 소나무와 도리이(신사의 경내로 들어가는 입구를 나타내는 의식적인 관문) 등이 있는 정원의 단순한 아름다움 등 가까이 있는, 촉각으로 느낄 수 있는 모든 사물과 물건들에서 아름다움이 감지되었다.

나라 현에서는 승려들이 거대한 연꽃(모든 미덕을 상징하는 가장 완벽한 꽃) 조각 위에 앉아 있는 커다란 부처님 상의 발이 있는 곳까지 사다리를 타고 올라가도록 허락해주었다. 나는 그 신성한 호의를 허락받은 세계 유일의 여성이었다. 부처님을 찬미하는 뜻을 널리 퍼뜨리기 위한 거대한 종이 울릴 때 나는 로프에 손을 대고 그 우렁차고 낭랑한 소리를 느껴보았다. 시즈오카에서는 넓게 펼쳐진 차밭에 자라는 차나무와, 뙤약볕 아래서 찻잎을 따는 참을성 많은 일꾼들의 커다란 모자를 만져보았다. 다카라즈카 마을에서는 우리의 길을 안내하는 두 매력적인 일본인 여성과 함께 언덕을 올랐고, 이 나라 사람의 주식인 쌀을 산출하는, 관개(灌漑)가 잘된 논에도 손을 대보았다.

하지만 이렇게 시골 생활을 일별하는 것은 어디까지나 부차적인 일이었다. 폴리와 나는 계속해서 내해와 벳푸의 온천 지대를 비롯한 일본 전역을 돌며 맹아 및 농아 단체를 방문했고, 한국과 만주의 다롄 항도 방문했다. 우리는 시각장애인 문제에 특별히 관심이 많은 문부성 장관 오쿠바 후작과 청각장애인을 위해 일하는 도쿠가와 후작 같은 저명한 분들과도 의견을 주고받았다.

다케오는 지친 기색도 없이 나의 격려성 메시지를 일본인들에게 통역해주었고, 앞을 볼 수 있는 일반 대중의 시각장애인에 대한 무지와, 우리가 방문한 수많은 학교의 선구적 성격 등에 대해 설명해주었다. 다케오 덕분에 나는 시각장애인과 발달장애인에게 내면의 빛으로 가는 길을 만들어주고 싶어 하는 사람들이 질문할 때 덜 떨면서 대답할 수 있었다. 꽤 많은 시간이 흘렀는데도 그때의 일을 생각하니 다케오의 용기와 식견에 대한 존경심이 가슴 가득 차오른다. 당시 일본에서 그의 위치는, 오늘날 이집트, 이란, 인도 등지에서 봉건적 사고방식과 정서를 타파하여 정상인은 물론 장애인 또한 교육을 통해 해방시키려 애쓰는 여러 선구적 지도자들과 같았다.

우리가 학교를 돌 때 선생님(센세이)들은 폴리와 내게 경의를 표하며 특히 나의 센세이에게 애정 어린 찬사를 아끼지 않았다. 선생님이 노력하신 일이 이렇게 먼 곳까지 영향을 미치고 있다는 사실과 선생님의 존재가 내 삶에서 다시 살아났음을 확인하게 된 것은 나의 일본 첫 방문에서 얻은 가장 소중한 기념품이었다.

나는 선생님이 내 곁에 계시다는 것을 확실히 알았고, 폴리와 내가 하와이, 오스트레일리아, 뉴질랜드로 흥미진진한 여행을 할 때, 그리고 1948년 가을 맥아더 장군의 초청을 받아 두 번째로 일본에 방문할 때는 선생님의 존재를 한결 더 많이 느꼈다. 어느 나라에서건 시각장애인들은 우리를 열렬히 환영했고 나는 해외의 그 활력에 용기를 얻었다.

미국 주둔군이 당도한 이래 일본에서 일어난 변화는 내게 많은 도움이 되었다. 도쿄에 도착했을 때 폴리와 나는 연대장 샘스 씨 부부와 헬렌 켈러 협회의 회원들, 정부 대표들을 비롯한 많은 이들의 환영을 받았다. 어마어마한 군중이 우리와 인사를 하려고 밀려들었고, 내가 일본인의 예절과 연관 지어 생각하고 있었던 장중한 형식은 찾아볼 수 없었다. 전제정치에 의해 강요받아온 대다수 군중의 삼가고 어려워하는 태도는 온데간데없었다. 내 주위에 몰려든 이들의 자발적인 온정과 사랑은 실로 극적이었다. 마침내 우리는 다케오와 그의 부인 키오가 기다리고 있는 곳에 다다를 수 있었고, 그때껏 황제만 밟았다는 심홍색 양탄자를 따라 눈부신 클리그 라이트〔독일계 미국인 클리그 형제가 발명했으며, 보통 촬영용이나 축하용 조명으로 사용됨〕를 받으며 그들과 함께 걸어갔다. 그 양탄자는 숨 막히게 하는 제한의 장벽에서 벗어나 볼 수 있고 들을 수 있는 정상인들과 동등한 기회로 가는 시각장애인과 청각장애인의 노정을 상징하는 듯했다.

다케오는 시각장애인의 재활을 위해 5천만 엔을 모금하는 역사적인 캠페인을 벌이고 있었고, 그가 그 목표액을 달성할 수 있도록 돕

설리번 사후에도 헬렌은 여전히 선생님이 옆에 계시다고 느끼며 길동무 폴리 톰슨과 일본을 세 번이나 방문했고, 일본의 수많은 시각장애아들은 헬렌을 어머니라 불렀다.

는 것이 내 임무였다. 9월 3일 도쿄에서 첫 강연을 할 때, 나는 백만 명이 넘는 일본인 장애인들이, 스스로 어려움을 극복하여 인간으로서의 위엄을 찾고 쓸모 있는 일을 하며 살아가는 것을 가능하게 하는 법령 확보를 위해 결의를 다지러 모였다는 말을 듣고 흥분이 되었다. 동시에 그들은 자신들의 권익을 보장하는 법을 조속히 시행해 달라고 촉구하는 대규모 집회를 열었다.

　9월 4일에는 나와 폴리를 환영하려고 전국에서 7만여 명의 군중이 황궁 광장에 모였다. 내가 기부를 호소하는 연설을 하기 전, 다케오 선생님과 나를 단단히 결속시킨 운명의 실타래에 관해 감동적인 연설을 했다. 그는 로마가 하루아침에 세워지지 않았던 것처럼 나 또한 선생님의 50년에 걸친 부단한 인내와 헌신에 의해 탄생되었다는 사실을 강조했다. 그는 앤 설리번 선생님을 통해 "하느님께서는 하느님 자신의 찬란한 빛으로 우리가 어떻게 선행을 할 것인지 알려주고 계십니다"라고 말했고, 고조된 열기는 집회가 끝날 때까지 이어졌다. 나는 내 과업이 예기치 못한 난관에 봉착할 때마다 선생님이 내 영혼에 날개를 달아주는 것을 확실히 느꼈다. 천상에서 흘러나와 마음의 평화를 가져다주는 힘의 도움으로 나는 부족한 연설과 생소한 환경이라는 어려움을 극복했다.

또 나를 흐뭇하게 했던 것은 일본 여성들의 해방과 국회의원으로서의 활동이었다. 나는 이들이 사회복지 분야에서 꾸준히 경험을 쌓아가는 것을 보며 힘을 얻었고, 특히 시각장애인과 청각장애인을 위한 이들의 헌신이 장애인들의 재활에 귀중한 보루가 되리라고 확신했다.

나를 감동시킨 또 다른 변화는 집회에 모인 수많은 사람들이 장애인을 위한 나의 호소에 즉각적인 반응을 보여주었다는 사실이다. 이는 시장과 지사, 저명한 교육자의 환영 연설에도 반영되어 있었다. 모든 분야에서 갓 해방된 사람들은 사실 좀 어리둥절한 상태였지만 용감하게 대중의 획일성에서 벗어나 개인의 성장을 추구하고 있었고, 국가는 국민 개개인의 개성은 물론 복지에 대한 공동 책임을 중시했다.

그 캠페인은 내가 그때껏 참여했던 어떤 캠페인과도 달랐다. 집회며 환영회는 훌륭한 기술과 홍보로 준비되었으며, 우리가 이동하는 역마다 사람들이 운집했고, 면구스러울 정도로 과분한 찬사를 들었던 일은 영원히 잊히지 않을 것이다. 통역에 뒤이은 폴리의 지문자로 알게 되었듯이, 다케오는 특유의 순수한 열정과 우렁찬 목소리, 유쾌한 유머로 청중을 감동시켰다.

마이니치신문은 우리가 가는 곳마다 기자를 파견했다. 이들은 인터뷰를 통해 시각장애인들이 읽고 쓰는 것뿐 아니라 수공예와 음악에도 뛰어난 능력을 발휘할 수 있다는 것을 장애가 없는 일반 대중에게 보여주었고, 시각장애인들에게는 시각장애가 있다고 해서 좌절할 필요가 없다는 사실을 확실히 인식시켜주었다. 마이니치신문에서 캠페인을 널리 홍보해준 덕분에 캠페인의 성공을 확실하게 하는 모든 힘이 결집되었다. 수많은 주둔군들과, 여러 도시와 현의 당국자들, 문부성 관료들, 노동 및 사회복지운동가들을 비롯한 무수한 남자와 여자와 아이들이 암흑에 갇힌 삶을 밝게 비춰주려는 갸륵한 뜻으로 하나가 되어 아낌없이 기부해주었다.

이들은 오랜 세월 황제로 상징되는 국가를 위해 자기 자신의 이익과 욕구를 희생해오며 자아부정(self-denial)에 익숙해 있어서인지 자신의 일은 뒷전으로 미뤄두고 시각과 청각을 잃어 고통받는 사람들을 돕는 일에 적극적으로 참여했다. 예컨대, 우리가 홋카이도에서부터 내려오며 모금운동을 할 때 태풍이 도호쿠를 휩쓸어 홍수가 났으나 캠페인의 열기는 약화되지 않았다. 후쿠이에서 지진이 나 도시가 쑥대밭이 된 걸 보고 우리는 몹시 충격을 받았다. 한때 집들이 서 있던 곳이 몇 마일이나 폐허가 되어버리다니 너무 마음이 아팠다. 하지만 후쿠이 시민들은 곧 닥쳐올 겨울 추위에 대비하여 서둘러 집을 복구하고 피난처를 마련해야 하는 상황에서도 정성껏 기부금을 내주었다. 원자폭탄 투하로 초토화된 히로시마와 3분의 1이 파괴된 나가사키조차, 힘겹게 재건을 해나가는 과정에서도 모금운동에 적극 참여했다.

이렇게 나는 일본에서 깊은 인상을 받았다. 자선보다도 더 훌륭한 목표, 곧 장애인들을 사회 적재적소에 복귀시키려고 자신의 재능과 열정을 쏟아 부으며 자신의 신념을 실천하는, 다른 기후에 사는 이 사람들에 대해 존경심이 일었다. 거기 있는 내내 선생님의 은덕을 기리는 찬사와 추모의 열기가 드높았고, 미야지마에 갔을 때는 선생님을 기리는 나무에 언제까지나 열매가 풍성하게 열릴 것임을 상징하는 거대한 석등 여러 개에 불이 켜졌다. 미래의 교사들을 위해 초석을 놓고자 노력한 앤 설리번 메이시 선생님의 삶을 기리고 추모하기 위한 기념물로 일본 시각장애인들의 그 탁월한 협동과 일본의 모든 장애인을 위해 복지법을 만드는 것보다 더 적절한 게 있을까? 이 지상의 어떤 빛이, 선생님이 늘 숭배했던 숭고함과 진심 어린 친절, 아름다움에 대한 열정적 사랑을 품은 사람들이 선생님께 바치는 존경보다 선생님을 더 기쁘게 할 수 있을까?

18

생의 물살이 나를 먼 곳으로 데려다주었다. 나는 그 흐름을 따라 선생님도 좁은 하늘에서 더 넓은 하늘로, 더 먼 곳까지 조망되고 더 자유로운 곳으로 가고 계시리라 믿었다. 내가 가는 길을 밝혀주신 선생님의 꺼지지 않는 불꽃 덕분에 나는 폴리와 함께 계속 여행을 하며 다른 나라의 시각장애인들과 청각장애인들은 물론, 육군 및 해군병원에 입원해 있는 상이군인들에게 격려의 메시지를 전할 수 있었다.

폴리와 내가 펜실베이니아 주 밸리 포지와 버틀러에서 시각과 청각을 상실한 군인들에게 새로운 삶을 준비하게끔 용기를 불어넣는 일을 시작하던 1944년 겨울만 해도 나는 전국의 상이군인들을 방문할 수 있는 특권이 내게 주어지리라곤 예상하지 못했다. 언젠가 나는 넬라 브래디 헤니와 이런 이야기를 한 적이 있었다. 넬라는 2차 세계대전이 내 마음에 얼마나 큰 고뇌를 남겼는지 알아차리고는, 서두나 해명도 없이 대뜸 내 손바닥에 이렇게 썼다. "상이군인들을 찾아가서 그들을 위해 할 수 있는 일을 찾아보는 게 어때요? 당신에겐

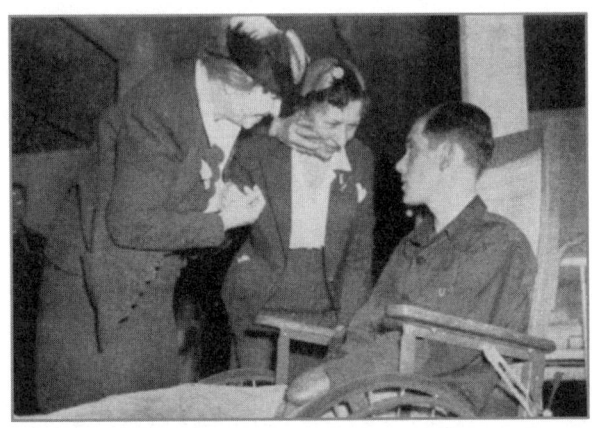
2년 반 동안 헬렌과 폴리는 미국 병원을 돌며 상이군인들을 위문했다. 나중에는 유럽의 병원들도 방문한다.

그들이 역경을 이겨낼 수 있으리라는 믿음과, 두 손과 마음이 있잖아요? 그들은 당신이 어릴 적에 겪었던 것처럼 새로운 환경에 적응해야 하는 상황에 놓여 있어요. 당신을 꼼짝 못하게 붙들었던 암흑과 적막의 공포를 생각해보세요. 당신은 군인들에게 갚아야 할 빚이 있어요. 우리 모두 그렇죠. 아마 당신은 당신 몫의 빚을 갚을 수 있을 거예요. 그러면 그들의 희생—그들이 우리를 위해, 서로를 위해, 그리고 우리가 문명이라 부르는 실현되지 않은 꿈을 위해 희생되었다는 것—에 대한 미안함을 덜 수 있을 거예요."

넬라의 제안을 받은 뒤 나는 선생님이 넬라를 통해 나를 재촉하고 있다고 느꼈고, 갑자기 나의 어눌한 발음과 데퉁맞고 굼뜬 행동에 대한 자의식에서 해방되었다. 나는 미국시각장애인 재단에 전국의 상이군인들을 방문하는 문제를 안건으로 내놓았다. 재단은 내가 마음껏 그 일을 할 수 있도록 아량을 베풀었다.

곧이어 폴리(경이로울 정도로 충실하게 나를 안내해주었고 내가 계획을 잘 수행할 수 있도록 기꺼이 도와주었던)와 나는 워싱턴과 애틀랜틱시티의 병원에 있는 상이군인들을 위문하기 위해 떠났다. 마치 시각장애와 청각장애라는 섬을 떠나 이질적인 풍경과 구불구불한 강이 있는 대륙으로 향하는 것 같은 느낌이었다. 다음 2년 반 동안 우리는 70여 병원을 방문했는데, 놀랍게도 나는 그 일을 하는 동안 일생 동안 떨칠 수 없었던 좌절감이 해소되는 걸 느꼈다. 온갖 부류의 사람들과의 다양한 접촉과, 시각장애인과 청각장애인을 위한 활동을 비추는 새로운 빛 덕분에 나는 파편적 지식에 의지해 절름거리는 대신 온전한 지식을 갖고 살아갈 수 있었다. 이것이야말로 선생님이 노력과 인간애를 통해 이루려고 했던 목표였으므로, 나는 선생님의 목표가 이루어졌다는 생각에 행복했다.

우리의 첫 번째 장거리 여행은 아칸소 주 핫스프링스의 상이군인 병원에서 시작되었다. 우리는 계속해서 오클라호마 주로 옮겨가서 치카샤에 있는 청각 상이군인을 위한 현대적인 병원인 보든 센터로 갔다. 이어서 텍사스, 뉴멕시코, 콜로라도, 유타, 캘리포니아, 오리건, 워싱턴 주를 돌았다. 처음에 나는 육군병원에 들어갈 수 있는 허가권만을 갖고 있었으나 해군병원도 방문할 수 있도록 허가해달라고 맥킨타이어 제독에게 편지를 써 보냈고 그는 흔쾌히 승낙해주었다. 폴리와 나는 아이다호의 고지대를 오르고 남부와 중서부를 횡단해가며 전국 방방곡곡의 육군과 해군병원에 입원한 상이군인들을 위문했다. 해외로 나가서는 영국, 프랑스, 이탈리아, 그리스 등지를 돌며 상이군인들을 방문했다. 겉에서 보기에는 실속 없어 보이는 여정일지 모르나, 수많은 군인들이 보여준 따뜻한 우정과, 상이군인들이 장애를 극복하려는 영웅적인 노력 끝에 승리를 거두는 모습, 지난 20년간 놀라울 정도로 진보한 재활 기술 등을 접하면서 나는 환희와 감동과 훈훈함으로 가슴이 벅차올랐다. 얼마 전만 해도 가망 없는 운명으로 선고되었던 수많은 사람들이 용감하게 자신의 손상된 능력을 복구했다.

내가 목격한 영웅들의 이야기를 충분히 전달하는 것은 불가능하다. 여러 세대의 여러 지역을 아우르는 것이어서, 호메로스의 서사시보다 더 장대했다. 온갖 다양한 지성과 취향, 기호, 능력, 이력에, 가지각색의 정치적·종교적 신념을 지닌 거의 모든 민족의 후예들(인도인, 필리핀인, 중국인, 일본인을 포함한)이 있었다. 침대에서 침대로 이동하며(폴리와 나는 날마다 몇 마일을 걸었다) 들은 군인들의 감동적인 이야기는 내 상상력을 자극했다. 내 생각은 육지와 바다를 넘어 그들이 언급하는 전선으로 줄달음질쳤다. 고요한 자정에 거대한 함대가 북아프리카 해안에 상륙하자 폭탄이 터져 배에서 군인들이 여기저기 튀어올랐다는 이야기를 들을 때는 너무 끔찍해서 몸이 부르르 떨렸다. 나는 북대서양의 얼음 벌판 위를 걸어가거나 포복으로 열대지방의 정글을 통과하는가 하면, 공습으로 땅이 흔들릴 때 굉음과 연기와 먼지로 자욱한 곳에서 보병들과 함께 웅크리고 있거나, 사막을 행군하거나, 이탈리아의 산을 기를 쓰고 오르거나, 황량한 알류샨 열도에서 끔찍한 외로움을 견디거나, 독일에서 수척한 전쟁포로들과 함께 갇혀 있었다. 그들이 들려준 이야기 이상으로, 그들의 겸손하고 씩씩한 영혼은 마치 성진(star dust)처럼 은은하게 빛났다.

사실 나는 전쟁에서 부상을 입은 상이군인들이 계속 싸우고 있는 제약의 참호들을 둘러보았던 셈이고, 아무리 치명적인 부상을 당했어도 질병과 장애로 인한 고립감을 이겨낼 가능성이 열려 있지 않은 암흑은 없다는 것을 알게 되었다. 외과의의 독창성과 기술, 의료진의 헌신으로 복구의 기적은 이루어졌고, 지금도 이루어지고 있다. 더욱이 그 혜택은 고통받는 모든 지역의 민간인들에게 돌아가고 있다. 전쟁으로 눈멀고 귀먼 사람들 가운데 재활 역사에서 유례를 찾아볼 수 없을 정도로 많은 수가 재교육을 받고 공공서비스와 자활 분야에서 일하고 있다. 장애인들이 어디서나 책임을 다하는 시민으로 대접받을 날이 점점 가까워오고 있다. 이것은 두려움 없는 시도와 사회의 양심, 과학, 의술, 교육 기술의 협동에서 비롯된다.

만일 선생님이 이런 선한 의지와 행동이 모아지고 있다는 것을 알고 계시다면 내가 점점 더 멀리 진출하여 삶이 아직도 비극인 세계에 치유의 말씀을 전하는 일을 하는 데 당신이 중요한 역할을 했다는 사실에 뿌듯해하실 것이다. 언젠가 선생님은 "헬렌, 내가 널 분발시키려고 무자비할 정도로 들볶았던 일을 떠올리며 흐뭇해하게 될 날이 있을 거다"라고 말씀하셨는데, 정말 그렇게 되었다.

상이군인들의 멋진 사회 복귀를 목격한 뒤, 시청각장애인을 돕고 싶은 내 열정은 어느 때보다 더 격렬하게 타올랐다. 예전에 내가 그랬듯 그들 대다수는 유령과도 같은 상태였다. 선생님이 내게 남긴 가르침 가운데 인간관계의 토대는 진실과 책임이라는 사실을 더없이 강렬하게 느꼈고, 미국시각장애인재단이 더욱 강력해지고 봉사 영역을 더욱 확대하면서도 시청각장애인을 위해서는 아무 일도 하지 않는 것을 가만 보고만 있을 수 없었다. 1945년, 나는 인류 가운데 가장 외로운 이 사람들(시청각장애인)이 제 몫의 교육과 시민권을 받지 못하도록 가로막는 장애물을 제거하려고 온 힘을 기울여 노력했다. 나는 수많은 편지를 쓴 끝에 재단의 회장인 지글러 씨와 몇몇 다른 사람들의 관심을 불러일으키는 데 성공했고, 드디어 미국시청각장애인협회가 결성되었다. 브루클린 시각장애인 산업시설에서 벌써 시청각장애인 13명을 고용했다는 소식을 듣자 기운이 솟았다.

미국시각장애인재단은 배울 수 있는 모든 시청각장애인들을 적재적소에 배치하는 집중적인 캠페인을 시작했다. 전국에서 답지하

남아프리카공화국의 줄루족 무희들과.(1951년)

는 요구에 따라 보건, 교육, 복지 담당기관에서 시청각 이중 장애 아동에 대한 완전한 정보를 얻어내 이들 개개인에게 어떤 교육과 훈련을 해야 할지 계획하는 일이 진행 중이다. 이런 인도적인 노력만이 선생님의 열성적인 분투가 정당했음을 입증할 수 있을 것이다.

남아프리카, 중동, 라틴아메리카 등 폴리와 내가 방문했던 다른 나라에 내가 '거주할' 기회는 없었다. 내가 이 지역들을 언급하는 것은 그 여행 덕분에 선생님이 일생을 바쳐 내 안에 심어놓은 나무가 한층 더 성장했기 때문이다. 또한 그 순례는 상상도 못할 만큼 흥미진진한 모험이었으므로 내가 그 경험을 했다는 게 뿌듯하다. 예컨대 폴리와 나는 빅토리아 폭포〔아프리카 잠비아와 짐바브웨의 경계를 이루는 잠베지 강에 있는 웅장한 폭포. 폭과 깊이가 나이아가라 폭포의 두 배 이상이다〕로 날아갔고, 우리가 리빙스턴〔David Livingstone(1813~1873); 스코틀랜드의 선교사, 탐험가〕이 거주했던 곳 근처의 해안에 서 있을 때 나는 천둥소리를 내며 골짜기로 떨어지는 거대한 물보라를 느꼈다. 그러고 나서 우리는 크루거국립공원에서 3일 동안 야영을 했는데 새벽부터 저녁까지 자동차로 몇십 마일을 달리며 온갖 종류의 야생동물과 아름다운 새들을 보았다. 선생님이 내게 읽어주셨던 무수한 책들에 묘사되었던 풍경과 야생 생물이 등장하는 하느님의 경이로운 책장을 하나 하나 넘겨볼 수 있는 실로 은혜로운 시간이었다.

남아프리카공화국의 장애인들을 위한 우리의 일에 관해서는, 유감스럽게도 내가 아는 한 그 결과가 케냐와 나이로비를 비롯한 아프리카 동부와 서부에서만큼 만족스럽지 못했다. 남아프리카의 백인들을 위한 재활은 힘차게 추진되고 있으나, 인종 편견에 맞선 투쟁은 고전을 면치 못하고 있다. 내 안의 기질은, 장애인이든 아니든 모든 인류의 정신을 위축시키고 행복의 기회를 제한하는 환경에 저항한다. 나는 그저 아프리카의 장애인들이 인종에 상관없이 복지와 행복을 추구할 동등한 기회를 누릴 수 있기를 바랄 뿐이다. 그토록 많은 이들을 암흑으로 몰아넣은 어리석고 비열한 일을 겪고도 용기를 잃지 않고, 정의와 이성에 의해 통치되는, 모든 인종이 형제처럼 살아갈 수 있는 사회를 일구어가는 강인한 사람들이 있다.

남아프리카공화국을 여행할 때 가장 인상 깊었던 일은 요하네스버그 근처에 성 요한 안과병원재단(카이로 이남에서 최초로 생긴 원주민용 안과병원)이 문을 연 일이었다. 시각장애인의 재활을 위해 연설하는 일은 내가 흔히 누려온 특권이었지만, 1951년 5월 19일 그 잊을 수 없는 토요일만큼 경외감이 들었던 적은 일찍이 없었다. 틀림없이 성 요한 안과병원의 봉사자들은 새로운 생각과 진실한 기독교 정신으로, 아프리카에서 금광과 다이아몬드보다 더 귀중한 무수한 사람들의 눈을 열어줄 것이다. 그래서 그 병원이 문을 열었을 때 나는 더없이 행복했고, 그 병원에서의 행복한 기억은

생명과 빛을
소생시키고 피어나게 한다.

중동 지역의 장애인들을 돌아볼 때에는 성공적인 결과가 있을 거라는 확신이 들었다. 우리는 이집트, 레바논, 다마스쿠스, 요르단, 이스라엘 등지를 경유했는데, 이 중에 한두 곳에서는 아직 개화된

인도주의가 거대한 암흑의 강에 다다르지 못한 상태였지만, 희망을 가질 만한 근거는 충분했다.

이집트에서는 카이로 부근의 피라미드(압제와 미신, 왕권 남용의 증거)를 손으로 만져보고 끔찍하고도 깊은 인상을 받았다. 하지만 정말 나를 감동시킨 것은 이집트가 몇 세기 동안의 잠에서 깨어나 엄청난 열정으로 새 문명을 지휘하고 있다는 사실이었다. 또 나를 전율하게 한 것은 세계시각장애인복지협의회의 발족(1931년에 선생님과 나는 이 목표를 이루려고 열성적으로 노력했다)이었다. 이 협회의 영향으로 UN은 카이로에서 시각장애인의 처우를 향상시키는 사업을 시작했고, 나는 UN에서 연설을 했다.

그 이듬해 새로운 시범 센터가 카이로에 문을 열었다. 이집트뿐 아니라 아랍 전 지역에 있는 교사들을 훈련시키기 위한 단체였다. 나는 이 단체가 오랜 세월 무지와 방치 속에 묻혀 있던 사람들을 일으켜 세우는 데 큰 역할을 할 거라 믿는다. 폴리와 나는 이집트에서, 조직 운영의 탁월한 능력은 물론 시각장애인과 청각장애인의 문제와 욕구를 이해하는 따뜻한 마음을 지닌 사람들이 관리하는 여러 뛰어난 학교와 작업장을 방문했다. 레바논의 베이루트에서는 아르메니아선교회의 스위스인 친구들이 가르치고, 칼 마이어 씨가 훌륭하게 운영하는, 맹아학교를 방문했다. 그 학교가 오래전부터 힘겹게 분투해온 이야기를 듣자 마음이 아팠으나, 종국에는 이들의 노력이 결실을 보리라 확신했다.

요르단에서는 선생님이 살아 계셨다면 칭찬을 아끼지 않았을 시각장애인 청년을 만났다. 그는 엄청난 노력으로 청소년 시각장애인

한 시각장애인이 자신의 아들을 자랑스럽게 헬렌에게 건네고 있다. 카메라를 보고 당황한 표정을 짓는 걸 보니 이 아이는 시력에 문제가 없는 것이 분명하다.

을 위한 학교와 작업장을 설립해내는 데 성공했다. 이 학교와 작업장의 규모는 별로 크지 않지만 발전을 거듭하고 있고, 최근에 들은 소식에 비춰볼 때 아랍 전체의 시각장애인들을 위한 학교를 설립하겠다는 이 청년의 원대한 계획이 이루어질 날이 올 것이라는 생각이 든다. 이스라엘에서는 하느님께서 인류에게 힘과 위로의 메시지를 내려 보낸 이 땅을 괴롭혀온 혼돈과 침체와 사막의 불모에서 벗어나 질서와 건강과 비옥함을 일궈내자는 원대한 목표와 계획이 감지되었고, 덕분에 내 정신도 덩달아 고양되었다. 이루 말로 다할 수 없는 숱한 어려움을 이겨내고 시각 및 청각 장애인들은 차츰 자기 몫의 기회와 지식을 얻고 있으며, 시간이 흐르면 공공복지의 발전에도 기여할 수 있을 것이다.

라틴 아메리카를 순회할 때는 우리를 환영하는 사람들의 따뜻한 마음이 특히 인상적이었다. 가는 곳마다 형언할 수 없을 정도로 아름답고 향기로운 꽃들이 수북이 쌓여 거의 파묻힐 지경이었다. 선생님이 계셨다면 얼마나 좋아하셨을까! 리우데자네이루에서는 벤저민 콘스턴트 맹아 학교에서 선생님들에게 연설을 했다. 나는 세상이 그 학교 선생님들에게 신세를 졌으며, 최고의 선생님들이 있는 공동체가 진보의 선두에 서게 되는 법이라고 말했다.

나는 시각장애인을 위한 활동을 비롯한 기타 사업에서 상파울로의 진취적 정신이 마음에 들었다. 브라질시각장애인재단의 회장 도리나 노윌 여사가 시각장애인의 몸으로 거의 혼자서 해낸 수많은 일들(유능한 교직원을 찾아내고, 브라유 점자책 인쇄소를 확보하고, 도서관을 설립하고, 학령 전 시각장애인 유아를 돌보고, 어린 시각장애인을 비장애인과 함께 교육하는 선구적인 아이디어를 고안하고, 성인 시각장애인에게 적당한 직업을 찾아주는 등)에 나는 놀라지 않을 수 없었다. 그러나 그녀에겐 대중의 협력이 필요했고, 그래서 나를 브라질로 초대한 것이었다.

나는 여러 회의에 참석하여, 시각장애인을 위한 활동 가운데 가장 중요한 일인 시각 보호에 더 많은 노력을 기울이고 있는 것에 고마움을 표했다. 안과의사들이 정기적으로 작은 마을을 돌며 진료와 치료를 해주고 있으며 공장에서는 산업재해를 줄이거나 없애기 위한 캠페인이 벌어지고 있다는 소식을 듣자 마음이 흐뭇했다. 사람들은 내가 전하는 메시지를 열광적으로 받아들였고, 그 모습을 보자 나는 선의가 세계 방방곡곡으로 퍼져나가게 될 때가 느리지만 확실히 다가오고 있다는 것을 어렴풋이 감지했다. 기대로 가슴이 뛰었다.

칠레, 페루, 파나마시티에서 약속된 일을 하고 난 뒤 우리는 멕시코시티와 그 주변에서 열흘 동안 빠듯하지만 행복한 나날을 보냈다. 6월 15일 월요일 폴리와 나는 비엔나 코요아칸의 시각장애인재활센터를 방문했는데, 시각장애인들이 만든 각양각색의 바구니와 양탄자, 손뜨개 물품과 베틀로 짠 직물 등에서 이들의 예술적 솜씨를 발견했다. 이들은 또한 브라유 점자책을 만드는 인쇄소에서 점자로 옮겨 쓰는 일과 돋을새김 하는 일을 거들었다. 나는 멕시코가 세계시각장애인복지협의회에 가입한 것을 축하했다.

19일 목요일에는 매일 무료로 200명의 환자들을 진료하는 실명예방진료소를 방문했다. 나는 무료로 진료뿐 아니라 수술까지 해주는 그 안과의사들의 이타적인 노고에 감동했다. 그 의사들은 나한테 다른 안과의사들에게도 비참한 상황에 있는 환자들을 무료로 진료해줄 것을 호소해달라고 부탁했고, 나는 그렇게 했다. 나중에 나는 다른 의사 여럿이 약속을 지켰다는 것을 알았다.

6월 20일, 폴리와 나는 멕시코농아학교에서 아름답고도 눈물겨운 기쁨의 시간을 보냈다. 우리가 강당에 들어섰을 때 나는 벽에 새겨진 '앤 설리번'이라는 이름을 만져보았다. 그러고 나서 선생님의 업적에 대한 멋진 연설들이 이어지자, 정말 선생님이 아주 가까이 있는 것처럼 느껴졌다. 감정이 북받쳐 목이 메어오는 통에, 내 잠재력을 인정해주고 그것을 스스로 끄집어낼 수 있도록 해주신 선생님께 감사하다는 말조차 할 수 없었다. 선생님은 이렇듯 새로운 시험이 기다리고 있는 곳으로 나를 인도하셨고, 이 모든 시간이 흐른 뒤에도 여전히 감각과 영혼이 결합하여 만들어내는 기쁨을 나와 함께 나누고 계신다.

선생님은 내게 생명의 빛과 온기를 나누어주는 영혼이다. "다른 사람과의 무한한 우애와 깊은 친밀감에서 우러난 행복을 경험했던 이는 이 세상의 모든 기쁨 가운데 최고의 기쁨을 알아버린 셈이어서 남은 인생이 불행하게 여겨지리라"〔롤랑의 대하소설《장 크리스토프》참조. 사랑하는 누나를 잃은 올리비에의 심경을 묘사한 대목〕라는 로맹 롤랑의 말이 반드시 맞는 것은 아니다. 선생님의 고매한 인격과 탁월한 소통 능력은 돌아가신 후에도 내게 역경을 견디고 인내할 수 있는 힘이 되고 있다. 선생님이 나를 위해 면밀하게 짠 계획에 따라 만들어낸 운명의 힘은 나로 하여금 암흑에 맞선 하느님의 전쟁에 참여할 수 있도록 내게 용기와 자신감을 불어넣어준다.

물론 두 갈래 길 가운데 선택할 권리는 늘 있고, 불안한 상황에 의지가 꺾여 더는 활동을 하지 않게 될지도 모르지만, 선생님은 나를 믿으셨고 나는 선생님의 믿음을 저버리지 않겠다고 굳은 결심을 했다. 나는 선생님이 내 곁에 살아 계시다는 걸 알기에, 암흑과 적막, 질병, 슬픔으로 소진해가는 사람들에게 생기와 활력을 더 많이 불어넣을 수 있는 새로운 방법을 찾으려고 늘 노력해왔다. 때론 하느님이 선생님을 통해 나의 칠흑 같은 삶에 불꽃을 주시고 선행의 불씨로 다른 이들의 삶을 환하게 비추게 하시는 것 같다는 생각이 든다.

이제 세월이 흐르면 나 역시 낡은 육신을 기꺼이 벗어버릴 날이 오겠지만, 나는 선생님의 영혼에서 여전히 새로운 탄생과 젊음을 경험한다. 선생님의 창조적 지성과 인간적인 정신이 영원히 사라지지 않고 계속해서 많은 이들에게 활력을 줄 것이라는 확신은 내 외로움을 누그러뜨리고 내 마음에 따스한 봄 공기를 불어넣는다.

옮긴이의 말

 진실, 진실의 고갱이는 말 또는 글로 전할 수 없는 걸까, 사실처럼 분명하게 드러나지 않거나 혹은 사실 뒤에 숨은 진실이 있기에 우리는 시와 문학, 예술을 통해 그걸 표현하려고 애쓰는 것일 텐데, 인간은 말이나 글 어떤 것으로도 그 진실이라는 것에 가 닿지 못하는 운명을 타고난 것일까, 그렇더라도 인간이 진실에 가장 근접하게 다가갈 수 있는 방법은 언어밖에 없지 않을까, 이런 화두를 가지고 한창 씨름하던 중에 이 책의 번역을 의뢰받았다. 헬렌 켈러가 설리번 선생 사후에 선생을 기리며 쓴 글이었다.

 50여 년 전 헬렌 켈러가 살아 있을 때 출판된 책이었는데도 책 상태가 놀라울 정도로 양호했다. 서문에는 이 책의 편집자인 넬라 브래디 헤니가 헬렌 켈러와 앤 설리번의 일생을 요약해놓은 글('서문')이 실려 있고, 뒤이어 헬렌 켈러가 설리번 선생과 함께했던 일들이 세세하게 펼쳐진다. 선명하고 보기 좋게 인쇄된 글자를 따라 읽어내려 가다 보니 누런 책장 사이에 스민 오래된 책 향기에 실려 그분이 들려주는 영혼의 음성이 전해지는 듯했다.

 여태껏 국내에 소개된 헬렌 켈러의 자서전은 20대에 쓴 것이어서 그 후에 어떤 생의 굴곡을 지나며 장애인은 물론 여성과 노동자의 인권을 위해 그토록 많은 일들을 해냈을까 하는 궁금증을 해소해주지 못했다. 게다가 암흑과 고요 속에 갇혀 있던 헬렌에게 언어를 가르쳐주고 세상과 연결해준 이래 죽을 때까지 헬렌 곁에서 함께 성장하고 많은 일들을 했던 앤 설리번이라는 인물에 대해서는 그저 훌륭하고 대단한 교육자라는 것밖에 알려진 게 없었다. 그런데 이번에 앤 설리번의 일생을 헬렌 켈러의 글로 풀어놓은 책을 처음으로 번역하여 널리 소개하게 되다니 반갑고 뜻깊은 작업이 아닐 수 없었다.

헬렌 켈러는 이렇게 술회한다. "내가 행복하고 긍정적이고 경솔한 젊은 여성이었을 때 쓴 《내가 살아온 이야기》에서 나는 선생님이 마주쳤을 장애물과 곤경을 충분히 다루지 못했다. ……《내가 살아온 이야기》에서 헬렌이 언어와 말하기를 배우는 과정에 대해 쓸 때 좀 더 주의를 기울였다면 좋았을걸, 하는 아쉬움이 든다. 과도하게 축약하여 서술한 탓에 일반 독자들은 마치 헬렌이 한순간에 '언어의 모든 신비를 파악한 것'으로 여겼을지 모른다. 비판적이고 성숙했다면 더 균형 있는 관점에서 제시할 수 있었을 이야기였는데 나의 졸렬한 서술로 인해 분명 큰 오해를 불러일으켰을 것이다."

이렇듯 헬렌 켈러는 이 책에서 과장이나 허위를 걷어내고 진솔하게 자신이나 설리번 선생의 인간적인 면모를 보여주려고 노력했다. 나는 개인적으로 이분의 이런 점을 높이 사고 싶다. 자신이 한 말을 되돌아보고 조금이라도 잘못되었거나 오해의 소지가 있다고 여겨지는 부분을 바로잡을 수 있는 용기와 겸손함을……. 헬렌은 설리번 선생이 살아 계실 때 전기의 집필을 시작했지만 중간에 집에 화재가 나서 원고가 소실되는 바람에 전부 새로 쓰게 되었다. 그 덕분에 오히려 선생의 입김에 좌우되지 않고 이 책을 자유로이 쓸 수 있었다고 헬렌은 털어놓는다. 다시 말해 이 책은 설리번 선생의 개인적인 면모는 물론 선생의 교육법과 신념이 헬렌 켈러에게 미친 영향을 상세하고도 전체적인 관점에서 조망하고 있는 진귀한 글인 셈이다.

　의사를 전달할 수 없어 분통만 터뜨리던 아이를 자유로이 생각하고 의사를 표현하며 세상 사람들을 위해 일할 수 있는 독립적인 인간으로 키우겠다는 설리번 선생의 목표는 이루어졌다. 설리번 선생은 헬렌이 그럴 수 있을 거라고 믿었고, 돈이나 자신의 명예를 위해서가 아니라 헬렌이 진심으로 잘 자라주기를 바라는 마음으로 온 정성을 다해 노력한 끝에 그 일을 이루어냈다. 그 과정에서 숱한 어려움과 난관을 끝없는 노력으로 이겨내야 했다는 것은 충분히 짐작할 수 있는 일이나 이처럼 상세히 기록할 수 있는 이는 헬렌 켈러밖에 없으리라 여겨진다. 이를테면 어린 헬렌이 세상의 어떤 것도 제대로 느끼지 못하고 의사 전달도 할 수 없어 심술만 부리는 유령 상태에서 언어를 통해 세계를 알아가고 타인과 소통함으로써 자신의 존재를 인식하는 인간의 상태로 변화하는 과정을 서술한 대목에서는 언어가 인간에게 어떤 의미를 지니는지, 인간을 어떻게 변화시킬 수 있는지를 구체적이고 직접적인 사례로 읽을 수 있어 개인적으로는 눈이 확 뜨이는 경험이었다. 이 부분은 언어교육이나 특수교육의 연구 사례로도 활용할 수 있을 만큼 상세하게 기술되어 있었다. 설리번 선생한테서 불굴의 정신과 사랑을 보고 배운 덕분에 헬렌은 장애인은 물론 고통받는 사람들의 인권과 재활을 위해 많은 일들을 할 수 있었다. 그동안 설리번 선생과 헬렌 켈러의 일대기에 갈증을 느껴온 독자들에게 단비 같은 책이 되기를 바란다.

《위대한 개츠비》의 첫 대목에 이런 말이 있다. "남을 비판하고 싶을 때면 언제나 이 점을 명심해라." 아버지는 이렇게 말씀하셨다. "이 세상 사람이 다 너처럼 유리한 처지에 놓여 있지 않다는 걸 말이다." 어쩌면 우리가 타인의 처지가 되어보지 않고 이렇다 저렇다 비판하는 것이 오만한 일인지도 모르지만, 한 가지 분명한 사실은 최악의 상황에서도 자신의 신조를 버리지 않고 끝까지 지켜내며 진실하게 말하고 행동하려 노력하는 사람이 있다는 것이다. 그래서 우리는 이런 분을 위인이라고 부르는가. 이런 분이 몹시도 그리운 요즘이다.

2009년 8월
김명신

옮긴이 김명신

이화여자대학교 영어교육학과를 졸업하고
중·고등학교 영어교사로 재직했으며
현재는 전문번역가로 활동하고 있다.
옮긴 책으로는 《미스터 핍》, 《폭풍의 언덕》,
《조앤 롤링》, 《마틴 루터 킹》, 《관심》,
《젊은 교사에게 보내는 편지》, 《헬렌 켈러 자서전》 등이 있다.

나의 스승 설리번

제1판 1쇄 펴낸날 2009년 8월 30일
제1판 5쇄 펴낸날 2024년 1월 1일

지은이 헬렌 켈러 | 옮긴이 김명신
펴낸곳 (주)문예출판사 | 펴낸이 전준배
출판등록 2004. 02. 12. 제 2013-000360호 (1966. 12. 2. 제 1-134호)
주소 04001 서울시 마포구 월드컵북로 21
전화 393-5681 | 팩스 393-5685
홈페이지 www.moonye.com | 블로그 blog.naver.com/imoonye
페이스북 www.facebook.com/moonyepublishing | 이메일 info@moonye.com

ISBN 978-89-310-0651-3 03840

• 잘못 만든 책은 구입하신 서점에서 바꿔드립니다.

⚜문예출판사® 상표등록 제 40-0833187호, 제 41-0200044호